MICHAEL HOLM

RÜCKKEHR NACH MENDOCINO

AUTOBIOGRAPHIE

Aufgeschrieben von
Michael Kernbach

Hoffmann und Campe

VG WORT

1. Auflage 2023

www.hoffmann-und-campe.de
Umschlaggestaltung: Lisa Busch © Hoffmann und Campe
Umschlagabbildung: © Didi Zill
Satz: Dörlemann Satz, Lemförde
Gesetzt aus der Meridien LT
Druck und Bindung: GGP Media GmbH, Pößneck
Printed in Germany
ISBN 978-3-455-01576-8

HOFFMANN UND CAMPE

Ein Unternehmen der
GANSKE VERLAGSGRUPPE

Für Bimbi, Maximilian
und Anna-Franziska

INHALT

VORWORT
des Reisebegleiters

Ich lernte Michael Holm 1996 am Vorabend der »Guildo-Mania« kennen, deren Teil ich als Bassist der Orthopädischen Strümpfe war und wo ich als Autor schrulliger Coverhits wie *Ich mag Steffi Graf* mit dafür sorgte, 1994 einen Plattenvertrag bei EMI Elektrola einzufahren. Guildo, den damals alle den »Meister« riefen, hatte Michael bei einer Fernsehshow kennengelernt. Weil wir alle fest an unsere Schlagersache glaubten und unsere Tournee zu einem »Kreuzzug der Zärtlichkeit« ausgerufen hatten, waren wir alle nahezu biblisch geehrt, als Michael Holm uns auf sein Anwesen, den Schörghof bei Weilheim, einlud. Nicht ohne Grund, schließlich trug unsere erste Langspielplatte den programmatischen Titel *Rückkehr nach Mendocino*.

Bei unserem Antrittsbesuch in Oberbayern erwartete uns ein vor Energie und Selbstbewusstsein nur so strotzender Mittfünfziger, der seine Bühnen- und Gesangskarriere schon seit längerer Zeit für seine Arbeit als Verleger und Produzent heruntergefahren hatte und mit Frau Bimbi und den Kindern auf diesem riesigen Hofgut am Starnberger See lebte, wo er gerade seine zigste Karriere als Ökobauer und Pferdehofbetreiber plante. Auf der anderen Seite dagegen: wir. Sechs etwas weltentrückte Spätstudenten, die, in Polyesterhemden und Schlaghosen gehüllt, die Republik mit Hard-Rock-Versionen von Schlagerhits der sechziger und siebziger Jahre aufmischten und an denen sich schon Produzentengrößen wie der ehemalige Triumvirat-Organist Jürgen »Porky« Fritz oder Wolfgang-Petry- und BAP-Hitschmied Helmuth Rüßmann die Zähne ausgebissen hatten. Das Livephänomen Guildo Horn schien einfach nicht auf Tonträger festzuhalten zu sein, bis Michael Holm die Szene betrat.

Was er anders machte als seine ja ebenfalls durchaus erfolgreichen Kollegen? Er nahm uns und die Sache ernst und suchte nach ihrem musikalischen Kern, völlig unbeeindruckt etwa von Vorgaben der Plattenfirma, für die eine Vermarktung der Band nur im Comedy-Segment vorstellbar war. Am Ende dieser Arbeit stand dann das Album *Danke!*, aufgenommen im legendären Conny-Plank-Tonstudio und vergoldet für 350 000 verkaufte Einheiten. Eine Arbeit, die ohne den entschiedenen, aufbrausenden, kompromisslosen und von seiner Vision überzeugten Michael Holm niemals zustande gekommen und schon alleine wegen der überbordenden Kosten sicher nicht zu Ende gebracht worden wäre.

Die Märchengeschichte rund um den zotteligen Schlagersänger Guildo und seine schräge Begleitband sollte für mich 1998 nach der Teilnahme beim Eurovision Song Contest ziemlich bald enden. Geblieben ist mir persönlich aber der Mentor und väterliche Kollege Michael Holm, ein Gentleman alter Schule mit der Kampfbereitschaft eines Straßenjungen, dem romantischen Herzen eines jungen Dichters und dem kühlen geschäftlichen Verstand eines Bankiers. Mit diesen Eigenschaften, gepaart mit seinem unglaublichen eigenen Talent, der Nase für das Talent der anderen und seiner Freude am Neuen, hat sein Leben eine Geschichte geschrieben, die vom beschaulichen Erlangen in das wilde Berlin der sechziger, die Disco-Hochburg

München in den siebziger Jahren bis nach Nashville in den achtziger Jahren führte, wo er als Verleger und Komponist Welterfolge feierte, die hierzulande niemand für möglich gehalten hätte und nur den allerwenigsten je vergönnt gewesen sind. Ich freue mich, dass ich diese wilde Fahrt »auf der Straße nach San Fernando« aufschreiben durfte. Schnallen Sie sich an!

Michael Kernbach

PROLOG

Nein, nein, nein, Michael, du klingst ja wie ein verrostetes Abflussrohr! Kannst du das nicht vernünftig singen?«, ertönte die sonore Stimme von Regisseur Truck Branss, irgendwo aus dem Halbdunkel des Berliner Studio 1, der Heimat der *ZDF-Hitparade*. Mist!, war mir sofort klar, jetzt bin ich wohl an der Reihe. Heute mag und kann man sich die Arbeitsatmosphäre im deutschen Showgeschäft in den frühen siebziger Jahren kaum noch vorstellen. Machotum mit offenem Sexismus, verbale Gewalt und Homophobie waren so allgegenwärtig wie der Qualm der Zigaretten, die gefühlt jeder sich ständig und überall ansteckte. Die gesellschaftliche Revolution der späten sechziger Jahre, der »Hippie-Jahre«, war gerade gestrandet. Sie hatte lediglich den politischen Extremismus der RAF und den verklemmten Voyeurismus der *Schulmädchen-Report*-Softpornos hinterlassen, die gerade die Kinokassen zum Klingeln brachten. In dieser Atmosphäre aus als Freiheit getarnter Übergriffigkeit und einem kreischbunten langhaarigen Biedermeier gediehen Charaktere wie der des Hitparademiterfinders und -regisseurs Truck Branss auf das prächtigste. Seine Position als einer der mächtigsten Macher der deutschen Musikindustrie vertrug sich schlecht mit seinem ohnehin zu großen Ego, das aus dem Kragen seiner Echthaarmäntel herauszuquellen schien. Truck Branss hatte den Charme und die Empathie eines Drill-Instructors. Er war der deutschen Schlagermusik ohnehin nicht sonderlich gewogen und hatte dazu noch erstaunliche charakterliche Defizite, die er gerne und ungebremst zur Schau stellte. Zu seinen Spezialitäten gehörte insbesondere der verbale Handkantenschlag aus dem Nichts und vor versammelter Kollegenschaft, die in dieser Zeit am Set zahlenmäßig weit größer war, als man es heute erwarten würde, mitsamt den enormen Kosten. Die *ZDF-Hitparade* war seit ihrem Start 1969 in kürzester Zeit in die Championsleague des Musikverkaufs aufgestiegen. Die Autoren und die Vertreter von Plattenfirmen und Verlagen standen Spalier, um ihrem Künstler und dem eigenen Geldbeutel schon während der Proben zur Sendung die Daumen zu drücken. Vor diesem großen Auditorium ließ es sich Truck Branss nicht nehmen, bei jeder dieser Proben einen der Teilnehmenden auf offener Bühne und vor aller Augen und Ohren hinzurichten.

»Hört euch das Gejammer an«, tönte die gefürchtete Stimme aus dem Off oft schon bei den ersten Takten eines neuen Liedes, »das kann man den Leuten doch unmöglich als Gesang verkaufen. Hol mal jemand die Klofrau, die kann das sicher besser.«

Dabei schonte Truck weder große Firmen noch große Namen. Er war der Torwächter zum Erfolg, und wer es sich mit ihm verscherzte, konnte die Schlagerkarriere eigentlich gleich an den Nagel hängen. Ich hatte reichlich Gelegenheit, diese Marotte von Branss zu beobachten, denn als Texter, Komponist oder eben auch als Sänger war ich von der ersten Sendung an praktisch bei jeder *ZDF-Hitparade* dabei und erlebte die Anspannung hautnah mit, die der damals noch übliche Verzicht auf Vollplayback mit sich brachte: Die Sängerinnen und Sänger präsentierten ihre

Lieder vor dem Studiopublikum und der versammelten Kollegen- und Konkurrentenschar sozusagen unter Livebedingungen. Wenn Truck das mit jedem macht, dachte ich mir bald, wann bin ich dann wohl dran?

Dass ich eng mit Dieter Thomas Heck, genannt DT, befreundet war (später wurde ich Taufpate eines der Heck-Kinder, und DT war mein Trauzeuge), würde Truck sicher nicht davon abhalten, seinen Furor auch an mir auszulassen. So gut kannte ich den launischen Choleriker schon. Sein Selbstverständnis als »geistiger Vater« der Sendung enthob ihn jeglicher Rücksicht auf Persönliches. Und so kam es, wie es kommen musste: Ich trat mit meinem neuen Song *Baby, du bist nicht alleine* an. Für diesen Anlass trug ich einen extra erworbenen goldenen Satinanzug, den ich in einer der hipsten Boutiquen meiner Wahlheimat München, im Lord John & Lady Jane, erstanden hatte. Ein Laden, in dem auch die Rolling Stones einkauften, wenn sie mal wieder in der Stadt waren, um im Musicland-Studio meines Kollegen und Freundes Giorgio Moroder ein Album aufzunehmen. Der letzte Schrei, vielleicht ein Tick zu schrill für die *Hitparade*. Womöglich hatte das extravagante Kleidungsstück Trucks Aufmerksamkeit auf mich gelenkt. Kaum hatte ich die ersten Töne gesungen, stoppte die Begleitmusik, und aus dem Off blies Branss zum Angriff. Es war also so weit, diesmal hatte er mich im Visier.

Aber ich war vorbereitet. »Truck, du bist der Regisseur«, antwortete ich dem unsichtbaren Peiniger, so ruhig ich konnte. »Du kannst mir sagen, wie ich rumlaufen soll, was ich anziehen soll, wo ich stehen und wo ich hingucken soll. Erzähl mir aber bitte nicht, wie ich zu singen habe, denn ich habe in meinem kleinen Finger mehr Musikalität als du in deinem ganzen Körper.«

Danach war Totenstille. Man hätte im Aufnahmestudio

eine Stecknadel fallen hören können. Noch nie hatte es jemand gewagt, sich so gegen Truck zu stellen. Vor allen Leuten. Während der Aufzeichnung seiner Sendung. Und, ganz ehrlich, wenn ich damals nicht schon so ein bekannter Sänger und erfolgreicher Autor auch für viele andere Künstler gewesen wäre, wer weiß, ob ich mich diesen Karriere-Kamikazeflug getraut hätte. Wie würde Truck reagieren? Würde er explodieren und mich umgehend rausschmeißen? Würde er die Aufzeichnung abbrechen und das Studio kurz und klein schlagen?

Nach einer kleinen Ewigkeit schnauzte es aus der Regie: »Weiter!«, und die Arbeit ging ohne Störungen zu Ende.

In der Kantine machte ich mir danach so meine Gedanken. Würde DT die Wogen glätten können, oder war das womöglich meine letzte Single als Sänger Michael Holm? So sinnierte ich, als aus dem Hintergrund Truck Branss auf mich zutrat. »Was hast du dir dabei gedacht, Michael?«, erklang es mit drohendem Unterton hinter meinem Rücken.

»Pass auf, Truck, es ist ganz einfach«, antwortete ich kühl und mit einem Selbstbewusstsein, das in der *ZDF-Hitparaden*-Welt eigentlich nur DT und ich vor sich hertragen konnten. »Seit vielen Jahren machst du bei jeder Probe einen Kollegen fix und fertig …«

»Was erlaubst du dir!«, schnauzte der getroffene Hund zurück.

»Warte, Truck. Das ist einfach so. Jeder kam mal dran. Irgendwann dann halt auch ich. Da dachte ich mir, da wird der Truck eine Antwort kriegen, an die er noch lange denken wird.«

Stille. Dann: »Ach, du Arschloch … Lass uns ein Bier trinken!«

Und damit war die Sache erledigt. Seine Manie, Künstler vor aller Augen zu demütigen, jedoch leider nicht. Mich sollte er aber in den folgenden Jahren, wie sonst nur die Sängerin Katja Ebstein und den großen Kollegen Udo Jürgens, immer mit Handschlag begrüßen. Eine Geste, die dem Rest der Schlagerwelt verwehrt wurde. So blieb ich der Welt als Sänger und mir die Welt als Publikum erhalten. Meine wundervolle Reise durch ein Leben im bunten Showgeschäft konnte weitergehen, was sicher für beide Seiten, für die Welt ebenso wie für mich, nicht die schlechteste Wendung gewesen ist.

REISE

I

ERLANGEN

Das Leben und ich

Dass die Musik dem strebenden Künstler oft harte Arbeit abverlangt, wenn er das scheinbar Unerreichbare erreichen will, ist eine Lektion, die ich gleich am Anfang meiner Karriere lernen musste. Nämlich als es darum ging, endlich in den Besitz meiner ersten eigenen Gitarre zu kommen. Von zu Hause, besonders von Papa, war da keine große Unterstützung zu erwarten. Obwohl – oder vielleicht, gerade weil – mein Vater als Bildungsbürger der »alten Schule« völlig musikbesessen war. Ein wirklich großartiger Geiger und glühender Verehrer der klassischen Meister. Vivaldi, Mozart, Schubert, das waren sozusagen die Beatles meines Papas und er selbst das, was man heute einen »Klassik-Ultra« nennen würde. Musik war für ihn ein unverzichtbarer Teil seines Lebens. Seine glühende Liebe zu ihr war so ansteckend, dass das Feuer für diese »höchste aller Künste« schon früh in mir zu lodern begann und auch bis heute feurig glüht.

Leider begann sich mein musikalischer »Brennstoff« nach einer am Radio gemachten Begegnung mit einem Sänger namens Elvis doch sehr von dem meines Vaters zu unterscheiden. *One Night With You* schlug nun einmal die *Mondschein-Sonate* für mich um Längen, und da war ich in meiner Generation wahrlich nicht der Einzige, der das so sah. Ich brauchte unbedingt eine Gitarre. Da wegen der musikalischen Diskrepanzen von Vaters Seite hier keine Hilfe zu erwarten war, hieß es für mich, den gerade mal fünfzehnjährigen Buben Lothar Walter: Ich musste einen Ferienjob annehmen.

Den Sommer 1958 verbrachte ich daher auf einem Bauernhof in Möhrendorf, einem kleinen Ort, etwa sieben Kilometer von meiner Heimatstadt Erlangen entfernt. Leider nicht als Gast in der Sommerfrische, sondern als Mädchen für alles. Was bedeutete: fünf Wochen Ställe ausmisten, Gras schneiden, Vieh füttern. Natürlich alles von Hand und mit der eigenen Muskelkraft, weil es auf den Höfen damals noch sehr viel weniger Maschinen gab als heutzutage. Der Preis für das sechssaitige Objekt meiner Begierde war also ein Ferienprogramm, bestehend aus Arbeiten, Essen, Trinken, Schlafen – und am nächsten Morgen das Ganze von vorn. Die Plackerei indes hatte sich gelohnt, denn in diesen fünf Wochen konnte ich sage und schreibe siebzig Mark verdienen. Ein hübsches Sümmchen, wenn man bedenkt, dass der damalige durchschnittliche Monatslohn gerade mal vierhundert Mark betrug. Mit diesem Salär konnte ich über einen Mitschüler, dessen Vater bei dem unweit von Erlangen beheimateten Instrumentenbauer »Framus« arbeitete, eine Gitarre dieser Marke ergattern. Es war ein günstiges Modell für fünfzig Mark, mit dem ein oder anderen Schmunzelfehler, aber es war meine. Ich investierte weitere fünf Mark meines Vermögens in ein Übungsheft mit dem Titel *Gitarre lernen in 10 Stunden* und saß nun, eifrig meine ersten Griffe übend, in meinem Mansardenzimmer der elterlichen Wohnung in Erlangen.

Erlangen, das war 1958 ein Ort, wie er kaum weiter entfernt sein konnte von Plätzen wie Mendocino, der verträumten Künstler- und Hippie-Enklave an der kalifornischen Pazifikküste. Oder von Stettin im Jahre 1943, wo ich, nur wenige Minuten nach der Geburt meiner Zwillingsschwester Mechthild, als das letzte von fünf Kindern der Eheleute Walter im städtischen Krankenhaus das Licht der Welt erblickte. Eines ist sicher, es ist definitiv eine »Gnade der späten Geburt«, wie es der von mir verehrte Helmut Kohl einmal so prägnant formulierte, dass ich mich an diese ersten beiden Lebensjahre, die letzten beiden des Zweiten Weltkriegs, praktisch nicht erinnern kann. Die Familienlegende besagt, dass meine Mutter mit ihren Kindern im April 1945 den letzten Zug erwischte, der Stettin verlassen konnte, und wir so gerade noch der vordringenden Roten Armee entkamen. In meine Erinnerung hat sich schemenhaft ein Bild eingebrannt: ich, auf dem Arm unseres Kindermädchens, auf der Anhöhe des Stadtteils Finkenwalde, Stettin vom Feuer rot und der Himmel schwarz vor Flugzeugen, die ihre Bomben abwarfen. Ich glaube, jeder Vertriebene meiner Generation wird eine ähnliche albtraumhafte Schimäre mit sich herumtragen.

Mein Vater, Karl Walter, war als Diplomingenieur der Elektrotechnik zur deutschen U-Boot-Flotte in Norwegen kommandiert worden, wo er mit dem Ende des Krieges auch in Gefangenschaft geriet. Meiner Mutter Hildegard blieb also nichts anderes übrig, als sich allein mit uns Kindern nach Wolfsburg durchzuschlagen, wo eine ihrer zehn (!) Tanten den Direktor des städtischen Heizkraftwerks geheiratet hatte und über eine dieser Stellung angemessene Wohnung mit ausreichend Raum verfügte. Da die Ehe von Onkel Arthur und Tante Tilly kinderlos geblieben war, kamen wir dem Paar als »Gäste« nicht völlig ungelegen. Die Aufnahme von Verwandten war der Fremdzuweisung anderer Flüchtlinge aus den Ostprovinzen durch die Besatzungsverwaltung sicher klar vorzuziehen. Das Schicksal war uns, also meiner Mutter und meinen Geschwistern Astrid, Johannes, Leonore, meiner Zwillingsschwester »Mecki« Mechthild und mir, wohlgesinnt: Das Glück eines festen Wohnsitzes unter dem Dach eines zugewandten, freundlichen Hausherrn war in jenen Tagen in Deutschland weiß Gott nicht jedem beschieden. Wir machten es unseren Gastgebern aber auch nicht übermäßig schwer, uns zu mögen. Wir hatten buchstäblich nichts außer unserer Dankbarkeit, die wir gerne und reichlich an unsere Wohltäter weitergaben. Zu sechst bezogen wir zwei Zimmer der Direktorenwohnung und waren damit fürs Erste sicher, warm und trocken untergebracht.

Trotzdem herrschte auch bei uns Walters vor allem ein grimmiger Meister: der Hunger, der, gemeinsam mit seinem bitteren Verbündeten, dem Mangel, den Alltag von früh bis spät bestimmte. Die meisten Sorgen, die uns heute den Schlaf und den letzten Nerv rauben, wirken so klein und lächerlich gegen die Schwierigkeiten, mit denen unsere Mütter damals zu kämpfen hatten. Gerade wir Flüchtlingsfamilien waren nicht überall gerne gesehen, waren wir doch eine direkte Konkurrenz um die spärlichen Vorräte, die der harte Winter 1946/47 und der auf den Fuß folgende Hitzesommer 1947 noch einmal verknappten. Besonders in den Jahren bis zur Währungsreform stand Improvisationskunst hoch im Kurs, und Tauschwirtschaft war das Gebot der Stunde.

Meine Mutter verfügte, gottlob, über besondere, nahezu »metaphysische« Fähigkeiten. Sie war eine charmante und unterhaltsame junge Frau, die schnell Kontakt zu den Bauersfrauen der Umgebung fand. Die besuchte sie nun regelmäßig gemeinsam mit einer ebenfalls aus dem Osten geflohenen Freundin mit dem Bollerwagen, um dort im Austausch für Strick- und Handarbeiten Kartoffeln und Äpfel zu bekommen. Sie verstand sich aber nicht nur aufs Plaudern, sondern auch aufs Zuhören und das Abspeichern der Sorgen und Wünsche der vom Krieg gebeutelten Frauen. Eine Fähigkeit, die sie schnell dazu einsetzte, den armen, nach Trost und Zuversicht suchenden Leidensgenossinnen aus den Karten zu lesen. Das »Boddenkieken« hatte in Mamas Familie Tradition, und so machte sie es sich zur Aufgabe, den erstaunten Frauen zunächst ihre spezifischen Nöte zu schildern und dann »hellzusehen«, um ihnen mit freundlichen Prophezeiungen ein wenig Hoffnung zu schenken. Eine sicher viel großherzigere Tat, als sie manch gestrenger Pfarrer oder missgünstige Nachbarin in jenen harten Tagen aufzubringen in der Lage war. Als Mama sich dann aber eines schönen Tages ganz weit aus dem Fenster lehnte und einer ihrer Kundinnen wahrsagte, dass die Heimkehr des Ehemannes im »Haus der Karten« und damit unmittelbar bevorstehe, und der Herr Gemahl dann am nächsten Morgen tatsächlich vor der Tür der Frau stand, nahm die Nachfrage nach Mutters Dienstleistung gehörig an Fahrt auf. So hatte nicht etwa ich, sondern meine Frau Mama den ersten fetten »Hit« der Familie gelandet. Im wahrsten Sinne des Wortes, denn die Tantiemen für ihre Voraussagen wurden in Währungen wie Brot und Schinken gezahlt. Für uns Walters standen die Zeiten von nun an im Zeichen eines »kulinarischen Aufschwungs«. Die Erlöse aus Mutters besonderer Gabe fühlten sich an wie eine Art vorgezogenes Wirtschaftswunder. Statt Kartoffeln und drei vertrockneter Äpfel gab's auf einmal Kuchen und Gurken und Eier und Speck, alles, was man sich wünschte, und zwar regelmäßig und den ganzen Bollerwagen voll.

Dann, es muss 1947 oder 1948 gewesen sein, stand auch

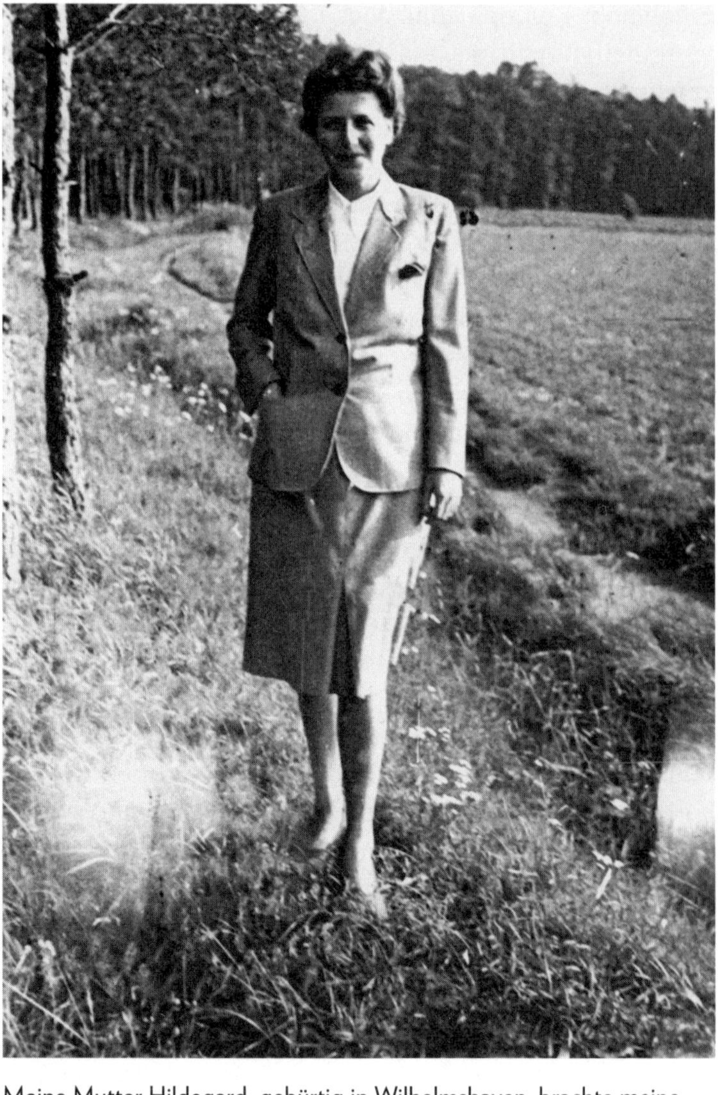

Meine Mutter Hildegard, gebürtig in Wilhelmshaven, brachte meine vier Geschwister und mich durch wahrlich schwere Zeiten. Man kann die Leistung der Frauen nach dem Krieg nicht hoch genug ehren, und ich bin meiner Mutter mein Leben lang für ihre Fürsorge und ihre Opferbereitschaft dankbar geblieben.

bei uns der Vater plötzlich wieder vor der Tür: ein für mich zunächst völlig fremder Mann, der von da an nicht einfach nur Teil meines Lebens war, sondern von der Minute seiner Ankunft an volle Befehlsgewalt darüber hatte. Was für heutige Ohren vielleicht nach einem therapiebedürftigen Kindheitstrauma klingt, war für uns Nachkriegskinder normal. In den allermeisten Fällen war es auch ein Segen. So auch bei uns, denn »Papa«, wie wir den fremden Herrn zunächst mit Vorsicht, dann mit wachsender Begeisterung riefen, brachte durch seine Liebe zu Literatur und Musik neuen Schwung und Freude in unser Leben.

Mit der Heimkehr des Vaters in den Kreis der Lieben waren wir Walters also wieder komplett. Ein Glück, das längst nicht alle Familien nach diesem furchtbaren Krieg teilten. Aber auch für uns war es die »Stunde Null«, wie für viele andere in Deutschland. Es gab kein Zurück mehr in die alte Heimat Stettin oder zu Besitz, der sonst irgendwo auf uns gewartet und den Neuanfang erleichtert hätte. Was wir aber hatten, war Vaters exzellente Ausbildung, die ihm half, schnell eine gute Stellung zu finden. Diese Erfahrung war sicher einer der Gründe, warum er stets darauf bestand, dass alle Kinder Abitur machten. »Und wenn ihr dreißig Jahre drüber werdet«, pflegte er zu sagen, wenn es dazu, selten genug, mal Unmut in der Kinderschar zu hören gab. Denn Bildung und Wissen, diese Lehre zogen meine Eltern aus den Schrecken des Krieges, waren und sind die einzigen Güter, die dir keiner stehlen oder zerstören kann.

Fünf Kindern das Abitur zu ermöglichen, war aber auch für einen Herrn Ingenieur in den fünfziger Jahren eine Mammutaufgabe, und ich werde es meinen Eltern für immer danken, dass sie so viel Mühe und Verzicht auf sich genommen haben, um uns diesen Weg zu ebnen. Vater bewarb sich mit Erfolg bei Siemens, und so führte uns das

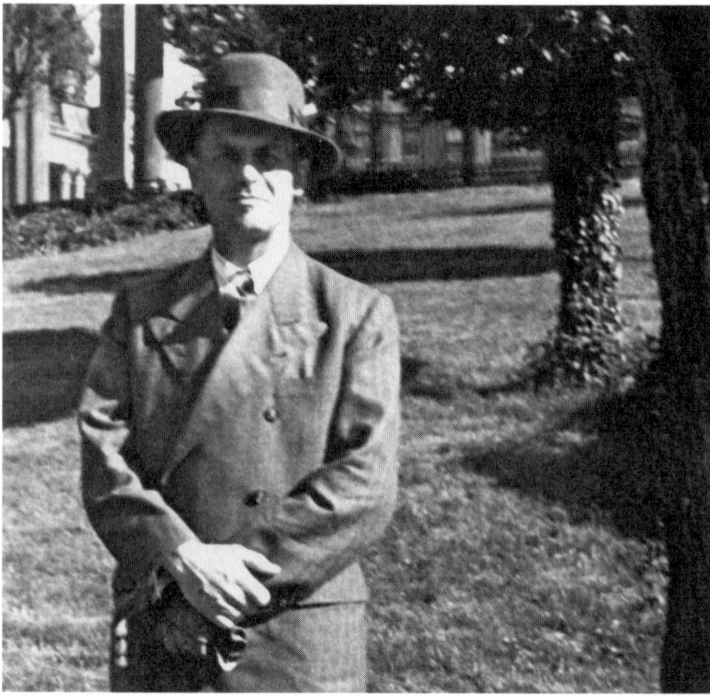

Mein Vater Karl Walter, Diplomingenieur der Elektrotechnik. Während des Krieges war er im norwegischen Bergen stationiert, um dort mit Elektromotoren angetriebene U-Boote zu bauen. Von seinen Erlebnissen im Krieg sprach Vater nicht viel. Nur von einer Begebenheit erzählte er öfter, wohl auch, weil es ihm auf eine beinahe übernatürliche Art das Leben gerettet hatte. Zu den Aufgaben der U-Boot-Bauer gehörte auch eine Probefahrt mit jedem neuen Schiff. Diese Aufgabe teilte sich Vater mit dem Chefingenieur, immer im Wechsel. Einen Tag vor einer anstehenden Testfahrt erlitt Vater einen schmerzhaften Ischias-Anfall, und in der Nacht träumte er von der Testfahrt: Vor ihm sitzt ein Mann in seinem Mantel im Cockpit. Der Mann dreht sich um. Sein Gesicht ist ein Totenkopf. Allerdings nicht wegen dieses Albtraums, sondern aufgrund seiner Rückenschmerzen konnte er die Testfahrt am nächsten Tag nicht antreten. Zum Glück: Das Boot war das einzige von den in Bergen gebauten sechzig oder siebzig Schiffen, das nicht von der Probefahrt zurückkehrte.

Schicksal von Wolfsburg nach Erlangen, wohin der Elektroriese gleich nach dem Krieg seinen Firmenhauptsitz und Produktionsschwerpunkt verlegt hatte. Ein Restart an einem neuen Standort, für den man fähige Elektroingenieure brauchte. Erlangen war seinerzeit ein kleines, verträumtes Universitätsstädtchen, vom Krieg nicht annähernd so geschunden wie die meisten deutschen Großstädte, die wie Köln, Berlin oder Dresden im Bombenhagel mehr oder minder dem Erdboden gleichgemacht worden waren. Mehr *Wissenswertes über Erlangen* (wie in den achtziger Jahren die NDW-Band Foyer des Arts in einem Lied so bezaubernd kalauerte) brauchten meine Eltern nicht für ihre Entscheidung. Ein sicherer Arbeitsplatz bei einem großen, deutschen Unternehmen in einer halbwegs erhaltenen Kleinstadt im schönen Frankenland, das waren für eine siebenköpfige Familie in den ersten Nachkriegsjahren mehr als ausreichend gute Gründe, um sich für einen Neuanfang dort niederzulassen.

Unser erstes Zuhause war die »Siemens-Siedlung«, eine Art besseres Barackendorf am Stadtrand von Erlangen, eilig zusammengezimmert vom Großkonzern, der seinen neuen Mitarbeitern ein, wenn auch provisorisches, aber doch eigenes Zuhause anbieten musste. Ich erinnere mich an die einfachen, sauber verputzen kleinen Einheiten, in denen es im Winter bitterkalt und im Sommer brüllend heiß sein konnte. So heiß, dass unsere Mutter tagsüber feuchte Betttücher über die Dächer und Fenster hängte, um für Abkühlung zu sorgen. Was Frauen, oft genug auch noch ohne ihre im Krieg gebliebenen Männer, Söhne und Brüder, in dieser Zeit bewältigt haben, ringt mir bis heute den größten Respekt ab: Das angeblich schwache ist offenkundig doch wohl das stärkere Geschlecht.

Es müssen mühevolle Jahre für unsere Eltern gewesen sein. Denn auch wenn es jeden Monat ein wenig besser wurde: Ein Leben in Wohlstand, wie meine Generation es dann als junge Erwachsene genießen konnte, war für sie noch meilenweit entfernt. Wir Kinder bekamen indes davon nicht viel mit. Zumal wir es ja auch nicht anders kannten. Essen, was die Jahreszeiten uns anboten; Fleisch, wenn überhaupt, dann an den Feiertagen; teilen und achtsamer Umgang mit unseren wenigen Habseligkeiten, kurz: Alles, was man heute unter der Formel »Nachhaltigkeit« versammelt, war unser ganz normaler Alltag. Trotzdem sollte sich das kein beseelter Weltverbesserer zurückwünschen. Denn es ist ein großer Unterschied, einen solchen Lebensstil frei zu wählen oder ihn führen zu müssen.

Für meine Geschwister und für mich waren es indes behütete und unbeschwerte Jahre. Das Hungern hatte bald ein Ende, und die Familie war zusammen. Zärtlich umsorgt wurden wir besonders von unserer Mama. Als Kind aus einer außerehelichen Beziehung der Mutter musste sie selbst bis in die Erwachsenenjahre unter Herabsetzung und Ausgrenzung durch ihre Geschwister und Verwandten leiden. Wohl auch darum gab sie alles, um ein harmonisches und glückliches Familienleben zu gewährleisten. Die sorgende Mutter und der musikalische Vater waren die Pfeiler meiner praktisch sorgenfreien Kindheit. Papa verdiente in seiner festen Anstellung für damalige Verhältnisse gutes Geld und gönnte sich einen ersten Luxus. Eine Geige kam ins Haus und wurde, auf dem Küchentisch liegend, von allen ge-

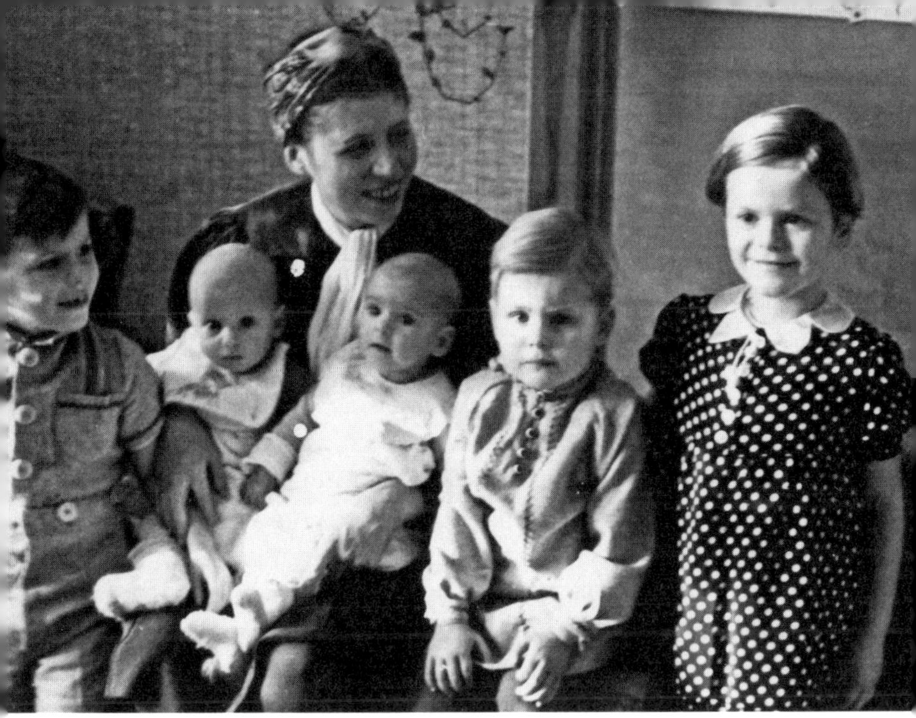

Im Kreis der Geschwister: Johannes, ich – der kleine Lothar –, Mechthild, Leonore und Astrid

bührend bewundert. Der Küchentisch selbst war zu diesem Zeitpunkt allerdings nicht mehr als eine mit einer Tischdecke drapierte Transportkiste. So viel zu den Prioritäten meines Vaters.

Er ließ es auch nicht mit einem einzelnen Instrument im Haus, nur zu seinem eigenen Vergnügen, bewenden. Das »Hausorchester Walter« umfasste bald nicht nur den Familienchor, sondern auch an Instrumenten musizierende Kinder: Geige, Bratsche, Cello, und für mich hatte Papa die Querflöte ausersehen, mit dem perspektivischen Ziel, dass ich an diesem Blasinstrument dereinst den Meisterstatus erlangte. Ein Level, das ich später auf verschiedenen musikalischen Gebieten tatsächlich erreichte, wenn auch nicht mit der Querflöte.

Hausmusik war ein fester Teil unseres Familienalltags, wir musizierten drei- bis viermal die Woche gemeinsam. Aber auch damit war es Papa nicht genug. Er leitete das firmeneigene Siemens-Kammerensemble und spielte im gleichnamigen Symphonieorchester des Konzerns, das regelmäßig unter der Leitung renommierter Dirigenten die großen Werke der klassischen Musik aufführte. Obendrein gründete Vater auch noch ein Streichquartett, dessen regelmäßigen Proben in unserem Wohnzimmer wir aus unseren Kinderzimmern lauschen konnten. Kurz gesagt, Vater war durch und durch ein Musiker – und wäre somit der Letzte, der sich über meine spätere Berufswahl hätte wundern dürfen. Die er dann, insbesondere wegen der von mir geschaffenen Werke der »leichten Muse«, trotzdem anfänglich nur ziemlich schwer akzeptieren konnte.

Doch davon war in diesen Kindheitstagen noch nichts zu ahnen, denn ich war zunächst ein, im besten Sinne des Wortes, ganz normaler Bub und als solcher leider auch ein eher mittelmäßiger Schüler. Gut in Deutsch und Musik; später, am Gymnasium, nicht ganz so gut in Latein und Griechisch, Erdkunde und Sport; und schlecht, da sind Vaters Gene komplett an mir vorbeigesprungen, in Mathematik und Physik. Auch war ich keine richtige Sportskanone, kein ausgezeichneter Leichtathlet oder begeisterter Fußballspieler. Wo es mir da an Kraft fehlte, konnte ich es aber durch Ausdauer und Zähigkeit kompensieren. Eigenschaften, die mir später auf meinem durchaus öfter auch rauen Weg ins und durch das Musikgeschäft zugutekommen sollten.

Die prägendsten Erlebnisse meiner Kindheit waren der Musik vorbehalten. Meine erste, für immer im Gedächtnis bleibende »Auftrittserfahrung« durfte ich Weihnachten 1951 machen. Leider war der Anlass dazu nicht besonders schön. Mama war kurz vor dem Fest mit Hepatitis in das örtliche Krankenhaus eingeliefert worden. Die Medizin der frühen fünfziger Jahre hatte auf viele Probleme noch keine Antwort, auch für diese Art Leberleiden gab es damals keine wirkliche Behandlung. Man tastete sich mit Diäten und ständiger Beobachtung heran. Doch auch am Heiligabend war an Entlassung nicht zu denken. Für uns Walters war klar, dass wir das Weihnachtsfest gemeinsam an Mamas Krankenbett verbringen würden. Denn die Heilige Nacht war uns als Familie wortwörtlich heilig. Nicht dass wir übermäßig religiös gewesen wären. Unsere praktizierte Religiosität ging kaum über den Rahmen des damals noch sakrosankten Sonn- und Feiertagsgottesdienstbesuchs hinaus. Weihnachten war für uns ein Fest der Gemeinschaft, bei dem vor allem gesungen wurde. Diese Art der Feier ließ sich natürlich prima ins Hospital verlegen, und so trugen wir Mama, gruppiert um ihr Krankenbett, ein paar Weihnachtslieder vor. Mehrstimmig, selbstverständlich, angeführt von der Geige des Herrn Papa. Nach gut zwanzig Minuten merkten wir, dass wir nicht allein waren. Auf den Gängen der Inneren Abteilung war alles voller Menschen. Die Krankenschwestern, die Ärzte, die Patienten und deren Verwandte, die zu Besuch waren, sie alle saßen und standen da, zum Teil heulend vor Rührung. Ein Zuschauer rief: »Die Engel singen«, und wenn ich daran denke, kommen mir heute noch fast die Tränen, weil es so bewegend war. So wurde dieses Konzert auch gleichzeitig zum Start meiner ersten »Tournee«, denn Vater zog mit uns von Krankenzimmer zu Krankenzimmer, um in jedem Raum ein Weihnachtslied mit uns aufzuführen.

Nicht zu unserem Schaden, denn die von uns mit Musik Beschenkten ließen sich nicht lumpen. Von allen Seiten bekamen wir Kuchen, Marzipan, Schokolade und Nüsse zugesteckt. Das mag heute banal klingen, aber zu diesen Zeiten, in denen es nicht so viele Sachen gab, war es für uns ein wahres Füllhorn mit Gaben direkt aus Schlaraffien. Beseelt und mit prall gefüllten Taschen zogen wir heimwärts, und in mir wuchs eine wichtige Erkenntnis: Mit Musik lässt sich eine Menge reißen! Eine Beobachtung, die auch Papa gemacht haben muss. Die Auftritte unseres Gesangsensembles, etwa bei Familienfeiern, mehrten sich und gipfelten zwei Jahre später in einer Darbietung im Redoutensaal der Stadt Erlangen, wo wir, wie aus dem seinerzeit populären Musicalfilm *Die Trapp-Familie* entsprungen, wie die Orgelpfeifen aufgestellt den mit achthundert Menschen gefüllten Saal zum Toben brachten.

So weit, so heil war meine Welt, bis eben jener Tag kam, an dem ich Elvis traf. Am Radio, wohlgemerkt, und bei einem Schulfreund. Denn das Radio zu Hause war ausschließlich der Vermittlung von Hochkultur vorbehalten. Wir versammelten uns vor dem Apparat, um Hörspiele zu verfolgen wie *Die Schatzinsel*. Sonntags erklangen in der Sendung »Klassisches Konfekt« auch schon mal leichtere Operettenmelodien, aber eine Welle wie den amerikanischen Soldatensender AFN hätte bei uns Walters niemand einzustellen gewagt. So infizierte ich mich außer Haus mit dem Rock-'n'-Roll-Virus und wusste sofort: Alles, was ich brauche, um die Welt zu erobern, ist eine Gitarre. Eine absolut überzeugende Idee, wie ich fand, die ich auch meinem Vater vortrug. Er zeigte sich auch nicht völlig abgeneigt, war aber der Meinung, dass der Abschluss meiner Ausbildung an der Querflöte auf Meisterniveau die Grundvoraussetzung sein sollte für alles weitere. Mein Querflötenspiel war zu jener Zeit noch stark ausbaufähig, und das Rock-'n'-Roll-Fieber schüttelte mich. So nahm ich die schweiß- und schwielentreibende Sommerarbeit auf dem Bauernhof in Möhrendorf in Kauf, bis ich endlich meine Framus in Händen hielt. Nachdem ich vier Wochen darauf geübt hatte, schrieb ich auch schon meinen ersten kleinen Song, eine Instrumentalmelodie, die ich *Desert Island* taufte und die mir gleich mehrmals in meinem Leben die wundersamsten Türen öffnen sollte.

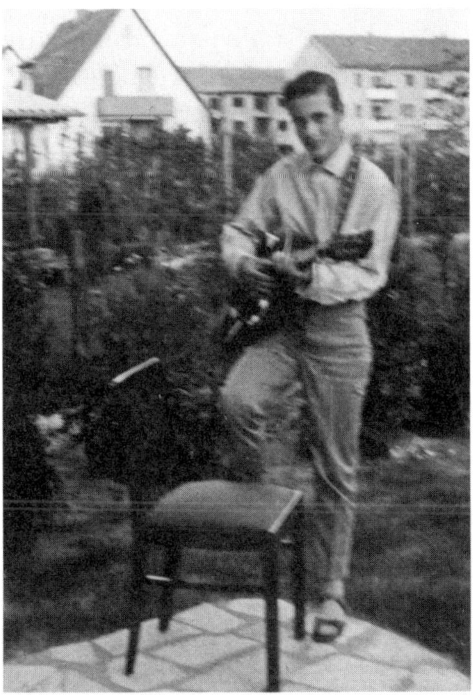

Meine erste Gitarre und ich. Schon mit den ersten Akkorden rockte ich so gut, dass den Fotografen leider die ruhige Hand verließ. Shake, Rattle and Roll!

ZWISCHENSTOPP:
Desert Island

»Du! Warum schreibst du keine Lieder?« Der Verleger Peter Meisel, Spross des ehrwürdigen Berliner Verlagshauses Will Meisel, ein großer, sportlicher Mann mit einer fisteligen Stimme, einem breiten Berliner Dialekt und von einer energetischen Hektik beseelt, war dem angloamerikanischen Popsound der Swinging Sixties gegenüber sehr aufgeschlossen. Er sah neidisch über den Ärmelkanal und über den großen Teich, wo in England und den USA die neuen Superstars Tag für Tag aus den Studios in die Rundfunkanstalten zu strömen schienen. »Warum gibt es das nicht bei uns?«, hörte ich ihn bei einer Besprechung fluchen, bei der ich mich gerade meiner aktuellen Hauptbeschäftigung, dem Einschenken von Kaffee, hingebungsvoll widmete. Denn nachdem meine ersten Gehversuche als Sänger von einem noch nicht abendfüllenden Erfolg gekrönt waren, hatte ich der Erwartung meiner Eltern nachgegeben und ein Studium der Juristerei in Berlin begonnen. Weil aber Zeit Geld ist und Geld etwas, wovon ich wenig hatte, sah ich mich gezwungen, Zeit gegen Geld zu tauschen und mir eine bezahlte Beschäftigung zu suchen. Um wenigstens peripher mit der von mir so heiß geliebten Musik in Verbindung zu bleiben, nahm ich einen Job als Werksstudent in eben jenem Verlagshaus an, wo nun Peter Meisel eine Antwort von mir erwartete.

»Entschuldigung, ich schreibe Lieder, Herr Meisel!«

»So? Ich meine aber nicht mal ein oder zwei kleine Melodien, ich meine viele Stücke. Sehr viele!«

»Ich habe bereits über hundert Titel geschrieben, Herr Meisel«, lehnte ich mich nun aus dem Fenster. Die exakte

Zahl kannte ich gar nicht, aber einige Dutzend mussten es bereits gewesen sein.

»Dann lass doch mal hören. Bringt ihm eine Gitarre!«

So geschah es, und auf dem eilends herbeigebrachten Instrument intonierte ich dann, weil man im Leben am besten immer am vorderen Ende anfängt, meine erste eigene Komposition. Das Instrumentalstück *Desert Island* aus meinem Jugendzimmer in Erlangen öffnete mir die Tür in das professionelle Autorengeschäft und bescherte mir meinen ersten Verlagsvertrag.

»Bringt mir mal die Papiere für den Michael«, orderte Meisel nach dem Ende meines Vortrags, nun meines Namens ganz gewahr, ohne weiter zu zögern. Und noch am selben Abend machte er aus mir, dem Kaffeebuben und Jurastudenten, den Komponisten Michael Holm. (Den sehr bald nicht minder erfolgreichen Textdichter Holm hatte Peter Meisel indes vergessen, unter Vertrag zu nehmen. Ein Umstand, der mir ein paar Jahre später zu großem Vorteil gereichen sollte.) Über diesem Tag im Verlagshaus Edition Meisel standen also die Sterne für mich mehr als günstig.

Und es sollte nicht das letzte Mal gewesen sein, dass *Desert Island* mir Glück gebracht hatte. In den folgenden Jahren wurde das Lied unter dem Namen *Kungsleden* die Titelmelodie eines sehr erfolgreichen Fernsehfilms in Japan, wodurch der Song ein Riesenhit wurde. Das »Land des Lächelns« sollte dann, viele Jahre später, erneut eine große Rolle in meinem musikalischen Leben spielen, davon später mehr.

Dass eine simple, lediglich auf der Akkordreihe c, f, g, c, a-Moll, E7 basierende Eigenkomposition mir in einer fernen

Zukunft einmal Türen öffnen würde, von denen ich noch nicht einmal ahnte, dass es sie überhaupt gab, das konnte ich mir, verständlicherweise, bei ihrer Entstehung nicht einmal in meinen kühnsten Träumen vorstellen. Für solche hochfliegenden Phantasien gab es zunächst aber auch gar keinen Grund. Die Gitarre und mein Fleiß, sie halbwegs zu beherrschen, machten sozusagen über Nacht aus dem eher durchschnittlichen Schüler Lothar einen gefragten Mann. Gerne überall gesehen, gerne immer überall eingeladen. Besonders bei den Klassenpartys stand ich schnell hoch im Kurs, die wir im »Jazz-Keller«, wie wir das nannten, regelmäßig feierten. In Wahrheit bestand der Jazz-Keller aus zwei winzigen Räumen, mit bunt besprühten Eierkartons als Schalldämpfer an den Wänden. Da waren zwanzig bis fünfundzwanzig Leute, und das waren natürlich nicht nur Jungs. Im Laufe der Feier kam immer irgendwer, der mir eine Gitarre in die Hand drückte und fragte: »Würdest du einen Titel für uns spielen?« Was mir, auch dank der grundsoliden Gesangsausbildung in der Walter'schen Stimmenschmiede, nicht schwerfiel.

Wenn ich dann aktuelle Hits wie *Tom Dooley* der Nilsen Brothers oder den *Lonely Boy* von Paul Anka vortrug, bekamen die Mädchen große und schmachtende Augen. Mehr als genug Aufmerksamkeit für einen Fünfzehnjährigen, der bisher noch nie wirklich aufgefallen war. Und da dämmerte es mir: Mit Musik, da lässt sich eine Menge reißen!

Auch wenn die unerwartete Aufmerksamkeit, vor allem durch das schöne Geschlecht, sicher einen sehr angenehmen Zugewinn in meinem Alltag darstellte und meine Wertschätzung unter den Mitschülern deutlich anstieg, hatte ich Probleme, die mir spürbar zu schaffen machten. Ich war schließlich schwer vom Rock-'n'-Roll-Virus infiziert und brauchte dringend andere daran Erkrankte, mit denen ich eine Band gründen konnte. Nicht ganz leicht für einen Unterprimaner des humanistischen Gymnasiums Fridericianum Erlangen, wo ich mich auf mein Abitur vorbereiten sollte. Sicher gab es auch dort junge Menschen mit einem modernen Musikgeschmack, aber es war eher der elitäre Jazz, der die meisten meiner Mitschüler begeisterte. Nichts gegen Jazz, denn damals wie heute ist meine Überzeugung, dass es lediglich gut und schlecht gemachte Musik gibt und wahre Könnerschaft jeder Spielart dieser Kunst zu Glanz verhilft. Angesichts meiner Liebe zu den heißen Rhythmen und schmachtenden Balladen, die jetzt vor allem aus den USA zu uns nach Deutschland kamen, war die komplexe, coole und auch ein wenig versnobte Improvisationsmusik kein Mittel, das meine Sehnsüchte gestillt hätte.

Aber in der Tat fanden sich bald zwei weitere junge Musiker mit meinen musikalischen Neigungen. In einer Triobesetzung aus Akkordeon, Bass und Gitarre, die wir nach meinem Spitznamen aus Kindertagen, Daddy, die »Daddy Band« nannten, legten wir los wie die Feuerwehr. Gelegenheit dazu bot uns eine Kneipe nicht unweit der amerikanischen Kaserne in Erlangen, wo sich die G.I.s nach Feierabend zum Umtrunk trafen. Dort spielten wir nun für zehn Mark pro Kopf am Abend zum Tanz auf. Wir sorgten mit einem Mix aus Rock 'n' Roll, englischen Popsongs und auch deutschen Schlagern mit einfachsten Mitteln für Riesenstimmung. *Diana* von Paul Anka, *Yes Tonight, Josephine* von Johnny Ray oder *Lollipop* von den Chordettes waren die Songs, mit denen wir unserm Publikum einheizten. Es gab kein Mikrophon, keine Verstärker und schon gar keine

Bühne. Ich stand auf einem Tisch, das funktionierte ebenso gut. Da man uns als Minderjährigen außer einem gelegentlichen Apfelsaft keine Freude mit spendierten Getränken machen konnte, war auf dem Tresen ein Glas deponiert, in dem die Gäste auch schon mal ein Trinkgeld für uns hinterließen. Mal zwei Mark, mal fünf Mark. Das Wichtigste für uns war, dass wir unsere Musik machen konnten. Dass wir dafür auch noch beklatscht und bezahlt wurden, kam uns wie das Paradies auf Erden vor.

Nachdem wir die ersten vier oder fünf Auftritte absolviert hatten, begingen wir einen folgenschweren Fehler. Wir erzählten zu Hause begeistert von unseren triumphalen Erfolgen als Unterhaltungskünstler, und das wollten unsere Eltern nun doch auch einmal live miterleben. Den Eindruck, den unsere Erziehungsberechtigten von unserem Auftrittsort gewannen, unterschied sich doch erheblich von unserer Wahrnehmung. Wo wir jungen und auch noch ziemlich naiven Knaben lediglich eine Menge Menschen sahen, die tanzten und Spaß hatten, offenbarte sich unseren Vätern und Müttern ein wahres Sodom und Gomorrha. Leichte Mädchen, Soldaten aller Ethnien, zwielichtige Gestalten, gleich einer Horde Orks im Vorhof zur Hölle, und damit nahezu alles, wovon ein junger Mensch aus ihrer damaligen Sicht unbedingt ferngehalten werden musste. Müßig zu erwähnen, dass dies das jähe Ende unserer gerade erst aufblühenden Karriere und auch weiterer Auftritte der Daddy Band bedeutete.

Aber Rückschläge haben mich nie aus der Bahn geworfen, sondern im Gegenteil angespornt, meine Ziele zu erreichen. So trat ich weiter auf den Teenagerpartys in meiner Heimatstadt auf. Dies offenbar mit so großem Erfolg, dass man mich einlud, mit meiner Band beim gemeinsamen »Drei-Schulen-Ball« der Erlanger Oberschulen aufzutreten. Eine große Sache, denn bei dieser Gemeinschaftsveranstaltung kam praktisch die ganze Jugend der Stadt zusammen. Bei dieser Gelegenheit sollte ich dann mein erstes Stelldichein mit einem Weltstar haben, auch wenn diese Zukunft noch in den Sternen stand. Elke Schletz, Tochter eines fränkischen Pfarrers, war so etwas wie der kollektive Traum der Jungs unserer kleinen Stadt. Ein Mädel, das mit der richtigen Figur und dem richtigen Gesicht auf die richtige Art in den richtigen Kleidern durch die Straßen ging. Schon bald sollte sie unter dem Namen Elke Sommer nicht nur den jungen Männern Erlangens, sondern der ganzen Welt den Kopf verdrehen. Elke besuchte wie ich täglich das Gymnasium Fridericianum und war doch so weit entfernt für mich wie der Saturn. Nicht nur, weil sie eine exorbitante Schönheit war, sondern obendrein auch noch zwei Schulklassen über mir logierte. Doch die Macht der Unterhaltung war schon damals stark in mir, und neben meinen gesanglichen und instrumentalen Fähigkeiten hatte ich ein quasi angeborenes, instinktives Gefühl dafür, wie man von der Bühne herab den Saal zum Kochen bringt. Mit meiner Band, die um einen rumpeligen Schlagzeuger verstärkt worden war, zog ich alle Register und ließ meiner Begeisterung freien Lauf. Ein energetischer Prozess, den man heute »Authentizität« nennt und den ich in seiner reinsten Qualität viele Jahre später bei meinem Protegé Guildo Horn erleben durfte. Lohn für meine exaltierte Darbietung war dieses Mal neben dem frenetischen Applaus und »Zugabe«-Rufen meiner Mitschüler nicht Geld, sondern: ein Tanz. Ein Tanz, zu dem mich keine Geringere als Elke Schletz, die bald Sommer heißen sollte, im Rahmen der Damenwahl aufforderte. So schwebte ich, der verschwitzte Jüngling, mit der Schönheitskönigin unserer Stadt über das Parkett. Mehr war aus einem solchen Abend einfach nicht herauszuholen. Wie gesagt: Mit Musik lässt sich echt was reißen!

Diese Beobachtung sollte sich in den nächsten Jahren immer wieder aufs Neue bestätigen. So etwa in den auf den Ball folgenden Sommerferien, in denen ich mit meiner Zwillingsschwester nach Italien reiste. Mit siebzehn. Per Anhalter. Kein Smartphone, kein Videocall. Nix. Einfach weg. Kontakt nach Hause bot allenfalls die Postkarte, deren letzte Exemplare auch schon mal nach der Rückkehr eintrudelten. Es war einfach eine andere Zeit.

Mit sechzig Mark in der Tasche und drei Wochen Reisezeit mussten wir beide uns schon was einfallen lassen, um nicht auf halber Strecke wegen Geldmangels die Heimreise antreten zu müssen. Natürlich lagen Verwandte und Bekannte auf unserer Reiseroute, wo wir übernachten und uns »durchfressen« konnten. Oft genug hieß es aber auch, in der Jugendherberge abzusteigen, die uns für 1,50 Mark ein Dach über dem Kopf bot. Dort war es meine Schwester Mecky, die mein Sanges- und Gitarrentalent in den Aufenthaltssälen anpries: »Mein Bruder, der kann toll singen! Gebt ihm eine Gitarre!« Und schon saß ich wieder auf einem zur Bühne umfunktionierten Tisch und spielte die Hits unserer Jugend. *Tom Dooley* von den Nilsen Brothers, *Buona Sera* von Louis Prima, *Sugar Baby* von Peter Kraus. Mit diesem Repertoire warst du der Held, und es kam von allen Seiten der Applaus, aber eben auch Kuchen und die Limonade.

So haben wir dann, mit den sechzig Mark und dem »Mein Bruder kann singen«-Spruch den dreiwöchigen Urlaub ohne Hungerödeme überlebt. Was mir allerdings auch mit Musik nicht gelungen wäre, wenn unser Proviant durchgängig aus Pizza bestanden hätte – in Nahrungsmittel, das ich bei dieser Reise zutiefst zu verabscheuen gelernt habe. Ich weiß, Millionen von Menschen werden es nicht glauben wollen, aber es war der Fladenteig einer original italienischen Nonna, die mir dieses Gericht für immer vergällen sollte. Wir waren eingeladen worden bei lieben neuen Freunden, da gab es eigentlich ganz Leckeres zu essen. Auf einmal kam die Großmutter, ganz stolz, mit einem riesigen runden Teil, das auch durchaus appetitlich duftete. Die Familie erklärte uns, das sei der kulinarische Stolz der Nonna. Etwas, das ich nicht kannte, meine Schwester auch nicht, nämlich »Pizza«, mit reichlich Käse. Ich war ziemlich hungrig und schnitt ein Stück ab, doch schon während der ersten Bissen wurde mir speiübel. Dieser Käsegeschmack zusammen mit der Wurst war und ist für mich bis heute ein lukullisches Schwerverbrechen. Und wenn man mich foltern wollte, um die verwegensten Geständnisse aus mir herauszupressen, mit Pizza als Werkzeug würde ich der peinigenden Befragung nicht lange standhalten. Es heißt ja, jeder hat was Besonderes, und meine Abneigung gegenüber Pizza unterscheidet mich sicher von 99,9 Prozent der restlichen Bevölkerung.

Abgesehen von dieser traumatischen Erfahrung deckten uns meine kleinen Spontanauftritte nicht nur immer wieder den Tisch, sie brachten uns auch überall mit jungen Leuten zusammen, die uns dank der unterhaltsamen Stunden stets wohlgesinnt waren. Mit Musik, es war nun beinahe empirisch bewiesen, ließ sich tatsächlich in allen Lebenslagen etwas reißen. Oder zumindest dann, so viel Eitelkeit sei mir an dieser Stelle vergönnt, wenn ihr Erklingen in einen kausalen Zusammenhang mit meiner Person zu bringen war.

Dieser Auffassung war offensichtlich auch einer meiner Mitschüler, der Klaus hieß und neben einer großen Begeisterung für mein Talent auch über Zugriff auf High-End-Standards der damaligen Technik verfügte. Er nannte ein Tonbandgerät mit Mikrophon sein Eigen. Eine Apparatur, die eine absolute Ausnahme in den Haushalten der späten fünfziger Jahre darstellte. Das Angebot von Tonaufnahmen mit einem richtigen Aufnahmegerät und einem richtigen Mikrophon, das war für einen Erlanger Bub in dieser Zeit ein Abenteuer vergleichbar mit der Mondlandung. Wir nahmen drei Lieder auf, sogar ein von mir selbst komponiertes, das *Mädchen mit den blonden Haaren* hieß. Eigene Titel zu singen war für mich eine Selbstverständlichkeit, dem Schreiben von Musik und Texten galt von Anfang an meine besondere Leidenschaft. Das mag auch daran gelegen haben, dass meine Eltern von uns Kindern zum Geburtstag oder zu Weihnachten nur selbst gemachte Geschenke akzeptierten. Das spornte unsere Kreativität sicher zusätzlich an. Jedenfalls war meine erste »Recording-Session« schon für sich genommen eine tolle Sache, und das Wissen darum, nun eine Tonaufnahme von mir zu besitzen, die ich eines Tages meinen Bewunderern auf einem, dann möglicherweise sogar eigenen, Tonbandgerät würde vorspielen können, einfach Wahnsinn! Das war schon deutlich mehr, als die meisten meiner Freunde vorzuweisen hatten.

Dass dieses kleine Spiel mit der Technik den Lauf meines gesamten Lebens bestimmen würde, konnte ich nicht im Entferntesten erahnen. Denn auch wenn Klaus immer wieder verlauten ließ, dass er das Band an die Plattenfirmen in Deutschland verschicken würde, gab ich der Sache nicht einmal den Hauch einer Chance. Wen in den fernen Universen großer Städte wie Berlin, München oder Köln sollte schon das Geklampfe und Gesinge eines Jungen aus der fränkischen Provinz interessieren?

Es war dann aber nicht nur ein, sondern gleich drei namhafte Labels, die auf das Anschreiben von Klaus reagierten: Polydor, Phonogram und Teldec, was, im Nachhinein gesehen, neben meinem sicher schon damals erkennbaren Gesangstalent auch damit zusammenhing, dass es der richtige Moment gewesen sein mag. Das Geschäft mit Schallplatten nahm gerade Anlauf, der wichtigste Markt für junge Medien im prosperierenden Deutschland zu werden. Der Rock 'n' Roll, der über den großen Teich zu uns herüberschwappte, schuf einen völlig neuen Markt für Tonträger und Künstler. Elvis, Buddy Holly und Little Richard waren die Protagonisten einer neuen Jugendkultur und fanden in Deutschland mit Ted Herold und Peter Kraus ihre Wiedergänger. Das hing vielleicht auch damit zusammen, dass Rundfunk und Fernsehen sich lange der viel geschmähten »Krachmusik« der »Halbstarken« verweigerten. So waren die Fans darauf angewiesen, sich eigene Kopien ihrer Lieblingslieder und -künstler zuzulegen, um ungehindert Zugang zu ihrer Musik zu bekommen. Um diese neuen singenden Stars entstand schnell ein Kult wie um Hollywoodgrößen, nur dass die Produktion und Vermarktung dieser Stars nicht ein Hundertstel der Kosten verursachte, die durch den Dreh eines Kinoblockbusters entstanden. Kurz, in diese Goldgräberstimmung hinein fiel das Tonband meines ersten »Produzenten« Klaus auf fruchtbaren Boden. Schlussendlich lud mich die Polygram nach Köln zu einem Vorspiel ein.

Zu dieser Zeit wurde tatsächlich in den Büros der Plattenfirmen live und in Farbe vorgespielt. Es gab hastig notierte

»Leadsheets«, wie man die Notenblätter mit Akkordfolge und der Liedstruktur unter Musikern nennt, mit deren Hilfe eine Combo den Vortrag der jungen aufstrebenden Künstler, wie ich einer war, unterstützte. Begleitet am Piano von der Legende Werner Twardy (der sein Talent unter anderem schon dem *Strangers In The Night* Bert Kaempfert zur Verfügung gestellt hatte und dem später Riesenhits wie *Schön ist es auf der Welt zu sein* von Roy Black und Anita oder *Ich bin verliebt in die Liebe* von Chris Roberts gelingen sollten), trug ich mit aller mir möglichen Begeisterung meine Zeilen zu Ehren des *Mädchen mit den blonden Haaren* vor: »Mädchen mit den blonden Haaren / ach du bist ja so schön / geh nicht so schnell vorüber / bleib doch bei mir stehn«.

Es kam, wie es kommen musste. Die Verantwortlichen, hier besonders ein Herr Bertram, der später die größten Erfolge von Roy Black verantworten sollte, waren angetan und machten mir Avancen. Leider aber nur mir und nicht meinem blonden Mädchen. Oder anders ausgedrückt, der Sänger Lothar Walter hatte durchaus überzeugt, der Autor indes weniger. Eine Einschätzung, die wenige Jahre später auf meinem Weg als Erfolgsschreiber im Verlagshaus Meisel zu Berlin genau umgekehrt ausfiel. So viel zum Urteil anderer Menschen. Egal wie groß, mächtig oder kompetent sie sind oder sich fühlen mögen, am Ende sind es auch nur Menschen, die irren oder aus Mangel an Sympathie oder schlicht Interesse falsch über dich urteilen. Auch wenn natürlich auch ich über den ein oder anderen Schmunzelfehler verfüge, ein Mangel an Selbstbewusstsein, insbesondere bezüglich meiner Fähigkeiten als Autor, gehörte nie dazu. Wohl auch aus dieser Haltung heraus konnte und wollte ich mich nicht von meiner blonden Schönheit trennen lassen, mochten die Herren die Dame noch so sehr verschmähen. Man kam darin überein, mich in meine fränkische Heimat

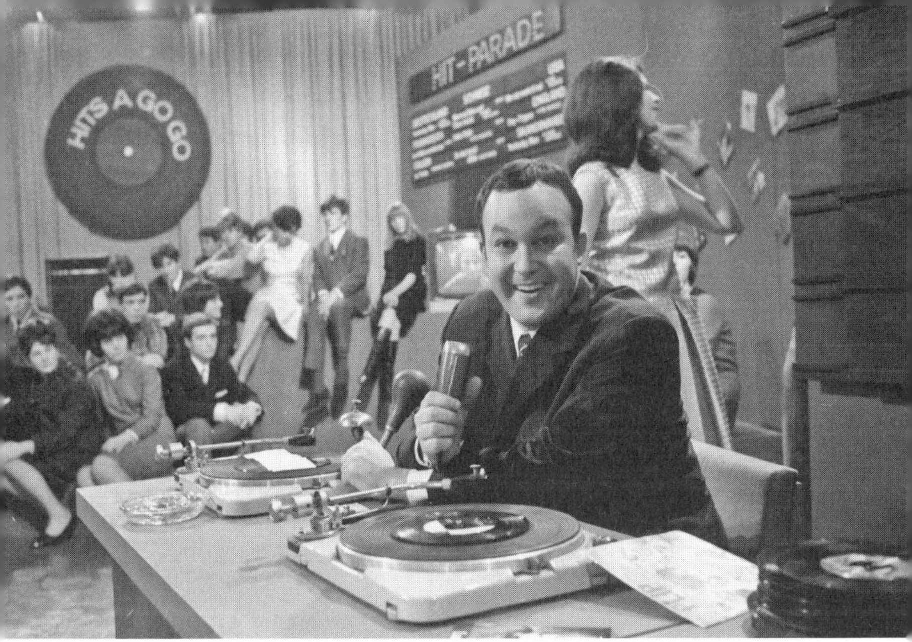

Mein erster professioneller Produzent Mal Sondock. Auch wenn wir zusammen keine rechten Erfolge feiern konnten, war er an vielen Stellen zur richtigen Zeit der richtige Mann, der mir einige Türen öffnete, die für mich und meine Karriere wegweisend werden sollten.

zurückzuschicken, wo ich ohnehin als Schüler der Obertertia noch die Aufgabe des Abiturs zu bewältigen hatte. In München sollte sich ein Produzent namens Mal Sondock um den Start meiner Karriere kümmern.

Mal Sondock war 1957, sozusagen in der Vorhut von Elvis, als G.I. der U.S.-Army nach Deutschland gekommen. Er war der fleischgewordene Prototyp eines Discjockeys und sollte später, in den siebziger Jahren, mit der WDR-Rundfunksendung *Diskothek* einen Meilenstein des deutschen Musikhörfunks erschaffen. Sondock hatte nicht nur Broadcasting-Erfahrung aus den USA im Marschgepäck, durch die er an seinem Stützpunkt bei der dortigen Sendestation des Soldatensenders AFN nahtlos als Moderator weiterarbeiten konnte, sondern auch ein Konzept für Tanzveranstaltungen, bei denen keine Bands spielten, sondern ein DJ Schallplatten auflegte. Das klingt heute banal, war aber in den späten fünfziger Jahren eine Revolution. Die Geburtsstunde der Diskothek! Sondock nannte diese Tanztreffs »Record Hop« und veranstaltete sie mit großem Erfolg zunächst in München, später als Ableger in Augsburg, wo ein gewisser Gerd Höllerich unter dem Künstlernamen Roy Black die Platten auflegte, und dann in Köln, wo er später seine Karriere als Rundfunkmoderator fortsetzen sollte.

Sondocks umtriebige und zudem sehr erfolgreiche Arbeit im Bereich der Verbreitung von Popmusik war vermutlich auch der Grund, warum er einen Vertrag als Musikproduzent bei Teldec ergattern konnte. Ein Mann, der so genau wusste, was die Leute im Radio und im Tanzsaal hören wollten, musste doch einfach der perfekte Entdecker und »Hersteller« neuer Hits und Talente sein! Eine Gleichung, die leider im Fall von Mal auch nicht ganz aufging. Es war, als würde man einen Feinschmecker zum Chefkoch eines Gourmetrestaurants machen. Eine feine Zunge macht noch lange keinen guten Koch. Das Malheur war, Sandock konnte einen Hit sehr wohl sofort erkennen. Allerdings erst, wenn er fix und fertig gemischt, auf eine Schallplatte gepresst, ins Funkstudio serviert wurde. In der Herstellung, oder, um im Bild zu bleiben, in der »Hitküche« des Aufnahmeraums, fehlte es ihm aber an der nötigen Vision, weswegen er seine Musiker und Arrangeure dort oft bis zum Umfallen malträtierte.

Ich erinnere mich wie heute daran, wie wir an einem Arrangement von Gert Wilden arbeiteten. Wilden, der später als Komponist der Filmmusiken der *Schulmädchen-Report*-Reihe zu einer Ikone des Easy Listening werden sollte, war ein musikalischer Vollprofi durch und durch, ein gefragter Arrangeur und Chef eines eigenen Orchesters. Angesichts Sandocks Arbeitsweise, nämlich etwa den Chor, in dem auch ich gelegentlich mitsang, stundenlang immer denselben Titel, der gar nicht schwer zu singen war, wiederholen zu lassen, war er alles andere als »easy« gestimmt. Wilden tobte und beschimpfte seinen Auftraggeber auf das Wilden-ste. Ich fragte mich natürlich auch, was Mal wohl an unserer Arbeit gefehlt haben mag. Die Töne waren bei mir eh richtig, ich konnte ja dank meiner musikalischen Familienausbildung richtig gut singen. Ob das jetzt »gut« im Sinne von schön, ausdrucksvoll, stark war, das hätte Mal entscheiden müssen. Aber er war unsicher, hatte keine wirkliche Idee, er wollte irgendwas hören, was er nicht zu hören bekam, und das hieß dann für die Chorleute, die Musiker, alles noch mal und noch mal und noch mal, bis die Bläser nach fünf Stunden mit aufgeplatzten Lippen dastanden. Diese qualvollen Sessions waren mir eine Lehre in späteren Jahren, als es an mir war, als Produzent über die Arbeit der Musiker im Studio zu entscheiden. Wenn du nicht weißt, was du hören willst, kannst du nichts zu hören bekommen, was du hören möchtest. Die Verinnerlichung dieser Erfahrung hat dann in den nächsten Jahrzehnten vielen Plattenfirmen einige hunderttausend Mark an Studiokosten erspart und meine Produktionen meist schnell in die Gewinnzone gesteuert. Auch nicht zu meinem Nachteil, erfreulicherweise!

Mein erster Mentor Mal Sondock indes war aber nicht nur im musikalischen Schöpfungsprozess oft ein wenig überfordert, ihm fehlte es leider auch an Fingerspitzengefühl bei der Auswahl von Künstlern für seine Arbeiten.

Weil aber alles im Leben zwei Seiten hat, verdanke ich einer dieser Sondock'schen Ungeschicklichkeiten den Namen, unter dem mich bald das ganze Land kennenlernte. Es begab sich nämlich, dass Mal, der gerne und für damalige Verhältnisse auch gerne »exotisch« aß, mich gleich bei einem meiner ersten Besuche in einem der gerade aufkommenden Balkan-Restaurants mit einem Sänger namens Boy Berger zusammenbrachte. Boy Berger war ein junger Österreicher, der mit mediokrem Erfolg Schallplatten bei Electrola veröffentlicht hatte. Seine noch junge Karriere benötigte also einen Impuls, so wie es meiner an einer Initialzündung fehlte. Auf der Suche nach einem Konzept dürfte wohl vermutlich irgendwem bei Teldec das dänische Duo Jan & Kjeld aufgefallen sein, das gerade mit Songs wie *Banjo Boy* oder *Tingelingeling, mein Banjo singt* in den deutschen Hitparaden abräumte. Da nun einmal in der Popmusik nichts erfolgreicher ist als der Erfolg, gab man Mal Sondock wahrscheinlich den Auftrag, ein ähnliches Duo zusammenzustellen. Wie er dabei auf Boy Berger und meine Wenigkeit gekommen sein mag, ist ein Geheimnis, das er in eine bessere Welt mitgenommen hat. Jedenfalls formte er aus den Bausteinen Bubenduo plus Westernromantik aus uns beiden »Die Missouris«.

Meine Karriere als Schallplattenkünstler begann also in einem Castingprojekt, lange bevor es dafür entsprechende Fernsehformate wie Voice of Germany oder DSDS gab. Am beeindruckendsten an Boy Berger war für mich der Umstand, dass er einen Künstlernamen hatte. »So was brauche ich auch«, dachte ich mir sofort, denn es gab eine Reihe guter Gründe, warum ich nicht als Lothar Walter das Cover von Plattenhüllen zieren wollte. Zum einen war ich noch Schüler eines humanistischen Gymnasiums, wo manche ihre Schwierigkeiten hatten, meine musikalischen

Aktivitäten als »künstlerisch« anzuerkennen. Dort hätte es sicher nur für unnötige Unruhe gesorgt, wenn ich mit meinem Klarnamen in den Olymp der Hitparaden aufgestiegen wäre, wie es Mal Sondock ja offensichtlich plante. Außerdem, Lothar, das klang neben einem »Boy« doch sehr prosaisch und mein Zweitname Bernd zu nah an Bergers echtem Namen Bert. Der Name »Michael« hatte es mir seines Wohlklangs wegen schon immer angetan, und »Holm« kam aus den Untiefen meines kreativen Unterbewusstseins. So wurde auf dem Heimweg von München nach Erlangen mein Künstlername geboren. Zugegeben, das klingt ein wenig unspektakulär. Aber wenn man weiß, dass mein Kollege Guildo seinen Nachnamen vom Banner einer Baugerüstfirma gepflückt hat, die zufällig vis-à-vis seines Küchenfensters arbeitete, oder die Band Milli Vanilli nach einer Berliner Diskothek benannt ist, in der wir Musikprofis in den wilden sechziger Jahren den Tag ausklingen ließen, der ahnt, wie oft es gerade in der Unterhaltung der Zufall oder eine Ad-hoc-Entscheidung ist, die dann Titel, Namen, Geschichten schaffen, die sich in unser kollektives Gedächtnis einbrennen.

Meinen Start ins professionelle Showbusiness konnte der neue schicke Name indes nicht nennenswert befördern. Meine erste Single als Mitglied der Missouris erschien 1961, hieß *Ich will Dich immer wieder küssen* und dümpelte in Bedeutungslosigkeit vor sich hin. Besser lief es da für unser Duo mit der zweiten Veröffentlichung im selben Jahr, die *Texas Jimmy* hieß. Bei der Premiere der frisch aus der Taufe gehobenen Deutschen Schlagerfestspiele in Baden-Baden konnten wir 1961 damit einen zweiten Platz belegen. Die hauptsächlich daraus resultierenden Verkäufe von 65 000 Singleschallplatten jedoch waren für die damaligen Verhältnisse eher überschaubar, und es wurde schnell klar,

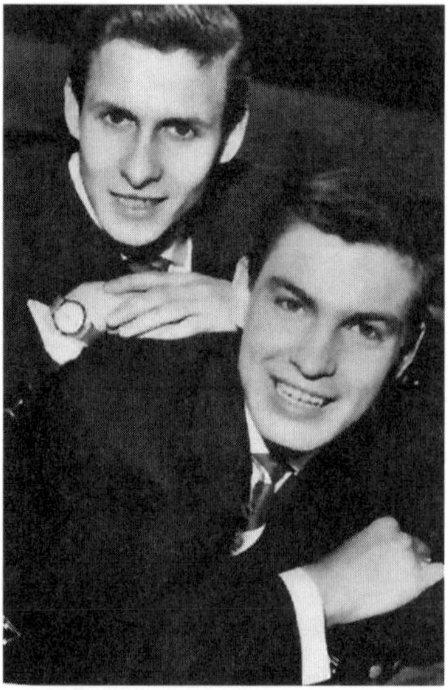

Albert Schützenberger aka Bert »Boy« Berger und ich waren die Missouris. Auch wenn wir nicht die ganz großen Hits zusammen hatten, verdanke ich diesem Zusammentreffen letzten Endes meinen Künstlernamen.

dass Boy und mir unter dem Decknamen Die Missouris keine glänzende Zukunft beschert sein würde. Für mich war das nicht besonders tragisch. Zum einen wurde ich mit dem zwei Jahre älteren, gern auch einmal den Rebellen herauskehrenden Sangeskollegen nicht besonders warm. Zum anderen waren die Titel, die Mal für uns aussuchte, allesamt mindestens furchtbar, mit der Tendenz gruselig bis schrecklich. So schrecklich, dass ich mich schon gelegentlich fragte, was eigentlich an meinem *Mädchen mit den blonden Haaren* so unattraktiv gewesen sein sollte.

Wir schleppten uns durch zwei gemeinsame Jahre, in denen ich, leider nicht minder erfolglos, 1962 dann auch meine erste Single als Michael Holm veröffentlichte. *Das Lied von der Liebe* war ein neuerlicher Nachweis von Mal Sondocks Ungeschick, eigene Hits zu produzieren, und verschwand, wie gleich vier weitere Werke in dem Jahr mit mir als Interpreten, nicht zu Unrecht in der Versenkung.

Aber auch wenn es mit Sondock als Macher meiner Sängerkarriere eher suboptimal lief, war er doch ein wirklich sympathischer und entzückender Zeitgenosse, mit dem ich mich prima verstand. Sympathie muss wohl auch er für mich gehegt haben. Als er für sein eigentliches Erfolgsmodell, den Record Hop, in München einen DJ brauchte, fragte er mich, den gerade mal achtzehnjährigen Jungspund, ob ich mir das als Nebenjob vorstellen könnte. So fuhr mich meine Mutter auf Sondocks Einladung zum ersten und nicht zum letzten Male in den Münchner Löwenbräukeller, wo auf einem Podest ein Plattenspieler stand und ich Songwünsche entgegennahm, Grüße verlas und die Party in Schwung hielt. »Renate, Kasimir, Peter und Franz wünschen sich Ted Herold und *Caroline* – und ab ging die Luzi. Eine Bühne, die neuesten Schallplatten und eine feiernde Gemeinde, das war genau das Elixier für einen Teenager wie mich, der gerne geredet hat, sich durchaus gerne hat reden hören und gerne aufgelegt hat.

Die Bühne und das Publikum, das war für mich von Kindesbeinen an etwas durch und durch Positives. Die Erfolgserlebnisse mit dem Orchester Walter haben mich wohl geprägt, und das Gefühl, dass Hunderte von Menschen dich zur ganz wichtigen Person machen, konnte mir nun auch das Podium des Record Hop im Münchner Löwenkeller bieten. Neben dem »Fame«, den mir der Job als DJ bot, war diese Zeit beim Record Hop auch ein wichtiges Training für meine spätere Zeit als Bühnenkünstler und Prominenter. Ich lernte dort eine gewisse Selbstverständlichkeit im Umgang mit dem Mikrophon und frei zu sprechen vor einer großen Menge Leute, auch wenn man vorher Lampenfieber hat. Eine Krankheit, an der ich nach wie vor leide; bis heute verspüre ich ganz furchtbares Lampenfieber vor meinen Auftritten. Das geht indes vielen Kollegen so und ist vermutlich einfach der Preis für die Bereitschaft, einem Publikum alles zu geben, was man zu geben hat.

All diese wertvollen Erfahrungen hätte ich niemals ohne meine Mutter machen können. So wie mein Vater die Anfänge meiner musikalischen Entwicklung geprägt und gefördert hat, war es Mama, die mich bei meinen ersten Schritten ins Showgeschäft tatkräftig unterstützte. Sie unterschrieb meinen ersten Plattenvertrag und chauffierte mich an den Wochenenden von Erlangen nach München zu meinen Gigs beim Record Hop. War Papa bezüglich meiner Ambitionen doch deutlich zurückhaltend und skeptisch, so schien Mama zu sehen, wie sehr ich von meinen Zielen beflügelt und beseelt war, und sie wollte mir die Gelegenheit geben, die Chance zu ergreifen, die das Schicksal mir gerade anbot.

Gott sei Dank bot ich im Gegenzug, abgesehen von meiner Vorliebe für die »seichte« Unterhaltung, keinen Anlass für elterliche Sanktionen. Die Oberstufe absolvierte ich geräuschlos und ohne nennenswerte Ausbrüche nach oben oder unten, und meine ersten überschaubaren Schritte im Showgeschäft sorgten nirgends für Aufsehen. Zum einen, weil wir Newcomer mangels medialer Berichterstattung ohnehin in der breiten Bevölkerung unter dem Radar liefen, zum anderen, weil ich kurz vor dem Abitur die Schule wechselte und mich nun auf dem Melanchthon-Gymnasium im benachbarten Nürnberg auf die Matura vorbereitete. Der dortige Schulleiter, ein wunderbarer älterer Professor namens Heubeck, stand meinen Bemühungen, eine Gesangskarriere zu starten, deutlich offener gegenüber als seine Kollegen im Fridericianum Erlangen. Einmal, als ich mich, nicht zum ersten Mal, wegen einer Reise zu den seltenen und darum hochbegehrten Auftritten bei einer Fernsehsendung krankmeldete, nahm mich der Schulleiter auf die Seite und sagte: »Herr Walter, was schreiben wir denn jetzt? Wir hatten schon dreimal Magenverstimmung. Wie wär's mit schwerer Erkältung?« Offenbar sah er keinen Grund, meine vielleicht auf ihn spätpubertär wirkenden Bemühungen mit zu großer pädagogischer Strenge zu torpedieren. Ich zahlte es brav zurück mit einem glatt bestandenen Abitur mit dem Durchschnitt Zwei-Komma-irgendwas und stand nun an der nächsten wichtigen Abbiegung meines Lebens: Quo vadis, Michael Holm?

REISE II

BERLIN

Die Musik und ich

Kaum hatte ich die Hochschulreife in der Tasche, baute sich eine Kulisse vor mir auf, die man gemeinhin den »Ernst des Lebens« nennt und die mich vor wichtige Entscheidungen stellte. Da der Stand meiner Karriere als Sänger nicht annähernd eine ausschließliche Beschäftigung mit dieser Tätigkeit rechtfertigte, galt es für einen jungen Mann Jahrgang 1943 zunächst, sich mit dem Thema Wehrpflicht auseinanderzusetzen. Ehrlich gesagt, stand ich der Wahrnehmung meiner staatsbürgerlichen Pflicht recht offen gegenüber. Abiturienten, die Anfang der sechziger Jahre noch deutlich die Unterzahl der Schulabgänger stellten, waren auch bei der Bundeswehr gefragte Leute. Eine militärische Karriere, beginnend als Offiziersanwärter zum Beispiel einer Gebirgsjägerdivision, das hätte ich mir mit der rosaroten Brille meiner jugendlichen Unbedarftheit durchaus vorstellen können. Das sah nach einem geraden Lebensweg aus, und meine zukünftige Versorgung wäre gesichert gewesen. Eine Sorge, die durch die noch sehr lebendigen Eindrücke unserer Eltern von den Kriegs- und Nachkriegshungerjahren noch viel mehr im Vordergrund stand, als wir das heute kennen.

Dieser naheliegenden und aus meiner Sicht ja auch akzeptablen Lösung stellte sich indes der Stabsarzt mit dem

Ergebnis meiner Musterung in den Weg. Wie ich zu meinem großen Erstaunen erfuhr, war ich, wohl von Geburt an, auf dem linken Auge stark kurzsichtig, was mein räumliches Sehen sehr einschränkt. Zumindest zu sehr, um mit dieser Malaise den Offiziersdienstweg zu beschreiten. Für einen »normalen« Rekrutenwehrdienst fehlte mir dann doch die romantische Vorstellungskraft und auch die berufliche Perspektive. Zur Freude und Erleichterung insbesondere meines Vaters entschloss ich mich darum, Erlangen zu verlassen und nach Berlin zu ziehen, um dort Jura zu studieren. Angenehmer Nebeneffekt: Der Sonderstatus von Westberlin brachte es mit sich, dass junge Männer mit dortigem Wohnsitz von der Wehrpflicht befreit waren. So gelang es mir, dem auf mich wenig verheißungsvoll wirkenden Stubenleben eines gemeinen Soldaten zu entgehen.

Und so ging es dann aus einer gemütlichen Doppelhaushälfte in Erlangen in eine richtig abgerissene Studentenbruchbude: im Winter eiskalt, im Sommer glühend heiß. Außentoilette, Außendusche, einfach verglaste Fenster in weitgehend kittfreien Rahmen. Irgendwo in Steglitz, Markelstraße oder Forststraße, ich weiß es nicht mehr so genau, begann meine wunderbare und prägende Berliner Zeit in einer billigen Absteige, Kostenpunkt fünfzig oder sechzig Mark monatlich. Eine Einzimmerwohnung will man das nicht nennen, um keine Einzimmerwohnungen zu beleidigen. Mit dem Ende des ersten Semesters gab ich sie gleich wieder auf, um mich in einem Gastsemester in Erlangen von den Schrecken der Großstadt zu erholen.

Aber nicht allein die Unwohnlichkeit der Studentenbude trieb mich zurück in die mittelfränkische Heimat. Trotz meines nun vorgezeichneten Berufswegs des Juristen war ich weit davon entfernt, meine Pläne im Showgeschäft einfach so aufzugeben. Mein auf fünf Jahre gezeichneter Plattenvertrag mit Teldec und Mal Sondocks unbestreitbare Versuche, den Missouris und im immer größeren Umfang auch dem Interpreten Michael Holm einen Hit zu bescheren, führten zumindest zu ein paar ersten Fernsehauftritten. Unter anderem sogar im »hippen« Studio B mit Moderator Chris Howland. Was für ein Privileg die Teilnahme an einer solchen Sendung war, erschließt sich mit einem Blick auf das damalige Fernsehprogramm, das erst ab dem 1. April 1963, mit dem Sendestart des ZDF, überhaupt mehr als ein bundesweites Programm auswies. Außerdem war es der Teldec gelungen, mich als Solokünstler in der sogenannten »Tournee der Goldenen« unterzubringen, wo ich meine ersten dreißig Konzertreisetermine im Wechsel mit Peter Beil als Vorprogramm für bereits sehr bekannte Künstler wie Heidi Brühl, Gerhard Wendland und der bezaubernden Nana Mouskouri absolvieren durfte – Kollegen, deren Hits wie *Tanze mit mir in den Morgen* oder *Weiße Rosen aus Athen* von einem Millionenpublikum gekauft und mitgesungen wurden. Besonders mit dem angehenden Weltstar Nana, die kurz nach unserer Reise ein Album mit dem legendären späteren Michael-Jackson-Produzenten Quincy Jones aufnehmen sollte, verband mich von Anfang an ein entzückendes freundschaftliches Verhältnis, das an einem späteren Punkt meiner Karriere für eine wundervolle kleine Begebenheit sorgen sollte, an die ich bis heute mit Freude zurückdenke:

ZWISCHENSTOPP: **Paris, 1974**

»No Michel? No Nana!«, kicherte meine liebe Freundin Nana bei einem unserer wunderbar leckeren und für die Verantwortlichen sehr, sehr teuren Restaurantbesuche im Herbst

1974 anlässlich der Proben zur Nana-Mouskouri-Show, der populärsten Unterhaltungssendung des französischen Fernsehens der siebziger Jahre. Die abendliche Auswahl der Pariser Gourmettempel dürfte zu Ehren meines Aufenthalts auch für Nanas Gewohnheiten etwas exklusiver ausgefallen sein als sonst üblich, hatte man doch versucht, der damals wichtigsten Person des öffentlich-rechtlichen Fernsehens Frankreichs einen Herzenswunsch zu verwehren. Und dieser Herzenswunsch war: ich.

Genauer gesagt, ich und mein Hit *Tränen lügen nicht,* mit dem ich seit Monaten auf dem Zenit meines Erfolgs als Interpret und Autor durch die Hitparaden Europas lustwandelte. Die Beliebtheit des Songs war so groß, dass ich erstmals auch zu TV-Sendungen ins nichtdeutschsprachige Ausland eingeladen wurde. Keine dieser Einladungen hatte mich dabei mehr gefreut als die meiner lieben Kollegin aus Griechenland, die im direkten Anschluss unserer damaligen gemeinsamen »Tournee der Goldenen« Anfang der sechziger Jahre zu einer Weltkarriere abhob. Auf deren Weg verkaufte sie 300 Millionen Tonträger und avancierte über viele Jahre hinweg zur zweiterfolgreichsten Schallplattenkünstlerin nach Madonna. Ihre Nana-Mouskouri-Show war in Frankreich ein Straßenfeger, ein Auftritt dort ein Turbo für die Plattenverkäufe eines jeden damit geadelten Künstlers. Kein Wunder, dass Ariola Frankreich eine einfache Rechnung aufmachte und mit ihrem besten Pferd im Stall, meiner geschätzten Kollegin Mireille Mathieu, eine Version meines Superhits unter dem Titel *On ne vit pas sans se dire adieu* aufnahm. Und natürlich wollte sie den auch in Nanas Show platzieren, denn Mireille war in Frankreich eine Säulenheilige und mit der richtigen TV-Sendung ein Verkaufsgarant der Extraklasse. Dass Madame Mathieu dem deutschen Sänger vorzuziehen sei, war im nationalbewussten Frankreich auch den

Machern von Nanas Show nicht schwer zu vermitteln. Und so kam es, wie es kommen musste. Mit großem Bedauern lud man mich aus der Sendung aus und nahm mein Bedauern darüber wiederum mit großem Bedauern zur Kenntnis. Es wäre für mich sehr betrüblich um das verpasste Wiedersehen gewesen, denn ich war an den Verkäufen der französischen Version als Autor beteiligt, deshalb sollte das zu erwartende Schmerzensgeld für meine Nichtberücksichtigung ausreichend tröstlich ausfallen.

Wenn, ja wenn man die Rechnung nicht ohne Nana gemacht hätte. Die wiederum hatte sich im Vorfeld für meinen Platz in ihrer Show persönlich starkgemacht und fühlte sich angesichts des Umgangs des Senders mit ihr als Gesicht der Sendung kräftig vor das Schienbein getreten. Und so erzählte sie mir dann abends in jenem schicken Pariser Restaurant (hatte ich schon erwähnt, wie exorbitant teuer dort das Menü war?), natürlich auf Deutsch, um den begleitenden französischen Kollegen des Senders noch ein wenig schmerzhafter zu zeigen, wer das Sagen in der Nana-Mouskouri-Show hatte und wer auf nichts und niemanden Rücksicht nehmen musste: *»No Michel? No Nana!«*, ließ sie ihren Senderkollegen wissen, denn, so erklärte sie mir in ihrem wunderbaren Akzent: »Du kannst nicht machen Nana-Mouskouri-Show ohne Nana.« Ohne Michael Holm in der Sendung würde Nana Mouskouri auch nicht erscheinen. Eine Drohung, deren Belastbarkeit dann doch keiner ernsthaft austesten wollte. Und so kam es, dass ich in der Sendung auftrat. Im Showgeschäft ist nicht nur nichts erfolgreicher als der Erfolg, sondern auch nichts mächtiger. Und nichts teurer, wenn man unterliegt und in einem Pariser Restaurant die Zeche dafür zahlen muss!

Auf ein derartiges Standing musste ich im Jahr 1962 leider noch ein wenig warten, denn nach einigen und durch die Bank weg eher erfolglosen Singles als einer der Missouris und als Michael Holm ging unserem Dream-Team Sondock, Berger, Holm nun langsam die Puste aus. Boy verabschiedete sich nach irgendwohin und Mal nach Köln, wo er seine großartige Karriere beim WDR startete und dort als Rundfunkmoderator und DJ den Musikgeschmack einer ganzen Generation junger Westdeutscher prägen sollte. Für mich führte der Weg wieder zurück nach Berlin, wo mir Sondock einen letzten und zugleich den wohl größten Gefallen in unserer Zusammenarbeit tat und mich bei den Meisel-Musikverlagen als »Werkstudenten« empfahl. Ich bekam dort einen Job als Mädchen für alles, konnte so meine kargen Bezüge für das Jurastudium ein wenig aufbessern und ein Leben in Berlin aufbauen.

Die Stadt war gerade erst durch die Mauer endgültig geteilt worden, und der Eiserne Vorhang stand nun, für jeden sicht- und fühlbar, als Trennwand aus Beton zwischen den Blöcken Ost und West. Komplett umschlossen von der DDR, mit scharf bewachten Grenzen nach jeder Himmelsrichtung, fühlte ich mich in Westberlin als Bursche aus der freien Natur Mittelfrankens zunächst merkwürdig beengt und irgendwie auch eingesperrt. Umso mehr lernte ich die innere Freiheit zu schätzen und zu leben, die sich in der »Frontstadt des Westens« täglich ein Stück mehr Bahn zu brechen schien. Bars, Kneipen und Tanzclubs, wie ich sie selbst in München nicht gesehen hatte, die weder Sperrstunde kannten noch irgendwelche Konventionen von ihren Besuchern erwarteten – ein ständiger Strom zumeist junger Deutscher aus der ganzen BRD, die nach Berlin kamen, um der Enge und dem Mief ihrer Heimat zu entfliehen. So entstand eine einmalige Atmosphäre, die junge

Menschen wie auch mich zum Feiern bis in die frühen Morgenstunden einlud. Dass auch ich mir diese gelegentlichen »Ausschweifungen« erlauben konnte, lag an meinem Aufstieg im Hause Meisel vom Kaffeejungen zum Vertragsautor des Verlages, dies dank meinem kleinen Vorspiel auf der Gitarre und meinem frühen Instrumentalwerk *Desert Island,* wie ich bereits berichtet habe.

Für dreihundertfünfzig Mark im Monat, nicht etwa als Gehalt, sondern als verrechenbarer Vorschuss aus künftigen Verlagseinnahmen meiner Arbeit als Komponist, war ich nun Teil des großen Meisel-Verlagsuniversums. Dessen Gründer, Will Meisel, hatte unter anderem die Noten des weltberühmten Opernsängers Walter Kollo herausgegeben. Seine Söhne, die ihm gerade nachgefolgt waren, hatten da schon deutlich mehr Rock-'n'-Roll-Blut in den Adern. Als Gründer und Geschäftsführer der Edition Intro Meisel waren es Thomas und vor allem Peter Meisel, die das der klassischen Musik verschriebene Haus für die neuen Töne der Popmusik öffneten. Letzterer sollte in seiner späteren Karriere als Gründer des legendären HANSA-Musik-Labels neben dem Schlager auch noch Boney M. sowie dem Krautrock von Amon Düül oder Birth Control (die bei einer späteren, denkwürdigen Gelegenheit sogar mal meine Begleitband waren) international zum Erfolg verhelfen.

Die blutjunge Verlagsedition musste große Fußstapfen ausfüllen, denn Vater Will Meisel war nicht nur ein erfolgreicher deutscher Opern- und Filmmusikkomponist und Verleger einiger der größten Tenöre des Landes, sondern stand den Umtrieben seiner Söhne offen skeptisch gegenüber. Was Peter und Thomas blieb, waren Mut, Fleiß und der Glaube an den eigenen richtigen Riecher. Denn erfolgreiche Popmusikautoren gab es zu dieser Zeit in Deutschland praktisch noch nicht. So konnte auch ein junger

Nobody wie ein Michael Holm, der außer Enthusiasmus und etwas Selbsterfahrung im Komponieren noch nichts wirklich Umwerfendes vorzuweisen hatte, Teil dieses Experimentes werden. Nicht nur bei der Aufnahme meiner Wenigkeit in ihr Team bewiesen die Meisel-Brüder, dass sie über die wichtigste Gabe im Showgeschäft verfügten: das Auge für das Talent. Und über die Bereitschaft, die rohen Diamanten mit viel Hingabe zu schleifen und aus ihnen Profis zu machen. Ihr Umgang mit mir in meinen ersten Wochen im Verlag erinnert mich heute an die Ansprache von Fußballtrainern an ihre Spitzenspieler. Es gab reichlich Einzelgespräche rund um meine Ideen: »Und da könntest du noch …«, »Hör dir das mal an …«, und es wurden viele Ratschläge gegeben. Wenn man was Neues, Eigenes vorgespielt hat, besonders bei Peter, dann sagte der manchmal: »Hör dir doch an, was diese Amerikaner da wieder gemacht haben«, und spielte irgendeine Nummer eins aus Amerika vor. »Und, wie findest du's?« – »Ja, phantastisch!« – »Siehste!« Denn das war der Anspruch der Meisel-Brüder: sich messen mit den Besten. Keine Relativierung à la: »Toll für deutsche Verhältnisse«, wie man sie heute leider allzu oft in allen Spielarten unserer Unterhaltung wiederfindet. Dem Hörer am Radio konnte und kann man nicht entschuldigend mitteilen, dass ein Lied und seine Aufnahme halt leider »nur« aus Deutschland stammt und darum nicht ganz so umwerfend sein kann wie seine angloamerikanischen Mitbewerber. Dieser Hang zur Selbstzufriedenheit in Mittelmäßigkeit, der sich leider durch viele Bereiche in unserer Gesellschaft zieht, ist mir immer fremd gewesen. Das Streben der Meisels, das »Looking Out For Number 1«, entsprach viel eher meinem Naturell. Eine Haltung, durch die ich dann auch sehr schnell die Erfahrung machte, dass leichte Unterhaltung schwere Arbeit bedeutet und hinter jeder scheinbar schwerelos wirkenden Darbietung ein oft Wochen oder Monate dauernder, mühevoller Prozess liegt, von dem die Zuschauer und Zuhörer nichts ahnen und auch nichts ahnen sollen.

Mit diesem Anspruch und auch Respekt vor der Arbeit war ich in der Edition Intro Gott sei Dank nicht allein. In der gerade erst gegründeten Hitschmiede traf ich auf einige der wichtigsten Protagonisten einer Spielart der deutschen Musik, die als »Schlager« von vielen gefeiert und von manchen verachtet wurde. Egal jedenfalls waren unsere Werke schon damals niemandem! Für die Meisels arbeiteten bereits große Kollegen wie der legendäre Christian Bruhn, später GEMA-Aufsichtsratsvorsitzender und Komponist unzähliger Evergreens wie etwa Katja Ebsteins *Wunder gibt es immer wieder* oder der ikonischen Serienmelodie der Zeichentrickreihe *Heidi*. Bruhn hatte gleich zu Beginn seiner Zeit beim Verlag mit dem Conny-Froboess-Hit *Zwei kleine Italiener* aus dem Nichts einen Riesenerfolg gelandet; oder Joachim Heider, der später der Spannmann meiner ersten Erfolge als Texter und auch als Sänger werden und unserer gemeinsamen Entdeckung Marianne Rosenberg mit Hits wie *Marleen* oder *Er gehört zu mir* zu Riesenerfolgen verhelfen sollte. Dies indes leider ohne mein Zutun und auch, ohne sich überhaupt meines Desinteresses an der jungen Künstlerin zu versichern. Eine Entscheidung, die Konsequenzen hatte und mich letzten Endes von Berlin nach München führte. Ich werde später mehr dazu mehr berichten.

Keiner von uns besaß einen festen Arbeitsvertrag mit dem Haus Meisel. Die monatlichen Zuwendungen waren eher eine Art Wettschein, mit dem die Meisels im Roulette

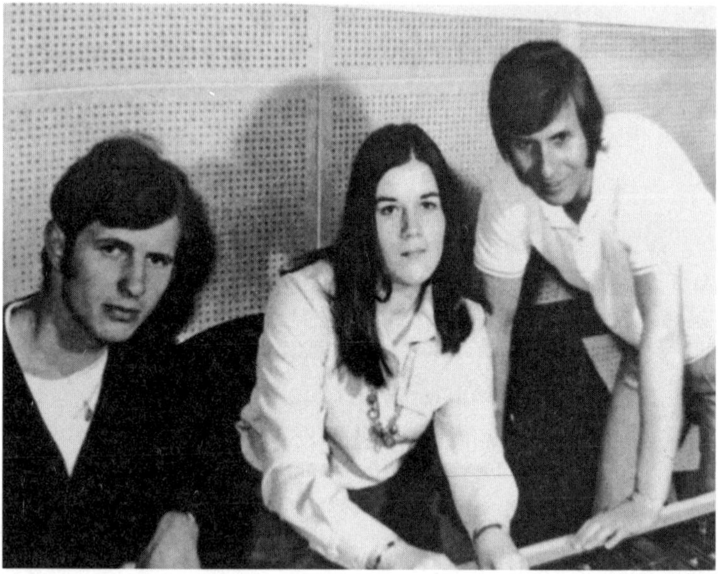

Mein Partner Joachim Heider und ich als der berüchtigte »Daisy Clan«. Wir hatten miteinander eine Reihe veritabler Hits und waren immer auf der Suche nach jungen Talenten, die wir mit Meisel und HANSA produzieren und vermarkten konnten. Eine dieser gemeinsamen Entdeckungen, eine zunächst eher unscheinbare Berlinerin namens Marianne Rosenberg, sollte das Ende dieser fruchtbaren Beziehung bedeuten.

der Hitparaden auf Farbe setzten und hofften, den Gewinn vieler erfolgreicher Nummern einzufahren. Kein Wunder, dass da der »Büroalltag« betont lässig gestaltet war. Wir schauten alle jeden Tag im Verlag vorbei, spielten unsere neuen Ideen vor, setzten uns mit den anderen Autoren zusammen und überlegten, welche Hits wir für die neuen Talente schaffen könnten, die Peter Meisel wie ein Trüffelschwein unentwegt in Clubs und auf Talentwettbewerben entdeckte. Erik Silvester, Manuela oder Howard Carpendale waren solche jungen, aufstrebenden Sangeskünstler, die auf unsere kreative Hilfe hofften.

Einen besonders bunten Vogel brachte schon bald nach meiner Aufnahme ins Meisel-Team der Kollege Heider mit. Einen drahtigen, blonden Kampfsportler mit fisteliger Stimme, der sich Christian Anders nannte und sich mit einem gruseligen Lied mit dem Titel *Mein kleines Eselchen* bei uns einführte. Zu meinem größten Erstaunen erhielt Christian für dieses kulturelle Kleinverbrechen kein Hausverbot, sondern sogar einen Autorenvertrag. Die Trüffelnase Peter Meisel hatte wieder im rechten Moment zugeschlagen und mir einen der launigsten, unterhaltsamsten, merkwürdigsten, liebens- und manchmal auch verdammungswürdigsten Kollegen beschert, die ich in meinem Leben kennenlernen durfte – und manchmal auch ertragen musste. Christian Anders und ich marschierten ein paar Jahre später mit unseren ersten Hits Schulter an Schulter an die Spitze der Charts, und oft genug war Christian dabei die berühmte goldene Nase voraus. Mit ihm erlebte ich viele verrückte und unvergessliche Dinge, von denen es noch zu erzählen gilt.

Das Verlagshaus nahm schnell den Mittelpunkt meines beruflichen Strebens ein, und auch wenn ich, nicht zuletzt den Eltern zuliebe, noch ein paar wenige Semester durchaus ernsthaft Jura studierte, war mir in meinem Innersten längst klar, wohin die Reise führen würde. Die bunte Seite der Macht hatte von mir Besitz ergriffen, und es würde ausschließlich an mir liegen, was ich aus meinen Möglichkeiten würde machen können. Die regelmäßigen Vorschussschecks und auch die ersten kleinen Tantiemen aus Veröffentlichungen mit meiner kreativen Beteiligung verbesserten meine bisher sehr bescheidenen Möglichkeiten in kurzer Zeit spürbar. Endlich konnte ich mir, nach meiner Hangelei durch Berliner Bruchbudenzimmer, eine Wohnung suchen, die diesen Namen auch verdiente. Ich zog in die Uhlandstraße, die fußläufig rund zehn Minuten von Meisel und genauso weit vom Ku'damm entfernt war, der Ausgehmeile, in der in den sechziger Jahren in Berlin die Musik spielte. Für zweihundertzwanzig Mark, immerhin, ein Fünfunddreißig-Quadratmeter-Appartement mit einer winzigen Küche, einem winzigen Bad und einem winzigen Eingang. Im selben Haus wohnten dann auch Joachim Heider, Dieter Zimmermann und Irmtrud Meisel, die zu diesem Zeitpunkt noch nicht so hieß, später aber Peter Meisel heiraten und eine der erfolgreichsten Verlagsmanagerinnen der Welt werden sollte. Es war sozusagen eine Art Meisel-Musikerhaus.

Wo sich so viel kreatives Potenzial unter einem Dach sammelt, zieht es wohl auf eine metaphysische Art weitere Wesen an, die kurz davorstehen, den Olymp des Popmusikhimmels zu erklimmen. So ging ich eines Tages die Treppe hoch, ich wohnte im dritten Stock, und da schwebte mir ein blondes Wunder entgegen. Lange Haare, bildschön, im damals schwer angesagten Minirock, Beine bis zum Himmel. »Das ist die Agnetha«, wie ich von meinem Nachbarn und Kollegen Dieter Zimmermann, dem Arrangeur-Genie, lapidar erfuhr. Agnetha war für ein Jahr Dieters Verlobte und sollte später als Agnetha Fältskog und Mitglied der Band ABBA die Welt erobern. Im Nachhinein scheint es eine besondere Laune des Schicksals gewesen zu sein, dass ich jungen Künstlerinnen von Elke Sommer über Nana Mouskouri bis Agnetha und später Marianne Rosenberg oder Ingrid Steeger kurz vor Beginn ihrer fulminanten Karrieren begegnen durfte. Meinem Kollegen Dieter Zimmermann war indes leider nur kurzes Glück auf Erden beschieden.

Auf seinem Weg in die Beletage der deutschen Popmusik hatte er Riesenhits wie *Komm doch mal rüber* für Ingrid Peters geschrieben und produziert, doch erkrankte er früh an Leukämie. In den siebziger Jahren eine nahezu unheilbare Krankheit, an der er mit nur vierunddreißig Jahren verstarb. Man vergisst es leider viel zu oft: Das Leben ist ein Geschenk und ein so langes und gesundes wie meines eine Gabe, für die man nicht dankbar genug sein kann.

Eingekesselt von Meisel und seiner Entourage, gab es in meinem Leben bald keinen anderen Mittelpunkt mehr als die Musik. Was aber noch fehlte, war der erste richtige Hit, der meine Eltern und letztlich auch mich endgültig davon überzeugte, dass es sich lohnen könnte, sich auf dieses riskant wirkende Spiel mit den Launen des Publikums in der Welt der leichten Muse einzulassen. Diese Chance sollte sich nun sehr bald ergeben, denn zum ständig wachsenden Pantheon der Meisel-Künstler gehörte auch ein junger Berliner, der Drafi Deutscher hieß. Drafi war ein hemdsärmeliger Junge aus dem Arbeiterviertel Wedding und eine Entdeckung von Christian Bruhn und Peter Meisel, die ihn mit seiner Band The Magics bei einem Talentwettbewerb gesehen hatten. Christian hatte Drafi mit dem Song *Teeny* bereits einen ersten Hit beschert, einen zweiten schrieb Deutscher mit *Shake Hands* gleich selber.

Drafi Deutscher war also, obwohl zwei Jahre jünger als ich, der aufgehende Stern im Hause Meisel. Aus irgendeinem Grund machte Drafi es sich zur Aufgabe, mich, den relativ naiven Abiturienten aus der Provinz, in das Berliner Nachtleben einzuführen. In *sein* Nachtleben wohlgemerkt, denn gleich unser erster gemeinsamer Abend führte uns in ein Etablissement, das man mit dem Begriff »Neppladen« ausreichend freundlich umschreiben könnte. »Herr Deutscher, ja, kommen Sie rein!« Da standen ein paar süß anzuschauende, aber offenkundig professionelle junge Damen, denen Drafi jeweils einen Schein in den Ausschnitt steckte. »Ja, Herr Deutscher, wir haben den besten Platz für Sie direkt an der Bühne reserviert.« Und kaum sitzen wir so da, stupst er mich an: »Schau mal, haste jesehn, wie se mir estimieren?« Das ist mir für immer geblieben, dieser Satz in diesem Rotlichtlokal. Mehr Drafi ging einfach nicht!

Da der junge Herr von Halbwelt aber gerade eine sehr respektable Karriere als Plattenstar machte, war es im Team Meisel ein tägliches Topthema, wer den nächsten großen Hit für Drafi würde schreiben können. Und da schien meine Stunde zu schlagen. Ich trug eine Zeile mit mir herum: »Das sind die einsamen Jahre«, von der ich Christian Bruhn erzählte. »Das sind die einsamen Jahre, wenn dich keiner versteht / Das sind die einsamen Jahre, du bist allein, bald kann es sein …« Eine Teenagerschnulze, wie sie in dieser Zeit gerade Mode war. Bruhn hatte auch gleich eine tolle Idee für eine Melodie, ich schrieb den Text in kurzer Zeit nieder, und wir sangen unser Werk am Klavier unserem Verleger vor. Der war ganz angetan, und alles lief auf die wichtige Radio-A-Seite der nächsten Single für Drafi Deutscher hinaus.

Jetzt brauchten wir lediglich noch eine B-Seite für die Pressung, und da kam Drafi mit dem berühmten Satz »Ick hab' da so 'ne Idee« in eines unserer täglichen Autorenmeetings hineingeplatzt. Er nahm sich eine Gitarre und spielte: »Ding, ding, ding, ding, ding … Weine nicht, wenn der Regen fällt, dam, dam …« – »Dam, dam, dit sind die Bläser«, merkte er an dieser Stelle gebetsmühlenartig an. Wir alle im Büro von Peter Meisel – Christian Bruhn, Joachim Heider, Dieter Zimmermann, Michael Holm, Günter Loose, vielleicht noch zwei, drei andere – waren sofort angesteckt und fingen an zu diskutieren: »Was könnte das sein?« – »Ja, also das fängt gut an, diese Achtel, tolle Idee …« Wir waren also alle sehr angetan, aber was noch fehlte, das war der Refrain. Peter Meisel gab die Jagd auf das Herzstück des Liedes frei: »Und das Beste ist dann der Refrain.« Wir brainstormten los, wie man heute sagen würde, und insbesondere Peter wusste, wie immer, viel dazuzugeben. Es ging dann um die eine Zeile: »Kein Eisen zerbricht, kein Beton, kein …« Meine Erinnerung ist, dass Peter die Zeile »Marmor, Stein und Eisen bricht« erfunden hat. Christians Erinnerung ist, dass er es war, wir haben uns öfter darüber unterhalten. Aber vielleicht ist da meine Erinnerung auch falsch. Jedenfalls, kaum lag diese Hookline auf dem Tisch, kamen auch schon Fragen wie die nach der richtigen Syntax auf. »Marmor, Stein und Eisen brechen« sollte es kurze Zeit heißen, denn die Sorge war, dass es aus den Radiosendern heißen könnte: »Das spielen wir nicht, das ist falsches Deutsch.« Aber das ist ja immer so, es gibt tausend Versionen, bis sich das endgültige Ergebnis herausschält, und ganz egal, wer den genialen Einfall mit der niemals brechenden Liebe hatte, es wurde der Superhit von Drafi. Einer der Evergreens der Supernummern nach dem Zweiten Weltkrieg. Meine »einsamen Jahre«, eben noch das neue Flaggschiff für den Erfolgskünstler Deutscher, verschwanden nahezu sang- und klanglos auf der B-Seite der Single, was bei einem Abverkauf von einer Million Schallplatten indes auch nicht der unattraktivste Platz für ein Lied gewesen ist.

Auch wenn in diesem Fall knapp daneben eben auch vorbei am Radio-Airplay war: Meine Stunde sollte nun schlagen. Das Eis auf dem Weg zum Erfolg war gebrochen.

Die nächste Gelegenheit bot sich schon ein Jahr später, als der von mir, wieder gemeinsam mit Christian Bruhn, geschriebene Song *Irgend jemand liebt auch dich* in den Top Ten der deutschen Verkaufshitparade einschlug. Es war passiert! Endlich! Mein erster echter Hit! Zugegeben, dass die Aufnahme des Liedes von Roy Black stammte, der gerade mit *Ganz in Weiß* einen Millionenseller geliefert hatte und ab da der Traumprinz von Millionen Mädchen und Müttern war, war dem Erfolg nicht gerade abträglich. Ich bin Roy bis heute dankbar, dass er unsere Komposition mit seiner unvergleichlichen Stimme im wahrsten Sinne des Wortes »vergoldet« hat. Auf eine merkwürdige Weise schloss sich dadurch für mich ein erster Kreis in meiner Laufbahn, denn mit Roy wurde nicht nur einer meiner DJ-Kollegen des Record Hop Interpret meines ersten Verkaufserfolgs. Produziert worden war das von mir mitverfasste Lied ausgerechnet von Hans Bertram, der seinerzeit bei meinem Vorspiel bei Teldec der wachhabende Angestellte der Plattenfirma war und meine kreative Leistung beim *Mädchen mit den blonden Haaren* so arg verschmäht hatte. So sieht man sich eben immer zweimal im Leben, mindestens.

Zum ersten Mal wiederum traf ich in dieser Zeit einen jungen Mann aus Südtirol, der sich mit ein paar Demosongs beim Verlag um einen Autorenvertrag bemühte und zu dessen Arbeit die Meisels meine Meinung hören wollten.

Giorgio Moroder, wie sich der dunkelhaarige, schnauzbärtige Bassist eines europaweit tourenden Tanzorchesters bei uns vorstellte, hinterließ beim Autorenkenner Peter Meisel wenig Eindruck. Und was die Titel seines Präsentations-Tonbands anging, konnte ich auch daran nichts Ex-

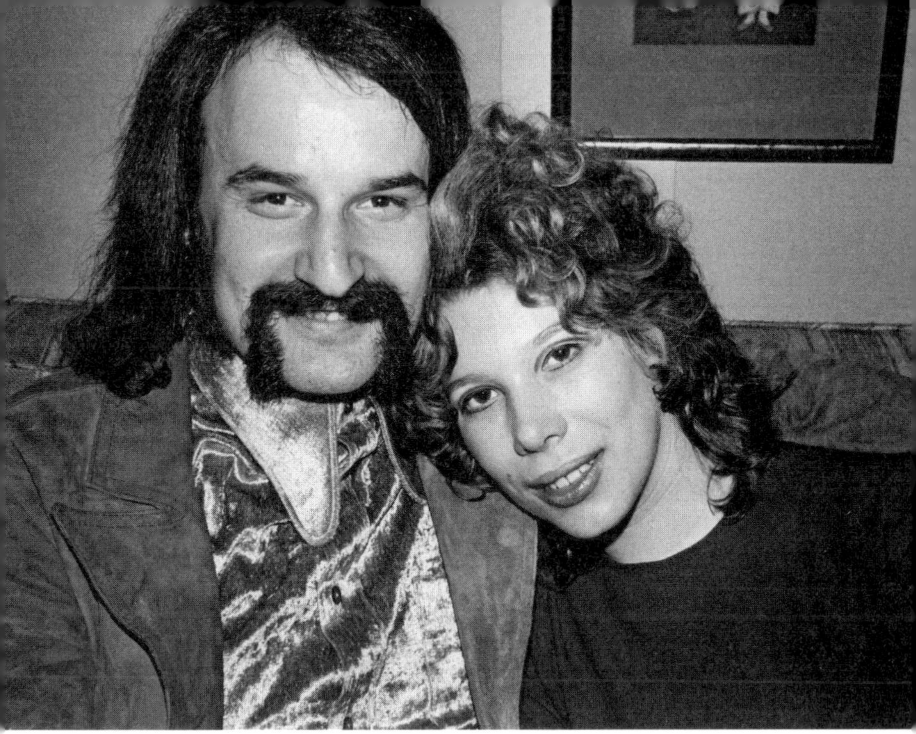

Giorgio Moroder (hier mit seiner ersten Frau Heidi). Der geniale Soundtüftler brachte völlig neue Klänge und Ideen in die Schlagermusik und verwandelte auch viele meiner Produktionen und Lieder wie *Barfuß im Regen* oder *Nachts scheint die Sonne* in zeitlose Popsongs. Gemeinsam versuchten wir uns auch als Elektropopduo Spinach, ein Projekt, das seiner Zeit damals wohl etwas zu weit voraus war.

traordinäres finden. Was aber mich und auch den Kollegen Peter Mösser beeindruckte, waren die Sounds und Klänge, die auf jeder seiner Demoproduktionen zu hören waren. Man bedenke, es war 1966. Der Einsatz von Stereophonie war noch ein avantgardistisches Experiment der Weltmarktführer The Beatles und elektronische Klangerzeugung eine schrullige Idee aus Physiklaboren. In diesem Bereich war Giorgio vom ersten Tag an ein Vorreiter. Er begnügte sich nicht mit dem Besteck der konventionell verfügbaren Klangquellen. Er erzeugte die Sounds, die er hören wollte, und seiner Phantasie für die Schaffung dieser Klanggebilde schienen keine Grenzen gesetzt. Mösser und ich überredeten die Meisels, dem jungen Herrn, wenn schon nicht als Autor, dann doch einen Job als »Tape-Operator« zu geben. Eine völlig neue Aufgabe im Haus, auch dort begann man von der Vorspielmethodik mit Notenblatt und Klavier abzurücken und sich der neuen Vierspurtechnologie zuzuwenden. Die ermöglichte es einem einzelnen Musiker, einfache Kapellenversionen von Liedern vorab herzustellen, bevor sie in den teuren Aufnahmesessions mit kompletter Band fertiggestellt wurden. In einem Studio, das wir das »Wohnklo« nannten, weil es maximal über die Fläche einer besseren Besenkammer verfügte, begann also die Weltkarriere eines der wichtigsten Popmusikproduzenten des 20. Jahrhunderts, bei dem man am Anfang ein Demo für hundert Mark bestellen konnte. Ich bin froh und stolz, dass ich zur rechten Zeit ein gutes Wort für Giorgio hatte einlegen können. Es sollte mein Schaden nicht gewesen sein, wie sich schon drei Jahre später zeigte.

Das Jahr 1966 endete so für mich auf das denkbar erfreulichste. Ich war ein dreiundzwanzigjähriger junger Mann, der in Erlangen aufgebrochen war, um ein bekannter Sänger zu werden, der dann einen Verlagsvertrag als Komponist erhalten hatte, um dann Erfolge als Textdichter zu feiern. *There is no business like showbusiness,* und das war erst der Anfang! Der warme Regen der zusehends sprudelnden Urhebertantiemen machte aus mir nicht nur einen erfolgreichen, sondern nach und nach sogar recht wohlhabenden jungen Mann, dessen Geschäftsmodell denkbar einfach war. Wir Autoren schrieben, die Künstler sangen, der Rundfunk spielte, die Leute drückten unsere Songs in den Jukeboxen in den Kneipen oder gingen in die Läden und kauften zu manchmal Hunderttausenden die Singles, was man als Gesamtergebnis an durchaus erfreulichen Zahlen in den GEMA-Abrechnungen erkennen konnte. Auch dann noch, wenn ein erfolgreiches Lied wieder in den Hintergrund getreten war, aber immer noch im Radio oder von den damals noch allgegenwärtigen Tanzorchestern gespielt wurde. »Geld kommt und geht, Copyright besteht«, wusste der geschäftstüchtige Peter Meisel es prägnant auf den Punkt zu bringen. Mit Musik, so dämmerte mir, ließ sich also auch ein Leben lang etwas reißen! Eine Vermutung, die sich zu meinem Segen und dem meiner Familie vollständig bewahrheitet hat.

Obendrein galt man als »Schlagertexter« durchaus als hip und angesagt. Ein Umstand, der auch in der Damenwelt goutiert wurde und die Erstansprache beim anderen Geschlecht erleichterte. Denn auch wenn wir wirklich wie die Berserker arbeiteten, jeden Tag Stunden um Stunden in Schreibmeetings oder in Tonstudios verbrachten und uns praktisch keine Pausen gönnten, waren wir doch auch junge Leute, die gerne mal fünf gerade sein ließen. Nach Feierabend zogen wir in die Bars und Tanzlokale von Westberlin und hatten dabei durchaus ein Auge für die zahlreichen Schönheiten, die man in Clubs wie dem Milli Vanilli treffen konnte. Genau in diesem In-Schuppen, dessen Name viele Jahre später durch meinen Kollegen Frank Farian in der ganzen Welt berühmt werden sollte, traf mich dann Armors Pfeil, als ich eine junge Elfe ansprach, die Petra hieß und in die ich mich über beide Ohren verliebte. Petra Stradal wurde die erste richtig große Liebe meines Lebens.

Petra war die Tochter eines angesehenen Berliner Obst-

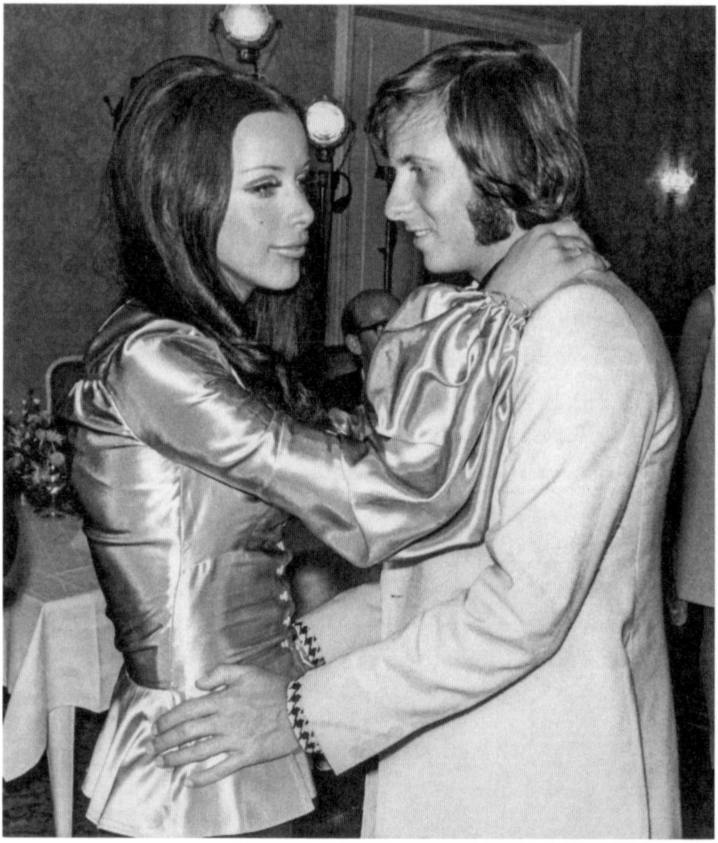

Petra Stradal und ich Ende der sechziger Jahre. Petra war eine 11 auf der Skala 1 bis 10, und wenn ich an dieser Beziehung heute etwas bedaure, dann, dass es die erste ernst zu nehmende meines Lebens war und mir darum der Vergleich und vielleicht auch ein wenig die Wertschätzung fehlte. Als ich 1970 diese für mich perfekte Frau aus eigener Lausbubeneseligkeit verlor, sollte es über fünfzehn Jahre dauern, bis ich mit meiner Bimbi wieder ein weibliches Wesen kennenlernen durfte, das so ausnahmslos gut zu mir passen sollte.

und Gemüsehändlers, gut situiert, charmant, gebildet und eine Schönheit, beinahe nicht von diesem Stern. Gerade mal zwanzig Jahre alt, verdiente sie bereits ihr Geld als Model, unter anderem für das angesagte Mode-Label Betty Barclay, und genoss ihre Schönheit, ihre Freiheit und ihren Erfolg in vollen Zügen. Eine zierliche, junge Frau mit ebenmäßigen Zügen, brünetten Haaren und feingliedriger, fast katzenhafter Gestalt. Zerbrechlich und doch selbstbewusst. Ich war fasziniert und legte alles in die Waagschale, um mit ihr ins Gespräch zu kommen. Aus dem einen Gespräch wurden sehr bald zwei, dann drei und dann so viele, dass wir recht schnell beschlossen, einen festen Ort für unsere Zusammenkünfte zu suchen. Wir wurden in meinem Fünfunddreißig-Quadratmeter-Appartement in der Uhlandstraße fündig. Petra zog einfach bei mir ein, und wir lebten über drei Jahre dort in »wilder Ehe«, wie das damals noch missbilligend genannt wurde. Petra und ich waren ein Paar wie aus einem Hollywoodfilm entsprungen. Ich durchaus passabel, sie aber umwerfend gut aussehend; ich der Erfolgsautor, sie das Topmodel. Man könnte glauben, ich würde es mir ausdenken, wenn ich nicht selbst dabei gewesen wäre. Der Enge meines Appartements entflohen wir in regelmäßigen Streifzügen durch das nächtliche Berlin, wo die »Flower-Power«-Jahre langsam Einzug hielten. Petras Job als Mannequin und meiner als Autor und Produzent führten uns obendrein unentwegt auf Reisen, sodass die Uhlandstraße mehr eine gemeinsame Suite mit Küchenanteil denn eine Wohnung war, in der wir nach Feierabend einen »gewöhnlichen« Alltag hätten gestalten müssen. Zudem war Petra nicht nur ein Model im Sinne eines »Kleiderständers«, die einfach auftrug, was man ihr antrug. Sie verfügte über einen feinen und exquisiten Geschmack und wusste diesen auch auf fünfunddreißig Quadratmetern ansprechend umzusetzen. Auch vor mir machte ihr Drang und Hang zum Schönen nicht halt. Männermode und ein Bewusstsein für mein »Outfit« wurden nun ein Thema für mich. Nicht dass ich bis dahin nachlässig oder gar schlampert gekleidet gewesen wäre. Aber dass es auch für Männer »Fashion« gibt, mit der es sich auseinanderzusetzen lohnt, wurde mir erst durch Petra richtig bewusst. Wenig später sollte es dann auch Petra Stradal sein, die mir den Look verpasste, in dem Deutschland mich als Sänger in unzähligen TV-Shows kennenlernen sollte. Im Gegensatz zu vielen meiner Kollegen, die lange einer adretten »Schwiegersohn«-Linie die Treue hielten (und die bei Bata Illic, Roy Black oder Bernd Clüver sicher durchaus passend zum Sound und zum Image war), verwandelte Petra mich in einen Crooner mit britischem Chic. Offene Hemden, Schals, Stiefeletten.

Alles das war, als es dann darauf ankam und 1969 mit *Mendocino* der richtige Song mit dem richtigen Sound im richtigen Moment auf dem Tisch lag und darauf wartete, von einem deutschen Popstar und nicht von einem »Schlagersänger« präsentiert zu werden, längst von ihr fertig konfektioniert und von mir auch verinnerlicht. Der Erfolg, so heißt es, hat viele Väter und Mütter, Petras Beitrag zu dem meinen kann gar nicht hoch genug gewürdigt werden.

So betrat ich die zweite bunte Hälfte der Roaring Sixties als Mitglied der Berliner In-Crowd, verbandelt mit einem der hübschesten und nettesten Mädchen, die in der Stadt zu finden waren. Konnte ein junger Mann, der eben noch in einem Mansardenzimmer in Erlangen von der großen weiten Welt geträumt hatte, glücklicher sein? Weil sich aber

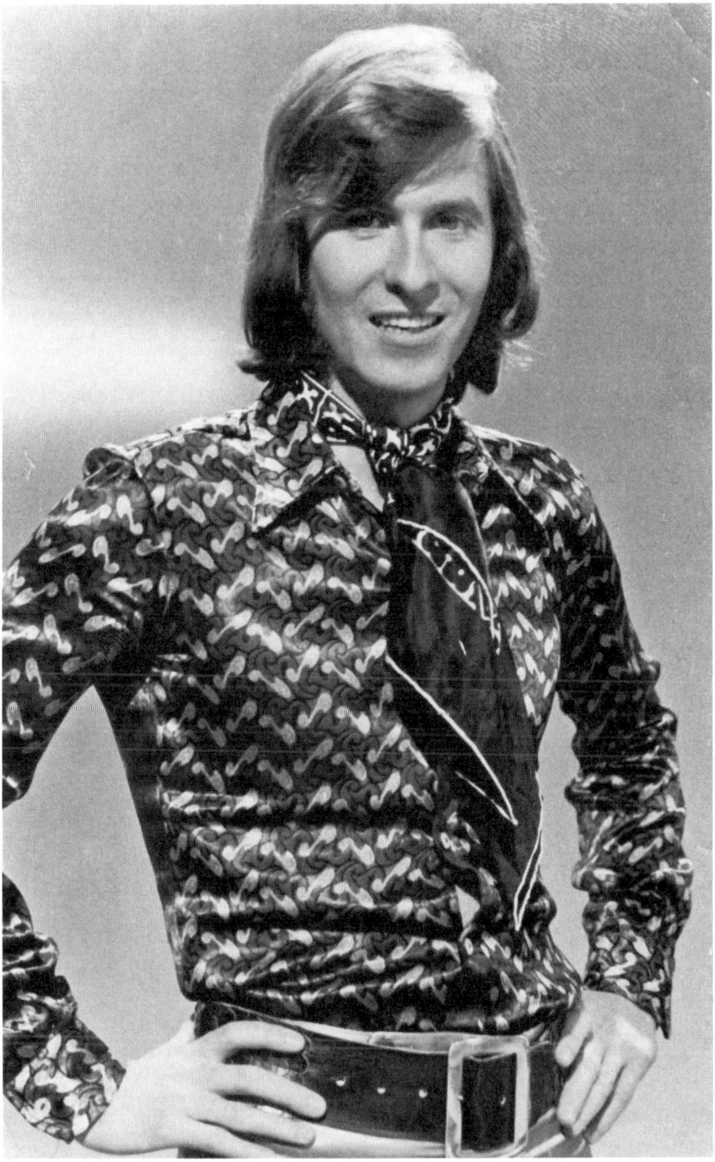

Petra verpasste mir einen außergewöhnlichen Look, dem ich viele Jahre mit Erfolg die Treue hielt.

auch in der feinsten Gourmetsuppe ein Härchen finden lässt, wenn man nur lange genug danach sucht, fand auch ich einen Umstand, der mich gelegentlich grämen und verzweifeln ließ. So war es nicht wegzureden, dass sich rund um den *Sänger* Michael Holm nicht wirklich etwas zu bewegen schien. Mit dem Song *Alle Wünsche kann man nicht erfüllen* beendete ich meine Verpflichtungen gegenüber der Teldec 1965 zumindest mit einem ersten Achtungserfolg in den Hitparaden, aber der Weg in die erste Reihe der deutschen Gesangsstars wollte mir auch damit nicht so recht gelingen. Meine eigentlich ja recht einprägsame Stimme war in dieser Zeit noch unbekannt genug, dass ich meine Freiheit von vertraglichen Fesseln nutzen und unerkannt unter dem Pseudonym Markus Abel Platten wie den *Schlagercocktail Folge 6* oder die *Hitrakete 3* einsingen konnte. Ebenfalls 1965 versuchte ich mich im Duett mit Drafi Deutscher unter dem Künstlernamen The Blue Brothers mit einem *Summer in Hawaii* benannten Beach-Boys-Artefakt, ohne damit nennenswerte Wellen zu schlagen. Zwei weitere Titel 1966 mit mir als Solist, *S. O. S. Herz in Not* und *Es kam wie der Blitz*, die ich mit meinem neuen Verlagskollegen Giorgio aus Südtirol produzierte, erschienen auf dem Label HANSA. Ein neuer Arm des Verlagshauses, den die geschäftstüchtigen Meisel-Brüder gerade frisch gegründet hatten, um sich neben den Urheberbeteiligungen auch noch ein Stück vom Kuchen des Tonträgerverkaufs abzuschneiden.

Meine Gehversuche bei HANSA als Sänger waren eine Unternehmung, der Peter Meisel keine zu großen Erfolgsaussichten einräumte. »Ihr zwei werdet niemals berühmt«, prophezeite er mal eines schönen Tages dem Kollegen Christian Anders und mir: »Als Schlagersänger muss man doof sein, und ihr seid einfach nicht doof genug.« Dieses vernichtende Urteil über unsere intellektuelle Qualifikation für eine Gesangskarriere fällte der erbarmungslose Verleger kurioserweise just in dem Jahr, in dem Christian und ich die Nummer zwei und Nummer eins der deutschen Jahrescharts belegten, nämlich 1969, als mir mit *Mendocino* und Anders mit *Geh nicht vorbei* der Durchbruch als Sänger gelang. Weil sich eben auch Peter, der Große, einmal irren kann, nahmen die Meisels mich nicht fest, sondern Lied für Lied bei HANSA unter Vertrag. Eine Entscheidung, die sie bald bitterböse bereuen sollten. Viel besser lief es für mich in dieser Zeit ohnehin als Autor. Rex Gildo, Manuela, Roy Black, Drafi Deutscher, Erik Silvester, sogar Weltstar Petula Clark: Die Reihe der mit meinen Ideen erfolgreichen Künstler wurde immer länger und ermöglichte mir, jenseits der sehr zeitaufwendigen Arbeit, ein wirklich angenehmes Leben. Gemeinsam mit dem Kollegen Joachim Heider, der als Komponist und Arrangeur an vielen meiner ersten Erfolgssongs beteiligt war und dem damals schon spleenigen Christian Anders legten wir uns Motorboote zu, mit denen wir auf dem Wannsee kreuzten. Joachim und ich Sportmodelle, Christian ein dschunkenartiges Gefährt, das wir die »schwimmende Würstchenbude« tauften, das aber für den damaligen Stand der Technik mit Telefon und Fernsehen geradezu futuristisch ausgestattet war.

Ein weiteres Hobby, das ich mir gönnte, war das Reiten, das ich schon in Erlangen lieben gelernt hatte und wozu ich in Berlin in Düppel Gelegenheit fand. Dort hatte ein alter preußischer Dragoner aus dem Ersten Weltkrieg einen Hengststall. Fünf Mark kostete bei ihm die Stunde. Das habe ich mir anfänglich ab und zu, später regelmäßig erlauben können. Auch das Reiten sollte in nicht allzu ferner Zukunft eine schicksalhafte Rolle in meiner Karriere spielen. In Berlin aber ging's zunächst von Düppel aus über die Heerstraße in den Grunewald hinein, das war ein Stück

Freiheit in der eingezäunten Stadt mit ihren Mauern an allen Stadtgrenzen.

Wahre Freiheit fand ich aber ohnehin in der Arbeit, wo mit dem Genie Moroder nun ein Kollaborateur zur Verfügung stand, der nicht nur neue Horizonte eröffnete, sondern in seiner impulsiven Schaffenskraft im wahrsten Sinne des Wortes *overnight* einen Hit produzieren konnte. Eine besonders schöne Erinnerung ist die Entstehung meines ersten größeren gemeinsamen Erfolgs mit ihm, den wir für den damals noch kaum bekannten Ricky Shayne schrieben und produzierten. Eines Morgens rief Peter Meisel das ganze Team in den Besprechungsraum und knallte die *BRAVO* auf den Tisch. Auf der Titelseite war ein wilder Bursche mit turmhoher Lockenfrisur zu sehen, der stechend in die Kamera blickte. »Das wird der neue Superstar!«, fistelte Peter Meisel mit aufgeregter Stimme in den Raum und erwartete von uns Vorschläge, wie die Edition Meisel diese kommende Erfolgsgeschichte gewinnbringend musikalisch untermalen könnte. Giorgio und ich fanden den Anblick des neuen Künstlertypus eher erheiternd, und so sagte ich im Spaß zu Moroder: »Der sieht aus wie einer, der gleich losschreit: Ich sprenge alle Ketten und sage nein, nein, nein.«

»Dasch ischt gut!«, meinte Moroder nur, drehte sich um, zog sich in sein »Wohnklo« zurück und brachte am nächsten Morgen *Ich sprenge alle Ketten* von Ricky Shayne als Demo zurück.

Viele Jahre später erzählte mir mein musikalischer Partner bei Cusco, der großartige Keyboarder der Band Passport und leider viel zu früh verstorbene Kristian Schultze, dazu folgende Geschichte aus den achtziger Jahren: Giorgio

Moroder, längst weltweit erfolgreicher Musikproduzent mit Sitz in L. A., hatte den Auftrag angenommen, die Filmmusik für einen Film namens *Top Gun* zu produzieren. Er engagierte Kristian, um den sogenannten »Score« zu schreiben, also die Hintergrundmusik, die in Filmen viele Szenen musikalisch untermalen und emotional verstärken soll. Wochenlang amüsierten sich die beiden in Beverly Hills, ohne dass es zu nennenswerten Arbeitsaktivitäten gekommen wäre. Eines Tages wurde Kristian, auch wegen des sich nähernden Abgabetermins, unruhig und bat Giorgio, ihm doch schon mal die Demos der Songs zu geben, die er für den Film geschrieben habe. Dann könnte man deren Melodien doch schön im Score einarbeiten. Giorgio schaute wohl verdutzt und sagte: »Dasch ist eine gute Idee! Aber ich muss die Songs zuerst noch schreiben!« Am nächsten Morgen stand ein völlig übernächtigter Moroder vor Schultzes Hotelzimmer, in der Hand ein Demo mit fünf Welthits, darunter auch sein mit einem Oscar prämierter Hit *Take My Breath Away*. Es ist eine tolle Sache, wenn man sich so sehr auf seine Genialität verlassen kann, wie es dem großen Giorgio Moroder möglich ist.

Uns normal sterblichen Autoren fiel und fällt es leider sehr oft sehr viel schwerer. »Neunundneunzig Prozent Transpiration, ein Prozent Inspiration«, diese Formel des großen Erfinders Thomas Edison ist beim Schaffen von Musikstücken in den allermeisten Fällen die Regel. Musik zu schreiben, zu texten, zu komponieren, das war aber ohnehin immer nur eine Seite des Glückswürfels, der sich »Hitparade« nennt. Talente zu finden, die die Früchte dieser Mühen mit Stimme und Erscheinung für ein Millionenpublikum darbieten konnten, war eine weitere erhebliche Schwierigkeit, denn echtes Talent war auch damals schon rar gesät. Meisel, dessen Vertrauen in die »Star«-Qualitäten der eigenen Autoren ja eher überschaubar war, hielt uns darum ständig an, nach neuen Künstlern Ausschau zu halten. »Wenn die was können, dann könnt ihr für die schreiben und sie produzieren«, war das einfache Gewinnversprechen, und da er dies inzwischen oft genug eingelöst hatte, gingen wir regelmäßig in den Clubs der Stadt auf die Suche. So fanden mein damaliger Partner Joachim Heider und ich bei einem Talentwettbewerb im Berliner Europa-Center ein gerade mal vierzehnjähriges Mädchen, das noch mit Backfischspeck und anderen Insignien der Pubertät zu kämpfen hatte, eher verlegen auf der Bühne agierte und auf den Namen Marianne Rosenberg hörte. Joachim Heider war da zunächst gar nicht so furchtbar angetan, aber mir gefiel die glockenreine Stimme, und ich redete auf ihn ein, sich mit dem Talent ein wenig intensiver auseinanderzusetzen. Eine Überzeugungsarbeit, die nicht viel später weitreichende Folgen haben sollte.

ZWISCHENSTOPP: **Luxemburg**

So mühsam und oft auch nervenaufreibend es sein konnte, das richtige Lied zur richtigen Zeit für den richtigen Sänger zu ersinnen, es war doch meist ein Spaziergang gegenüber der Aufgabe, das fertige Werk zu den Menschen zu bringen. Die Anzahl der relevanten Sendungen in Hörfunk und im Fernsehen (mit seinen damals gerade mal drei Programmen), in denen unsere Künstler stattfinden konnten, ließ sich an einer Hand abzählen mangels privater Medienanstalten. Mit einer Ausnahme: der Radiosender Radio Télé Luxembourg, der aus dem kleinen Großherzogtum schon in den fünfziger Jahren den Rock 'n' Roll nach Europa gebracht hatte. RTL war ein immens wichtiges Musikmedium, eine Art Ohren-MTV der sechziger Jahre. Was bei den Luxemburgern lief, war »heiß« und fand schnell den Weg in die Jukeboxen, die ein weiteres Schwergewicht in der Verbreitung neuer Titel waren.

Kein Wunder, dass die Meisels, immer die Nase im Wind, mich bereits 1965 auf eine kleine Promotionreise nach Luxemburg entsandten, auf dass ich dort auf den deutschsprachigen Sendefrequenzen der »vier fröhlichen Wellen« (Mittelwelle, Kurzwelle und im Raum Trier auf den UKW-Kanälen 6 und 33) ein paar Sendungen als Gast absolvieren und dabei reichlich Lieder von Meisel und HANSA spielen möge. Meine Erfahrung als Moderator des Record Hop sollte mir nun gute Dienste leisten. Nachdem ich Sendungen und Interviews zu meinem Leben als Autor (wohlgemerkt nicht als Sänger) zur allgemeinen Zufriedenheit erledigt hatte, bat mich der damalige Chef von RTL Deutschland, Helmut Stoldt, zu sich und sagte die denkwürdigen Sätze: »Herr Holm, Sie können ja ganz flüssig reden, wären Sie denn mal bereit, im Sommer für uns als Aushilfsdiscjockey zu arbeiten, da sind meine ganzen Leute mit ihren Familien in Urlaub, und da fehlt es mir manchmal, und da würden wir uns sehr freuen, wenn Sie sich das mal überlegen würden …«

Meine Antwort kam wie aus der Pistole geschossen: »Da brauch ich gar nicht lang überlegen, auf jeden Fall, im nächsten Jahr, ich bin dabei, wunderbar.«

Abgesehen von der einmaligen Gelegenheit, meine eigenen Arbeiten und Interpretationen auf dem angesagtesten Sender für deutsche Musik zu spielen und so für mehr

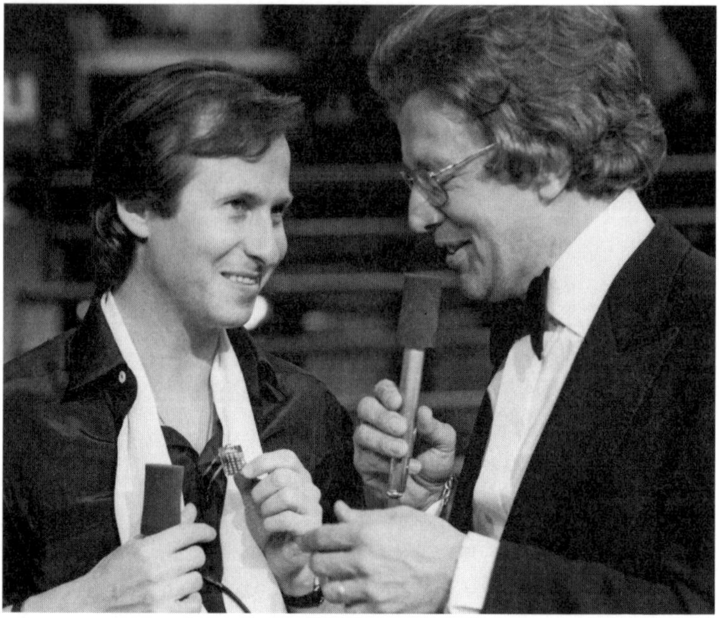

Dieter Thomas und ich. Wir beide funkten von der ersten Sekunde an auf der gleichen Wellenlänge, und ich verdanke meiner Zeit in Luxemburg den besten Freund, den wichtigsten Medienmenschen, den loyalsten Geschäftspartner, den ein Mensch und Künstler sich nur wünschen kann. Dieter Thomas Heck hat mehr für die deutschsprachige Musik getan als irgendein anderer, und ich bin stolz, dass ich ihn eine lange Zeit meines Lebens meinen Freund nennen durfte.

Beachtung sorgen zu können: Den DJ-Job liebte ich schon seit meinen Löwenbräukeller-Tagen. Die Chance, ein Millionenpublikum zu erreichen und hoffentlich auch gut zu unterhalten, erschien mir schon immer ungemein reizvoll. So wurde vereinbart, dass ich 1966 das erste Mal bei Radio Luxemburg als Sommergastsprecher reüssieren sollte.

Kaum war ich in Luxemburg angekommen, durfte ich zwei Menschen kennenlernen, die beide bald die Unterhaltung in Deutschland entscheidend prägen und in einem

Fall meine gesamte Karriere mitgestalten sollten. Dieser eine war ein ehemaliger Autoverkäufer aus Hamburg, der sich selbst mit Singen, einem Kiesel auf der Zunge und später Schnellsprechübungen des Stotterns entwöhnt hatte: Carl-Dieter Heckscher. Kurz vor seinem Einstieg als DJ bei Radio Luxemburg und nach einem Voting in der *BRAVO* hatte er sich auf den schönen Vornamen Dieter Thomas umtaufen lassen und seinen Nachnamen auf Heck gestutzt.

Bei RTL moderierte er unter anderem die *Deutsche Hitparade,* den Prototyp der Sendung, die wenig später als *ZDF-Hitparade* Teil des kollektiven Gedächtnisses einer ganzen Generation werden sollte. Aus welchem Holz DTH als Mensch und Kollege geschnitzt war, zeigt sich sehr schön in einer Geschichte aus einer anderen von ihm moderierten Sendung, von der mir der andere prominente Moderatorenkollege berichtete. Es gab, etwas vor meiner Zeit beim Sender, dort einen guten Sprecher und Schauspieler, gelernt und alles, aber leider ein Trunkenbold. Ein junger Mensch noch, fünfunddreißig Jahre, und der sollte nun rausfliegen, weil er ständig mehr als angeheitert im Sender erschien. Als es schließlich sogar in einer Sendung deutlich zu hören war, dass er, sagen wir es auf Deutsch, total blau moderierte, gab es Beschwerdeanrufe der Hörer. Um den Kollegen aus dem Schlamassel zu befreien, machte Dieter Thomas Folgendes. Er moderierte seine beliebte Abendsendung *Zu Zwei'n beim Wein* wie folgt:

»Halloooo, hier ist wieder Ihr Dieter …« – und klopfte dazu auf eine Flasche – »Thomas« – klopft – »Heck« – klopft – »und heute sind wir wieder bei *Zu Zwei'n beim Wein,* ich gieß mir gleich a Glaserl ein.«

Zwischen den Moderationen spielte er gerne Balladen und Schmusesongs. Musik, die man heute Easy Listening nennen würde. Nach jedem Titel wurde seine Moderation feucht-fröhlicher. Und mit Sätzen wie »Und noch 'n Schlückchen und noch 'n Schlückchen, ich euch alle auch, Prost euch allen und mir selber und …« oder »Aaahhh, das schmeckt heute aber wieder« ließ er seine Zunge gekonnt immer schwerer werden, bis nach etwa dreißig Minuten die ersten Anrufe ins Studio kamen:

»Sagen Sie mal, kann das sein, dass der Herr Heck heute … dass es dem nicht gut geht oder dass er betrunken ist?« Oder etwas weniger diplomatisch: »Ihr habt da so 'n Proleten drin sitzen, der ist besoffen.«

Die Telefonzentrale war für diesen Moment natürlich gebrieft. »Augenblick, ich stell Sie gleich mal ins Studio durch.«

Und dann meldete sich das Studio: »Ja, hier Heck.«

»Ja, ich möchte gern ins Studio gestellt werden«

»Ja, Sie sind im Studio, hier ist Dieter Thomas Heck!«

»Ja, aber, äh …«, stotterte da der Anrufer.

»Sie müssen mir schon sagen, worum es geht.«

»Ja, bei Ihnen ist ein Besoffener, ein Betrunkener, im Studio.«

»Was? Hier, bei mir im Studio? Ich schau mich mal um … Fraaank …« (Das war sein Tontechniker und Sidekick, mit dem er sich in der Sendung immer wieder mal unterhielt.) »Frank, siehst du jemanden hier …?«

»Nein.«

»Ja der Frank sieht auch niemanden, also da irren Sie sich, tschüss!«

Der Anrufer legte auf, und ein auf wütend gebürsteter Heck legte los: »Also wirklich … so eine Unverschämtheit! Der meinte, es wäre ein Betrunkener hier. Bei mir. Im Studio von RTL. Wenn Menschen keinen Spaß verstehen!«

Stocknüchtern und gut gelaunt moderierte er die Sendung ab. »So, jetzt kommen wir zur letzten Nummer, und ich hab mich wieder sehr gefreut, mit Ihnen zusammenzusitzen zu Zwei'n beim Wein. Es war eine wunderschöne Stunde, und ich freue mich auf die nächste Woche, wenn wir wieder beisammen sind, Ihr« – klopft wieder auf Glas – »Dieter« – klopft – »Thomas« – klopft – »Heck und bei *Zu Zwei'n beim Wein.*«

Das hatten natürlich auch die Chefs des Senders angehört. Und mit einem großen »Ach soooo, alles nur Show!« wurde die geplante Entlassung des Kollegen erst einmal aufgeschoben. Und so hat DTH ihm den Job gerettet.

Der Moderator, der mir diese Geschichte mal bei einem Sundowner erzählte, war der unangefochtene Star des Senders: Frank Elstner, eine Seele von Mensch und die fleischgewordene Gastfreundschaft. Frank lud mich ein, bei ihm während meiner Zeit in Luxemburg – immerhin ganze fünf Wochen – zu wohnen, da kannten wir uns noch keine dreißig Minuten! Elstner verfügte über eine große Wohnung im Zentrum, eine schöne alte Villa im Jugendstil, in der er mich in einem eigenen Appartement unterbrachte, inklusive Hilfe durch seine Haushälterin. Mietfrei, selbstverständlich! Leider blieb mir nur wenig Zeit, den Luxus der Wohnung und die herzliche Art meines Gastgebers zu genießen, denn mit der Feststellung, dass im Sommer »fast alle meine Leute im Urlaub« seien, hatte Helmut Stoldt nicht gelogen. Das bedeutete für mich: ackern bis zum Umfallen. Wie etwa jeden Morgen den *Fröhlichen Wecker* zu moderieren, eine vornehme Aufgabe, die exklusiv den Gastmoderatoren vorbehalten blieb.

Kein Wunder, denn *Der fröhliche Wecker* hieß um fünf Uhr aufstehen, damit man um sechs Uhr fröhlich anfangen konnte, bis acht Uhr die Leute zu bespaßen. Mit diesem Frühstart in den Tag fiel es dann nicht schwer, elf, zwölf, dreizehn Stunden zu arbeiten, davon fünf bis sieben Stunden allein oder mit anderen Moderatoren am Mikrophon, zwischendurch und danach den nächsten Sendetag vorzubereiten, Moderationen zu tippen, die Platten zusammenzusammeln, Hörerpost zu beantworten. Man kann also sagen, die bei RTL, die wollten's wissen: Was kann er leisten, der Holm? Das Dschungelcamp für Moderatoren sozusagen. Spaß und Bequemlichkeit ist ja nicht unbedingt dasselbe, also das war nicht bequem, es war fordernd, aber es hat Spaß gemacht. So viel Spaß, dass ich diesen »Ferienjob« auch 1967 und 1968 ausübte, bis sich 1969 mein Leben komplett verändern sollte. Das nächste Mal traf ich RTL dann 1970 auf einer Gala in Essen wieder, auf der man mir den »Silbernen Löwen« verlieh. Jedoch nicht für meine Gastmoderationen. Auch wenn ich dafür den Preis allein schon wegen der Frühaufsteherei zweifelsohne verdient gehabt hätte! RTL, der Radiosender, der die Hits machte, sollte dann auch schon bald bei mir und meinem größten Erfolg als Sänger auf besondere Weise Pate stehen.

Eigentlich hätte es für mich kaum besser laufen können, aber nichts bleibt im Leben, wie es ist, und auch bei mir lag spürbar Veränderung in der Luft. Sowohl privat, wo Petra und ich der Enge der Uhlandstraße und auch der Nähe zu dem ein oder anderen Nachbarn aus dem Meisel-Verlag dann doch überdrüssig wurden und uns ein neues Heim im Grunewald suchten. Wir zogen in ein Haus namens »Taubert Garden«. Der kleine Anglizismus sollte wohl dafür sorgen, dass der Mietzins ein paar Hundert Mark höher ausfallen durfte. Und man muss zugeben, in meinem Fall hat es funktioniert! Unser Nachbar dort war und blieb, zumindest für mich, für viele Jahre der wundervolle Harald Juhnke, der im obersten Stock des Hauses in einem Loft sein Refugium hatte und mich in dieser Zeit so manches Mal durchaus auch spätnachts wild klingelnd aus dem Bett holte, um meine Meinung zu einer seiner neuen Aufnahmen zu erfahren. Ein Vollprofi, ein Gentleman, ein Wahnsinniger, wenn es um seine Arbeit ging. Von seiner Schwäche für alkoholische Getränke habe ich eher aus den Gazetten erfahren, als dass ich entsprechende Auswüchse selbst hätte erleben müssen. Und so bleibt er mir als der »deutsche Sinatra« in Erinnerung, der er immer sein wollte (obwohl ich das nie ganz verstanden habe, weil er als Harald Juhnke solche Vergleiche gar nicht nötig hatte, was ich ihm im Übrigen viele Male auch gesagt habe).

Auch sonst drehte sich allerorten der Wind, und meine Welt sollte mit dem Beginn der siebziger Jahre eine deutlich andere sein, als ich es geplant und erwartet hätte. Berlin in den späten sechziger Jahren, das war ein besonderer Ort. Eben noch der Hotspot der deutschen Flower-Power-Bewegung und der modischen Eleganz, der Ort der legendären Kennedy-Rede, bei der auch ich, wie gefühlt jeder junge Mensch in Berlin, am Schöneberger Rathaus gewesen bin: »Ick bin ein Berliner.« In dieser so magischen, *fancy* Stadt also liefen auf einmal alle Jungs und Mädchen ungekämmt, mit Parka und dreckigen Jeans herum. Wenn jemand nach bürgerlicher Lesart gut aussah, war er plötzlich »systemstabilisierend«, wenn du dich zurechtgemacht hast, warst du »systemstabilisierend«, wenn du gar Schlager gesungen hast, warst du erst recht »systemstabilisierend«.

Und im Jahr 1968 ging's dann richtig los. Sit-ins, Demos, Straßenkämpfe, das volle Programm. »Bürger, lasst das Glotzen sein, kommt herunter, reiht euch ein.« Aus meiner Sicht waren es oft arrogante, junge, meist überprivilegierte Menschen, die in einer sehr überheblichen und besserwisserischen Art den normalen Berliner Bürgern, sagen wir es ruhig so drastisch, den nackten Hintern entgegengestreckt haben. Anfangs, ich muss es gestehen, erreichte mich dieses neue politisierte Zeitgefühl durchaus, wenn auch in einer deutlich abgeschwächten Version. Ich war halt jung und damals in den einschlägigen Clubs und Diskotheken unterwegs und habe dann – meine heutigen Parteifreunde der CSU mögen es mir verzeihen – 1969 Willy Brandt gewählt. Eine Entscheidung, die mir kurzzeitig im Verlag den Namen »der rote Michael« eintrug. Mehr muss man, glaube ich, über meine radikalste Tat als »bekennender Sozialist« nicht sagen …

Auch im Hause Meisel standen die Zeichen auf Umbruch. Mein genialer Freund Giorgio Moroder hatte gerade auch als Interpret einen Riesenhit gelandet. *Looky Looky* verkaufte sich über eine Million Mal, vielleicht auch ein wenig wegen der ansaugenden, hypnotischen Stimme, die den Refrain des Liedes vortrug. Diese Stimme war zufällig die meinige, und ich tat meinem Kumpel gerne den Gefallen, ihm schnell eines Morgens die Zeilen einzusingen. Die vereinbarte Gage für den Erfolgsfall, ein Steak, ging als das »goldene Steak« in unsere gemeinsame Historie ein und wurde von Giorgio standesgemäß im Deutschen Hof, dem besten Steakhaus Berlins zu dieser Zeit, ausgezahlt.

Die Folge dieses Überraschungshits war, dass in München die Plattenfirma Ariola und dort der erfolgreichste deutsche Musikmanager seiner Zeit, die Branchenlegende Monti Lüftner, auf Moroder und seinen unkonventionellen Sound aufmerksam wurden. Lüftners Ariola war die Heimat des Who's who der deutschsprachigen Musik dieser Zeit.

Udo Jürgens, Peter Alexander, Rex Gildo und gerade eben auch Heintje mit seinem Evergreen *Mama*: Sie alle waren in seinem Hitgestüt beheimatet. Mit ausreichend Geld, Charisma und Überzeugungskraft ausgestattet, brachte Monti Moroder dazu, zu ihm nach München überzusiedeln und statt für die Meisels für Ariola zu produzieren. Was zunächst nach einer äußerst betrüblichen Nachricht klang, entpuppte sich als ein Riesenglück für mich! Denn aus München erreichte mich schon kurz nach Giorgios Wechsel ein Anruf von ihm: »Michael, du muscht kommen! Wir haben einen Hit, den kannscht nur du singen!«, beschwor mich mein Weggefährte in seinem breiten Südtiroler Akzent. Das allerdings zu einem Zeitpunkt, an dem er mit seinen Überzeugungskünsten fast schon zu spät bei mir war. Denn ich hatte meine Sangeskarriere innerlich schon so gut wie ad acta gelegt. Ich war nun fast siebenundzwanzig Jahre und damit steinalt für einen Hitparadenstar.

Es war, glaube ich, der ein Jahr jüngere Mick Jagger, der ungefähr zu dieser Zeit in einem Interview die Einschätzung wagte, dass er seinen Job mit dreißig nicht mehr machen würde. Eine Haltung, die in der Branche weit verbreitet war. Popmusik war Teeniemusik, wo erwachsene Menschen als Interpreten nichts verloren hatten! Außerdem hatte mich die Bemerkung eines Promoters nachdenklich gemacht, der mich fragte, ob ich keine Angst hätte, mir mit meinen mediokren Erfolgen als Sänger meinen guten Ruf als Autor und Produzent zu verderben. Meine Haltung zu Giorgios Angebot war also mehr als reserviert, aber hey, es war mein Freund Giorgio Moroder und, auch nicht ganz unwichtig: Monti Lüftners Ariola war ein Topkunde für jeden Schreiber, der mit Einspielungen seiner Stücke durch Spitzenkünstler gutes Geld verdienen wollte. Das Lied, um das es sich handelte, war ein Riesenhit der amerikanischen

Hippie-Rock-Band Sir Douglas Quintett und besang das bis dato völlig unbekannte Städtchen Mendocino. Giorgio hatte aus der Swamp-Rock-Hymne eine energetische, elektrisierende Uptempo-Pop-Nummer gemacht, auf die er – allein Gott und sein Genie wissen, warum – nur meine und sonst keine Stimme hören wollte.

Es war also nicht der unbezähmbare Wunsch, es noch einmal als Sänger zu versuchen, warum ich mich dann doch auf den Weg nach München machte. Eigentlich gab ich der Sache keine Chance. Zumal gerade eben in Berlin mein Freund Dieter Thomas Heck mit der *ZDF-Hitparade* alle Einschaltrekorde pulverisierte und für mich, den Autor Michael Holm, ein riesiges Fenster für meine Arbeiten öffnete. Schon bei der allerersten Sendung, am 18. Januar 1969, war ich mit gleich vier Titeln dabei, auch als Texter von Erik Silvesters *Oh lala, sie hat rotes Haar*. Ein Werk, dem es ohne die *Hitparade* eher schwergefallen wäre, die natürlich völlig verdiente, große Aufmerksamkeit zu bekommen. Der Abschied vom Mikrophon schien nicht nur gefühlt, sondern auch wirtschaftlich und perspektivisch die richtige Entscheidung zu sein. Ich hatte zwar mein Leben lang gerne gesungen und es auch immer genossen, wenn es die Leute toll fanden und der ganze Saal gekocht hat. Deswegen hatte ich das Singen und Auftreten trotz meiner vielen Arbeit und Erfolge als Autor auch nie ganz aufgegeben. Ich hatte auch immer wieder kleinere Erfolge als Interpret in den Charts, war immer wieder mit auf Tourneen mit Kollegen gegangen oder hatte Einzelengagements gespielt. Aber die Verlockungen des Autorenlebens wirkten, auch angesichts meiner rasch voranschreitenden »Vergreisung« als Künstler, immer süßer auf mich.

So entschloss ich mich, das Angenehme, nämlich das Treffen mit Giorgio und seiner neuen »Hitbande«, mit dem

Nützlichen zu verbinden und dem Termin mit der Ariola in München ein Treffen mit Hans Beierlein vorzuschalten, dem legendären Manager von Udo Jürgens. Beierlein war später der entscheidende Mann hinter der Entstehung und dem Erfolg der volkstümlichen Musik und Karrieren wie der von Florian Silbereisen, der Zillertaler Schürzenjäger oder Marianne und Michael. Er wollte mich als Autor für seinen Montana-Verlag gewinnen, und mir war zu diesem Zeitpunkt meiner Karriere jede Stufe, die mich als Texter und Komponisten einen Schritt höher in die Charts zu bringen versprach, hochwillkommen. Das Treffen mit ihm am Vormittag brachte uns beiden, außer einem sehr angenehmen und freundlichen Kennenlernen, leider nichts Konkretes. Umso gespannter war ich auf meinen Termin bei Ariola.

Dass *Mendocino* ein Hit werden würde, stand für mich inzwischen außer Frage. Darum kannte ich für dieses Treffen nur ein einziges Ziel. Ich – und nur ich – musste den deutschen Text dazu schreiben! Giorgios Unbeirrbarkeit, mich auch als Interpreten im Spiel zu haben, konnte ich nach wie vor nicht wirklich nachvollziehen. Klar war ich geschmeichelt, aber ob das meinem, noch zu verfassenden Hittext ausreichend große Chancen eröffnen würde? Da war ich weiter skeptisch. Bei Ariola erwartete mich die gesamte Spitze der großen Erfolgsfirma. Der Promotionchef Gerd Dornieden, der Produktions- und begnadete Repertoireleiter der Abteilung Pop, Hans-Georg Ehmke, sogar Monti Lüftner selbst war zu Beginn des Treffens zu meiner Begrüßung zugegen, verabschiedete sich dann aber schnell und überließ das harte Verhandeln seiner sturmerprobten Truppe.

Und ich machte es den Kollegen nicht leicht. Bis zum gemeinsamen Abendessen ließ ich die eindringlichen Offerten an den Sänger Holm ins Leere laufen und richtete das Gespräch immer wieder auf die exklusive Zusage, den deutschen Text zu *Mendocino* schreiben zu dürfen. Ganz gleich, wer auch immer das später den Menschen vortragen würde. Mit dem Nachtisch wurden die Herren dann ein wenig deutlicher. Wenn Michael Holm uns nicht den Gefallen tun würde, einen Titel für uns zu singen, würde man bei Ariola auch überlegen, ob man dem Autor Michael Holm in Zukunft noch einen Gefallen tun will. Damit hatten sie mich, wie man es heute salopp sagen würde, an den Weichteilen gepackt. Ariola, das Haus mit Rex Gildo, Mireille Mathieu, Peter Alexander und, und, und, ohne Lieder von Michael Holm? Das war so gar nicht das Ergebnis, mit dem ich nach Hause zu fahren gehofft hatte. Sie hatten mich in der Falle, und es mag das Gefühl des Triumphes gewesen sein, das die Runde dazu brachte, in den nun folgenden Verhandlungen zu meinem Plattenvertrag unnötig harte Konditionen aufzurufen. Zwanzigtausend Mark Vorschuss bot man mir an, eine Summe, die auch bei weit weniger hitverdächtigen Produktionen eher überschaubar gewesen wäre. Ich verzichtete darum auf diese Zahlung, akzeptierte auch mit Widerwillen eine fast unverschämt mickrige Beteiligung an den kommenden Verkäufen und ließ mir im Gegenzug zusichern, dass wir einen Titelvertrag über nur diese eine Veröffentlichung machen würden und ich den Text für *Mendocino* sowie die B-Seite der Single schreiben dürfe. So fanden wir zueinander.

Ein Glas Champagner gab's dann noch auf den gemeinsamen Erfolg, das den Kollegen von Ariola schon ein paar Monate später sauer aufstoßen sollte. Denn nachdem *Mendocino* der Hit und Michael Holm der Shootingstar des Jahres 1969 geworden war, stand ich frei wie der Wind und ohne einen Plattenvertrag auf dem Markt und konnte mir

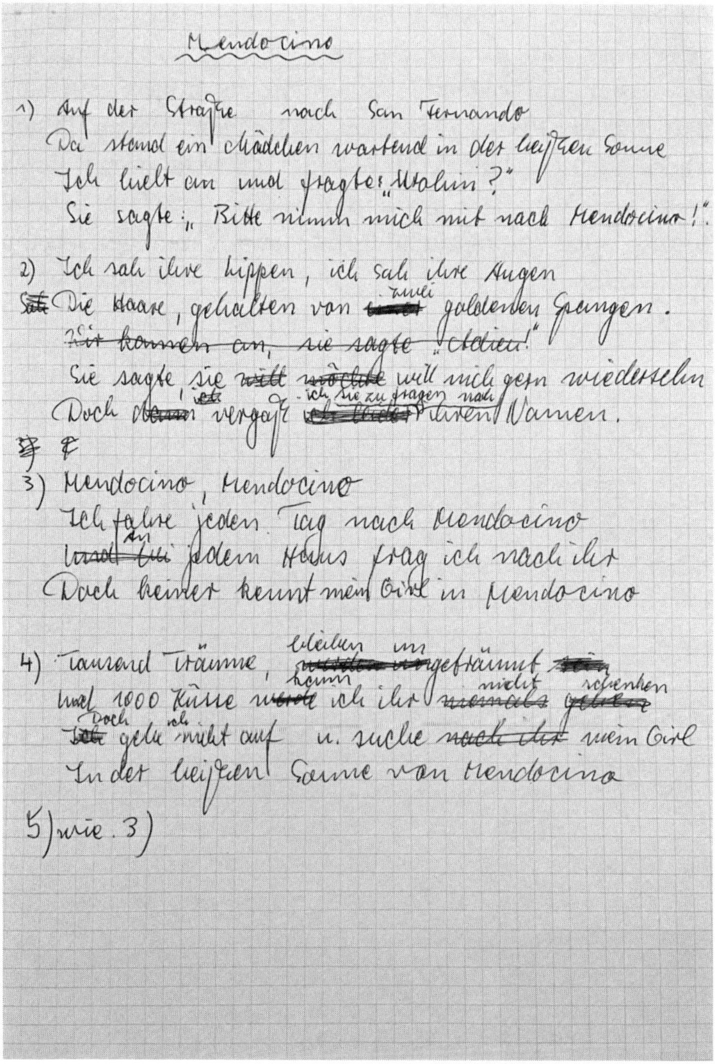
Mendocino

1) Auf der Straße nach San Fernando
Da stand ein Mädchen wartend in der heißen Sonne
Ich hielt an und fragte: „Wohin?"
Sie sagte: „Bitte nimm mich mit nach Mendocino!"

2) Ich sah ihre Lippen, ich sah ihre Augen
Die Haare, gehalten von zwei goldenen Spangen.
Sie sagte, sie will mich gern wiedersehn
Doch ich vergaß, ich sie zu fragen nach ihrem Namen.

3) Mendocino, Mendocino
Ich fahre jeden Tag nach Mendocino
An jedem Haus frag ich nach ihr
Doch keiner kennt mein Girl in Mendocino

4) Tausend Träume, bleiben ungeträumt
und 1000 Küsse kann ich ihr nicht schenken
Doch ich gehe nicht auf u. suche mein Girl
In der heißen Sonne von Mendocino

5) wie 3)

Ein Blatt Papier, das mein Leben verändern sollte. Mit dem Lied *Mendocino* stieß ich die Tür zu einer langen, nicht mehr erwarteten Gesangskarriere auf!

die Angebote aussuchen. Eine Scharte, für die Ariola sehr, sehr teuer zahlen musste – Ausgaben, die aber durch die Erlöse der nun folgenden Hits mehr als aufgewogen wurden. Aus der Retrospektive lässt sich sagen, dass an diesem Abend meine goldenen Münchener Jahre begannen, auch wenn viele Ereignisse am Start dieser neuen Zeit manchmal traurig, auch enttäuschend und so gar nicht gülden wirken wollten.

REISE

III

MÜNCHEN
Der Ruhm und ich

Die wilde Fahrt »auf der Straße nach San Fernando« begann eigentlich mit einem kleinen Fehlstart. Wir veröffentlichten im Juni 1969 und waren darum zu spät für einen Platz beim großen Schlagerwettbewerb in Wiesbaden im Juli. Daran konnte auch meine Freundschaft zu Heck nichts ändern, der dieses wichtige Event moderierte. Dessen *ZDF-Hitparade* hatte sich da bereits in die Sommerferien verabschiedet und würde *Mendocino* erst im September als Neuvorstellung präsentieren. Eine Fernsehlücke von fast drei Monaten. Eine eigentlich unüberbrückbare Ewigkeit im schnelllebigen Popgeschäft. Was mir jetzt zu Hilfe kam, war der Umstand, dass das englischsprachige Original auch in Deutschland seine Hörer fand und es darum, wie damals üblich, Interesse an einer deutschen Version gab. Außerdem hatte ich im Rundfunk einen Underdog-Bonus, denn die DJs dort kannten mich natürlich alle als Autor der Hits von vielen anderen und gönnten mir es einfach mal, einmal aus dem Schatten zu treten.

Allzu viel Überzeugungskraft mussten sie dabei nicht bei ihren Hörern aufwenden, denn die Menschen an den Radiogeräten liebten meinen Song. Das konnte man sowohl an den Titelwünschen bei den Sendern als auch bei den Abverkäufen in den Plattenläden feststellen. *Mendocino* mit

Michael Holm wurde der Sommerhit 1969 mit über 1,2 Millionen verkauften Tonträgern. Und da mein Gesicht, auch mangels TV-Präsenz, noch weitgehend unbekannt war, konnte ich anfangs noch oft unerkannt in den Kneipen live beobachten, wie die Gäste wieder und wieder mein Lied in der Jukebox spielten. Diese merkwürdige Lücke zwischen musikalischem Erfolg und fehlender persönlicher Prominenz führte gelegentlich zu den kuriosesten Situationen.

ZWISCHENSTOPP: **Holledau**

»Entschuldigung, wenn ich mal kurz dürfte? Ich bin Michael Holm, ich singe hier heute Abend!« – »Joa klar, und I bin der Roy Black!« – »Und I der Rex Gildo!«, schallte es mir amüsiert von den Wartenden entgegen, die das Gebäude, die Hopfenversteigerungshalle in der Holledau, bereits am Nachmittag zu Tausenden belagerten. Keiner erkannte mich, und keiner machte Anstalten, meiner Bitte nachzukommen. Alle vermuteten wohl, dass der zierliche junge Mann nur einen billigen Trick versuchte, um irgendwie als einer der Ersten in das offenbar ausverkaufte Konzert von »Mr. Mendocino« zu kommen. Der neue Superstar, der heute zu ihnen aufs Land hinunterkommen sollte. Ein Wunder! Ganz so wunderlich war das Ganze natürlich nicht, denn der Veranstalter hatte mich bereits vor *Mendocino* gebucht. Ein paar kleinere Hits standen ja schon vorher in den Charts, und für drei oder vier Konzerte im ländlichen Raum bei Ingolstadt schien ihm mein »kleiner« Name gut genug.

Begleitet werden sollte ich von einer bis dahin völlig unbekannten Berliner Underground-Band namens Birth Control. Finster dreinblickende, langhaarige Gesellen, aber exzellente Musiker, was später den Abend retten sollte. Denn als ich das Engagement angenommen hatte, war ich ein Mr. Nobody. Jetzt, mit einem Top-drei-Hit in den Charts, sah die Sache schon anders aus. Als ich, wie mit dem Veranstalter vereinbart, gegen siebzehn Uhr zum Soundcheck an der Halle eintraf, war das Gebäude von eben jener riesigen Menschenmenge umlagert. Ich stieg aus dem Wagen, nahm meine Bühnengarderobe und begann, mir einen Weg durch die Menge zu bahnen. Leider ohne Erfolg. Was sollte ich tun? Handys, Securitys mit Funkstrecke, all diese Dinge gab es noch nicht und schon überhaupt nicht an der Hopfenversteigerungshalle in der Holledau. Gott sei Dank hatte mein Begleiter den Vertrag dabei, und auf dem fand sich eine Telefonnummer des Veranstalters. Wir fuhren, so schnell wir konnten, zur nächsten Gaststätte, von wo wir, nachdem wir glaubhaft versichert hatten, dass wir kein Ferngespräch führen würden, die Mutter des mehr als nervösen Gastgebers erreichten. Der war schon in großer Sorge, dass ich einfach nicht auftauchen und ein wütender Mob alles kurz und klein schlagen würde. Man schickte mir drei extrem muskulöse wie auch extrem schlecht gelaunte junge Burschen, die mir einen Weg durch die Menge bahnten. Außer einem kurzen Soundcheck war kein Üben mit der Band möglich, aber die Jungs von Birth Control waren Profis, und wir spielten ein fast dreistündiges Konzert für zweitausendfünfhundert Leute in der Halle, vor der noch weitere tausend standen, die ebenfalls hineinwollten.

Die Zeit der Anonymität sollte sich, im Guten wie weniger Guten, jetzt sehr schnell für mich ändern. Mein Konterfei zierte plötzlich die Titelblätter der Yellow Press und der Jugendmagazine. Das Gesicht Holm wurde Teil der öffentlichen Wahrnehmung, eine Veränderung, die sich die meisten Menschen im eigenen Leben wohl kaum vorstellen können oder wollen. Eben noch einer von vielen im Kaufhaus oder in der Bahn, begannen die Leute nun, mich zu mustern und über mich zu tuscheln. Die Mutigeren unter ihnen wagten es dann auch, mich anzusprechen und nach einem Autogramm zu fragen. Eine Form der ständigen Beobachtung, die gut für das Ego, aber schlecht für die Privatsphäre ist. Und bei empfindlicheren Charakteren auch die ein oder andere Überreaktion oder den Missbrauch von Betäubungsmitteln erklären mag, wenn sie sich dieser ununterbrochenen Aufmerksamkeit ausgesetzt sehen.

Bewunderung wurde mir natürlich nicht nur durch Teenager oder biedere Hausfrauen zuteil. Ein männlicher Star ist eine glänzende Erscheinung und lockt auch die hübschesten und nettesten Exemplare des weiblichen Geschlechts an. »Frauen umschwirren mich / wie Motten das Licht«, wusste es Heinz Rühmann mal selbstironisch-lakonisch in seinem Lied *Ich brech die Herzen der stolzesten Frau'n* auf den Punkt zu bringen. Und auch wenn es nicht die Dimensionen der Verehrung annahm, der sich die Beatles ausgesetzt sahen, wurde es doch zu einer täglichen Übung, den Flirtangeboten und sogar deutlicheren Avancen der Damenwelt mit Geschick und Höflichkeit aus dem Weg zu gehen. Für Petra war die Situation mit Sicherheit noch schwieriger als für mich. Es ist sicher eine erhebliche Herausforderung für eine junge Frau, wenn ihr Lebenspartner plötzlich deutlich mehr Frauen ins Auge sticht, als das für das Gemüt eines jungen Mannes gut sein kann. Und ich müsste lügen, wenn ich behaupten würde, die aufmerksamen Blicke und koketten Komplimente nicht genossen zu haben. Petra begann eine Seite zu entwickeln, die mir an ihr bisher nicht aufgefallen war: Sie zeigte sich für mein Gefühl nun gelegentlich ein wenig eifersüchtig. Ich nahm es leicht, vielleicht zu leicht, wie sich wenig später herausstellen sollte.

Durch den Erdrutsch meines ersten Superhits waren indes auch Dinge in meinem beruflichen Leben in Bewegung geraten, die meine Aufmerksamkeit erforderten und mich davon überzeugten, dass die Zeit für einschneidende Veränderungen und konsequente Schritte reif war. Den Anstoß gab ein Erholungsurlaub auf der deutschen Trauminsel Sylt in Begleitung des Telefunken-A&R-Chefs Eberhard Plack, den ich mir nach wochenlanger Promotionarbeit für *Mendocino* redlich verdient hatte. Wer nun vermutet, dass ich dort bei stundenlangen Strandspaziergängen meine neue Lebenslage abgewogen und aus tiefer Reflexion heraus gut durchdachte neue Wege für mein Leben gezeichnet hätte, liegt leider daneben. Mein Schicksalsengel hieß »Stormy Weather« und war eine Stute, die ich mir für einen kleinen Reitausflug über die Insel geliehen hatte. Weil ich vehement nach einem anspruchsvollen Pferd verlangt hatte, gab man mir das energetische Tier, das leider sehr empfindlich in der Bauchgegend war und beim ersten Nachgurten seinem Namen alle Ehre machte. Und ehe ich michs versah, wurde ich Opfer des »Stürmischen Wetters« und brach mir beim Abwurf einen Arm, ein Bein und einen Zeh. Alles glatte, gut heilende Brüche, aber auch drei Wochen Gips, die mich länger auf Sylt festhielten, als ich es geplant hatte.

Außerdem sah es ganz danach aus, dass ich den Auftritt eines jungen, wilden Künstlers namens Mario Mann auf der Insel versäumen würde, zu dem mich der gut aussehende und vor Selbstvertrauen nur so strotzende Sänger eingeladen hatte. Ich schleppte mich auf Krücken zum Ort des Auftritts, wo ein Treppenaufgang zur Eingangstür ein unüberwindbares Hindernis für mich darstellte. Nicht so für Mario Mann, der mich einfach über seine Schulter legte, in den Club trug und mich auf einen Platz verfrachtete, von dem aus ich seine Show bequem verfolgen konnte. Sein Kraftakt sollte sich für uns beide lohnen. Ich war begeistert von seiner wilden Show und schloss mit ihm noch am selben Abend auf der Rückseite einer Speisekarte einen Vorvertrag, mit dem Mario nun Martin Mann heißen und als solcher bald einige Erfolge in den Hitparaden haben sollte.

Weniger erfreulich verlief meine Rückkehr nach Berlin und zu Meisel. Dort war man in meiner durch Auftritte, Ferien und den Unfall geschuldeten längeren Abwesenheit nicht untätig geblieben und hatte sich, wie ich es wochen-, ja monatelang ergebnislos vorgeschlagen hatte, endlich eingehend mit dem Talent der Marianne Rosenberg beschäftigt. »Da warst du nicht da, und da hatten der Achim Heider und der Fred Jay eine ganz tolle Idee …«, entschuldigte sich Peter Meisel pflichtschuldig, aber ohne ernst zu nehmende Reue. Die Idee war das Lied *Mr. Paul McCartney*, das Debüt und der Start von Mariannes fulminanter Karriere. Ein schöner Song, ein toller Song. Ich hätte es wahrscheinlich nicht so gut hingebracht, aber dass man mich für meinen Einsatz, ja eigentlich *meine* Entdeckung (der Kollege Heider war ja zunächst überhaupt nicht so richtig mit Rosenberg als Sängerin warm geworden) einfach so im Regen stehen ließ, mich nicht einband, nicht informierte, mich nicht in räsonabler Form an der Produktion beteiligen wollte und ich mich mit einem »Wir machen's gut« von Peter Meisel begnügen sollte, das war dann einfach zu viel für mich. Zumal es bereits das dritte Mal war, dass ich mich im Hause Meisel über Gebühr benachteiligt fühlte. Das erste

Mal kann man's ertragen, das zweite Mal ist es eine Frechheit, und das dritte Mal wird's zur Gewohnheit, und genau da dachte ich: Jetzt machen die das immer wieder mit dir.

Da bin ich in den Flieger nach München gestiegen, habe dort meinen Hitproduzenten und Freund Moroder besucht und ihm mitgeteilt: »Ich zieh um nach München.« Giorgio war hocherfreut, bildeten wir beide doch offenbar ein angehendes Traumduo, und die wiedergewonnene Nähe würde weiteren Erfolgen sicher nicht allzu hinderlich sein. Auch sonst schien der Wechsel in die Isar-Metropole ein reizvoller Schritt in ein entspannteres Leben, denn das München der frühen siebziger Jahre war der Antipode zum politisierten, immer mehr zu Gewalt neigenden Berlin. München, das war für einen Künstler wie ein deutscher Hippie-Traum, ein deutsches San Francisco mit Biergärten und Alpensicht. Der englische Garten, das damals noch irrsinnig kreative und bunte Schwabing, die vielen erstklassigen Musiker, die bereits dort lebten … Für mich als sozialisierten Franken war es auch ein Stück Rückkehr in die Heimat, und ich machte mich mit Petra auf, um nach einer angemessenen Wohnung zu suchen.

Fündig wurden wir zunächst in München-Obermenzing bei Frau Kokotaki, die uns in ihrem riesigen Haus die Parterrewohnung mit kleinem Garten überließ. Sieben Zimmer, zweihundertzwanzig Quadratmeter für sage und schreibe sechshundert Mark. »Aber für jeden Monat, jeden Monat …«, mahnte die gute Dame das junge Paar vor ihrer Nase, denn Petra sah aus wie gerade mal sechzehn und ich wie Ende neunzehn, und die jungen Menschen in der riesigen Wohnung, das schien sie unruhig zu machen. Sie getraute sich dann trotzdem, an uns zu vermieten, und wir haben die sechshundert Mark dann auch immer wieder aufbringen können, jeden Monat.

So entzückend die Vermieterin war und so gemütlich das neue Zuhause, es hatte einen entscheidenden Nachteil: Das Haus lag direkt in der Verdistraße, der Ausfallroute München–Augsburg–Ulm–Stuttgart, und da war schon Anfang der siebziger Jahre der absolute Wahnsinnsverkehr. So massiv, dass ich manchmal zehn Minuten warten musste, bis ich mit meinem Wagen eine Lücke erwischt hatte, durch die ich zwischen den Strömen in Richtung Stadt fahren konnte. So musste ich schnell einsehen, dass es angebracht war, sich woanders eine Wohnung zu suchen. Die fand ich in Bogenhausen in der Mauerkircherstraße. Es war die ehemalige Stadtwohnung von Rosemarie Springer, die mir die Springer Grundstücksverwaltung vermietete. Zweimal hundertzwanzig Quadratmeter, eine Doppelwohnung, wunderschön, mit Balkon natürlich, allerdings leider ohne Frau Kokotaki und auch nicht mehr für sechshundert Mark, jeden Monat.

Aber auch dort sollte ich nicht lange bleiben, denn meinen Nachbarn fehlte es an der ausreichenden Toleranz, die es braucht, wenn man einen aktiven und obendrein erfolgreichen Musiker in seiner unmittelbaren Umgebung hat. Nicht dass es falsch verstanden wird, es war wunderbar, dort zu wohnen, die Leute waren an sich auch sehr nett, aber wahnsinnig geräuschempfindlich. »Herr Holm, wir müssen doch nachts schlafen«, wurde nicht geschimpft, sondern gejammert, was eigentlich noch viel schlimmer ist. Schon wenn man eine Kassette abgehört hatte, gab es tränenreiche Klagen. Am Ende hatte ich eine riesige Wohnung und konnte dort noch nicht mal Piano spielen, was für einen Komponisten einem Berufsverbot gleichkommt. Vielleicht war ich einfach zu verwöhnt durch meine kurze Zeit bei Frau Kokotaki, die sich immer gefreut hatte, wenn was los war. »Ich kann nachts nicht schlafen, wissen Sie,

Herr Holm, und wenn Sie dann Musik machen oder ein Fest feiern, das ist immer so schön …«

So sollte ich innerhalb von gut zwei Jahren ein drittes Mal umziehen. Dieses Mal wieder, wie schon beim Einzug in die Mauerkircherstraße, als Single. Denn meine bessere Hälfte, die wundervolle Petra Stradal, war nach Berlin zurückgekehrt. Obwohl wir uns gerade erst verlobt hatten und ernsthaft Heiratspläne schmiedeten. Es ist müßig, nach den vielen Jahren nach den Gründen zu forschen. Auslöser für unsere Trennung war ein – zugegebenermaßen recht feuriger – Flirt mit einem jungen Go-go-Girl aus einem Berliner In-Club, das Ingrid Steeger hieß und wenige Jahre später mit ihren körperlichen Reizen erst im *Schulmädchen-Report* und dann in der Kult-Comedy *Klimbim* die deutschen Männer verrückt machen sollte. Ingrid war ein echtes Herzchen, und ich denke, als Mann müsste man aus Stein sein, wenn man der Avancen einer solchen Traumfrau nicht zumindest gewahr werden würde. Einige Jahre später wurden wir für wenige Monate sogar ein richtiges Paar, bis sie mich dann wegen eines Großwildjägers verließ.

Für Petra war dieser Flirt vermutlich der Augenöffner, dass sie immer damit würde leben müssen, dass ihr Mann von allen Seiten »angegraben« und dann vermutlich nicht immer standhaft würde bleiben können. Sie entschied sich wohl nicht gegen mich, sondern gegen ein Leben mit dem Star Michael Holm. Eine Entscheidung, die ich von heute aus betrachtet nachvollziehen kann, auch wenn ich viele Jahre lang immer wieder in manchen kurzen Liaisons schmerzhaft daran erinnert wurde, wie viel Glück ich mit dieser wundervollen Frau gehabt habe. Trotz unserer Trennung richtete mir Petra noch die Wohnung in der Mauerkircherstraße ein, ganz auf der Höhe des Zeitgeistes mit verschiedenfarbigen Zimmern, dem »Roten Salon«, dem »Goldenen Salon« und so weiter. Und wir sind bis heute enge Freunde geblieben, wofür ich sehr, sehr dankbar bin!

Am Anfang des Jahres 1970 war also nichts mehr so, wie ich es Neujahr 1969 beim Bleigießen erwartet hatte. Aus dem fest liierten Textdichter und Produzenten in Berlin war ein alleinstehender Hitinterpret in München geworden, dem nun zumindest beruflich alle Türen des Showgeschäfts offen standen. Und ich war bereit, durch alle Türen hindurchzugehen, und zwar durch alle zur gleichen Zeit. Auch um mich von meinem Trennungsschmerz abzulenken, stürzte ich mich in die Arbeit.

Die *ZDF-Hitparade*, in der ich im Oktober und November 1969 mit *Mendocino* den ersten Platz belegte, war ein Brandbeschleuniger für die deutsche Schlagerwelt. Dabei war das Sendekonzept ein Experiment, dem nicht wenige ein zügiges Scheitern voraussagten. Eine Musiksendung nur mit deutschen Liedern am Samstagabend? Wer sollte sich das ansehen? Die Eltern? Die hatten Anneliese Rothenberger und den *Blauen Bock*. Die Jungen? Hörten Platten und Radio und verfolgten, wenn überhaupt, was der *Beat-Club* zu bieten hatte. Allen Unkenrufen zum Trotz war die *ZDF-Hitparade* jedoch ein Volltreffer. Denn Heck und sein Regisseur Truck Branss ließen sich in den ersten Jahren von den Künstlerabteilungen der großen Plattenfirmen beraten, die die Sendung vor allem als Sprungbrett für junge Talente verstanden. Die Folge war, dass bildhübsche, begeisterte und talentierte Sänger und Sängerinnen sich die

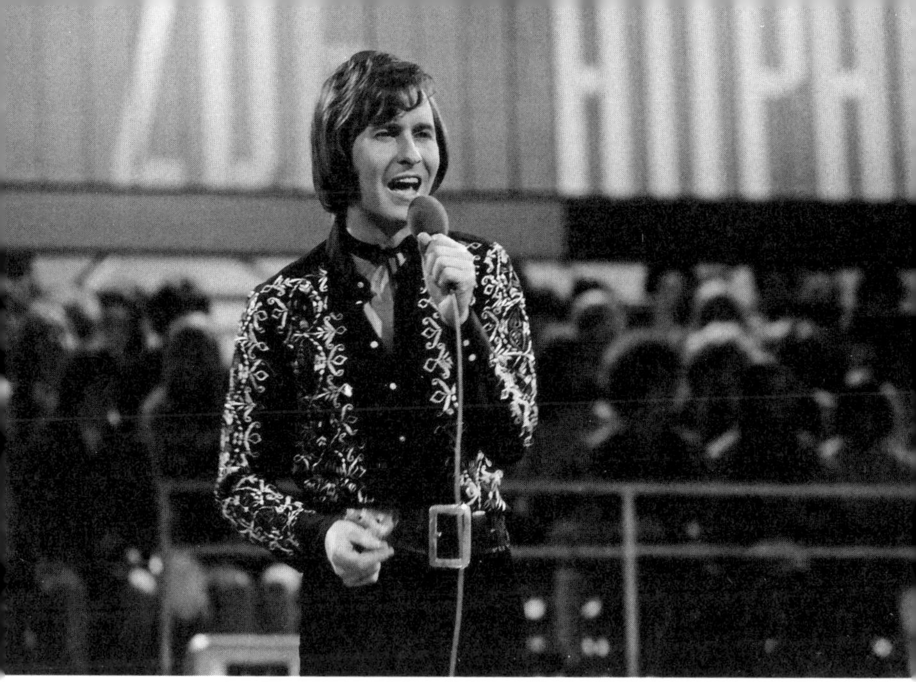

Die *Hitparade*. In keiner Fernsehsendung durfte ich häufiger auftreten, keiner Fernsehsendung habe ich mehr zu verdanken als dieser Musikshow meines Freundes Dieter Thomas und des »Zett-De-Fff«!

Klinke in die Hand gaben und die *ZDF-Hitparade* sich sehr schnell zu *dem* Fernsehformat für deutschsprachige Popmusik entwickelte. Wer hier auftrat, konnte sich auf einen echten Karriereschub und, nicht zuletzt, über ordentliche Tantiemen-Schecks in der näheren Zukunft freuen, denn die *ZDF-Hitparade* markierte bald wie keine andere Sendung, wer in nächster Zukunft einen Verkaufserfolg haben würde. Da es keinen privaten Funk und kein Internet gab, war das Qualitätssiegel »bekannt aus der *Hitparade* mit Dieter Thomas Heck« der Ritterschlag, der alle Radio-DJs des Landes überzeugte.

Und so wurden in der Folge durch die Dauerbeschallung auf allen Wellen aus manchmal sogar merkwürdigen Liedern die Evergreens, die wir heute alle immer noch Wort für Wort mitsingen können: *Mein Gott Walter* von Mike Krüger, *Das Lied der Schlümpfe* mit Vader Abraham oder *Kreuzberger Nächte* der Gebrüder Blattschuss – sie alle wurden durch die *Hitparade* erst zu Hits und verhalfen auch scheinbar kauzigen Interpreten zu riesigen Erfolgen. Durch die *Hitparade* hatte ich, trotz des neuen Lebensmittelpunkts in München, immer einen Koffer in Berlin und im Taubert Garden. Dort konnte ich darum auch meine Schwester Astrid einquartieren, die, nach einer erfolgreichen Ausbildung zur Tonmeisterin, noch einmal komplett umsatteln und in ihrer Traumstadt Berlin Biologie studieren wollte. So kam es, dass ich einige Jahre zu Gast auf der Couch in meiner eigenen Wohnung lebte und mich beim Einschlafen über die merkwürdige Welt der Natur wundern durfte, deren Formelblätter Astrid an praktisch allen Wänden zu Lernzwecken aufgehängt hatte.

Für allzu ausgiebige Auszeiten in den eigenen vier Wänden war ohnehin keine Zeit. Ich lebte nun nicht nur an zwei Orten, sondern auch zwei Leben zugleich. Das »alte« erfolgreiche Dasein des Hitautors musste sich nun mit meinem Alter Ego Michael Holm, dem Schlagerstar, arrangieren. Und in keinem dieser beiden Leben gab es Platz für »Dienst nach Vorschrift« oder die Chance auf Prokrastination. Von 1970 an sollte ich nun fast ein Jahrzehnt lang in beiden Disziplinen auf höchstem Niveau liefern müssen. Und ich lieferte! Ein Tempo, eine Intensität, die empfindlicher gestrickte Menschen durchaus in den Burn-out oder in eine Abhängigkeit hätten führen können. Für mich war und ist es bis heute das reinste Lebenselixier.

In München legte ich mit meinem zurückgewonnenen Lieblingspartner Giorgio gleich los wie die Feuerwehr. Ich schloss mit Ariola eine Anschlussvereinbarung zu meinem Titelvertrag für *Mendocino*. Dabei ließ ich es mir nicht nehmen, den Verantwortlichen alle seinerzeit von mir geschluckten Kröten doppelt und dreifach zurückzugeben, und so konnte ich mich über einen exzellenten dreijährigen Exklusivvertrag bei der Erfolgsfirma freuen. Moroder und ich legten nun den Riemen auf die Farfisa-Orgel, die unsere nächsten Erfolge häufig akustisch begleiten sollte. Mit unserer Anschluss-Single *Mademoiselle Ninette*, noch 1969, einem Cover des Erfolgshits der Soulful Dynamics, setzten wir dieses eine Mal eher erfolglos auf das Erfolgsrezept, einen internationalen Toptitel durch Giorgios Sounds und meinen Text und meine Stimme zu veredeln – zumindest in Deutschland. In Südafrika funktionierte die *Ninette* viel besser, dort wurde unsere wiederum englischsprachige Version vorgetragen von einem gewissen »Mike Holm«, Platz zwei in den dortigen Hitparaden und mit zwei goldenen Schallplatten belohnt. Die Wege der Hitgötter sind oft unergründlich.

Kaum war es absehbar, dass es wohl keine große Romanze zwischen den deutschen Schlagerfans und unserer kleinen »Mademoiselle« geben würde, hatten wir aber schon ein Angebot parat, das die Hörer nicht ablehnen konnten. Es handelte sich dabei um eine klassische Moroder-Arbeit. Ich erzählte ihm während eines Telefonats eher en passant, dass ich die Zeile »Barfuß im Regen tanzen wir zu zweit« *catchy* finde und ich damit irgendwann mal etwas machen wolle. »Dasch isch gut«, sagte Giorgio und präsentierte am nächsten Tag, auch via Telefon, das Demo zu *Barfuß im Regen*. Ich musste »nur noch« den Text dazu fertig schreiben. Obwohl das Lied keine bekannte Melodie mit neuen deutschen Lyrics wie bei *Mendocino*, sondern ein komplett neuer Song war, marschierte *Barfuß im Regen* in Siebenmeilenstiefeln durch die Verkaufscharts und erreichte im Frühjahr 1970 Platz sechs der *Hitparade*, wo sich unser Lied lediglich hinter Bands wie Led Zeppelin mit *Whole Lotta Love* oder den Beatles mit *Let It Be* anstellen musste. Moroder / Holm – diese Verbindung stand nun endgültig für hohes Hitpotenzial, und in der Folge konnten wir sogar Songs für Weltstars wie France Gall oder auch Adriano Celentano komponieren und produzieren.

Einer der Hauptabnehmer unserer *gemeinsamen* Bemühungen blieb aber ich. Ariola wollte ein komplettes Album mit mir auf den Markt bringen. Eine für deutsche Musik damals eher ungewöhnliche Entscheidung, denn die LPs mit deutschen Songs waren bis dahin meist sogenannte Kompilationen, also Best-of-Sammlungen der Hits eines Jahres. Mit mir als Hybrid zwischen Pop- und Schlagerkünstler hoffte die Plattenfirma, einen Fuß in diesen wachsenden und sehr lukrativen Markt zu bekommen, den der große Udo Jürgens gerade mit seiner ikonischen Liveaufnahme *Udo '70* für uns deutschsprachige Künstler öffnete. Es sollte aber noch einige Jahre dauern, bis mit Kollegen wie Udo Lindenberg, Marius Müller-Westernhagen oder Herbert Grönemeyer das Album einen festen Platz auch für uns Muttersprachler bei den Hörern gewinnen sollte. Die Langspielplatte *Auf der Straße nach Mendocino* erschien 1970 und konnte leider nicht an die Erfolge der beiden Single-Chartstürmer anknüpfen.

Schade, aber weiß Gott kein Drama, denn es gab auch ohne große Albenverkäufe viel zu tun und viel zu verdienen. Wir schrieben und produzierten im selben Jahr mit *Arizona Man* den Titel, der Mary Roos zum Durchbruch verhalf. Bei der Aufnahme nutzten wir ein Stylophon, eine Art urzeitlichen Synthesizer, den ich unter Mühen und Fluchen zu spielen und zu stimmen lernte. Ein derartiges Instrument war bis dahin noch nie bei einer Schlagerproduktion eingesetzt worden, wobei es mir schwerfällt, bei Liedern wie *Arizona Man* von »Schlager« zu sprechen. So wie dieser Begriff (leider) konnotiert ist, muss man diesen noch heute sensationell klingenden Titel einen Popsong nennen. Mit dem Stylophon waren wir dem Rest der deutschen Produzentenszene ein Stück weit enteilt und nun so »heiß«, dass die Plattenfirma, was selten genug passiert, der Phantasie freien Lauf und uns einfach mal machen ließ. So entstand Spinach 1, das Bubblegum-Elektropopduo Giorgio Moroder und Michael Holm. Eine internationale Produktion mit allen technischen Spielereien und Finessen, die Giorgio zu dieser Zeit zur Verfügung stand und die einen echten Meilenstein für Musikproduktionen setzte.

Leider wechselte kurz vor Veröffentlichung des Albums 1972 der für uns zuständige Musikmanager bei Ariola die Firma, und sein Nachfolger war der Sache gegenüber nicht annähernd so aufgeschlossen. So blieb es bei dem Gehversuch als gemeinsames Interpretenduo, bei dem immerhin mit *America, America* ein Charthit in Japan heraussprang – im »Land des Lächelns«, dem ich einige Jahre später wieder den Start einer neuen Karriere verdanken würde! Unser Ruf als angesagte Popschreiber war inzwischen so gut, dass ich 1970 das Angebot erhielt, die Musik für einen Horrorfilm zu schreiben. *Hexen bis aufs Blut gequält* erfüllte zu dieser Zeit alle Kriterien eines Kinoschockers und war viele Jahre nur in einer zensierten Version zu sehen. Heute würde man für ein Werk so hart am Rande des geschmacklich Erlaubten sicher eine Band wie Rammstein oder Slipknot um die Filmmusik bitten, 1970 war Michael Holm die richtige Wahl. So viel zu der merkwürdigen Haltung mancher Zeitgenossen, mich als einen »Schlagerfuzzi« zu titu-

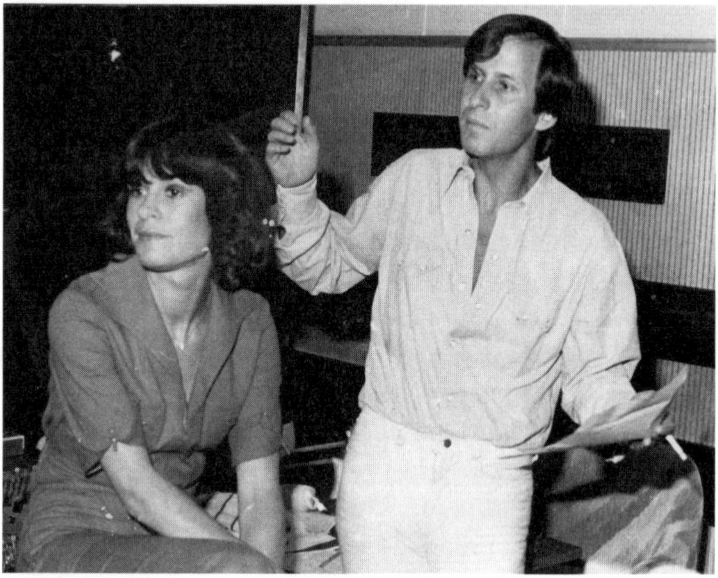

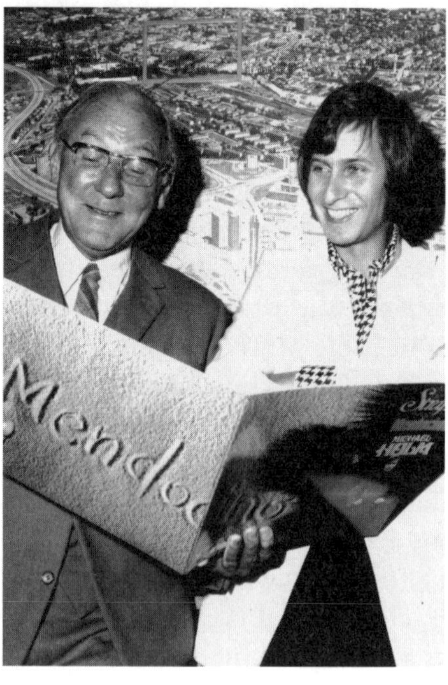

Auch wenn das Album *Auf der Straße nach Mendocino* kein besonders großer Verkaufshit war, hatte ich trotzdem gut lachen, denn mit meinem genialen Partner Giorgio Moroder durfte ich mit den besten Kolleginnen und Kollegen arbeiten und über Jahre hinweg Erfolge feiern. Wie zum Beispiel mit der wunderbaren Mary Roos.

lieren. Abgesehen davon, dass es mir egal ist, ob man gute Melodien Gassenhauer, Hit oder Schlager nennt. Zu Beginn meiner Karriere waren solche Schubladen noch gar nicht wichtig, sondern nur der Erfolg bei den Menschen!

Und da lief es für mich als Michael Holm weiter wie am Schnürchen. Mit der ersten Single 1971 *Ein verrückter Tag* gelang mir erneut Platz eins der *ZDF-Hitparade*, während die darauffolgende Veröffentlichung *Nachts scheint die Sonne* dort nicht über den Status der Neuvorstellung hinauskam. Wie auch bei *Barfuß im Regen* waren die hochmodernen, vorantreibenden Beats dieser beiden Songs vielleicht eine Spur zu progressiv für das deutsche Fernseh- und Schlagerpublikum. Das sah man im Ausland jedoch völlig anders, und Giorgios englischsprachige Version *Son Of My Father* wurde in der Version der Band Chicory Tip 1972 sogar ein Number-one-Hit in den britischen Charts.

Auch wenn es manchmal mit den eigenen Liedern nicht bis in die Top drei der *ZDF-Hitparade* reichte, so war diese Sendung auch ohne Topplatzierung als Künstler der monatliche Pflichttermin für jeden Produzenten, Sänger und Autor, der in der deutschen Musik Rang und Namen hatte. Ein Stück Berlin blieb mir darum regelmäßig erhalten, und dies gab mir die Gelegenheit, mit alten Kollegen etwas zu unternehmen, die ich durch meinen Umzug nach München und meine Arbeit für Ariola nun weniger häufig traf. Einer von ihnen war Christian Anders. Christian hatte zeitgleich mit mir mit seinem Lied *Geh nicht vorbei* die Tür zum Star-Olymp aufgestoßen und nutzte die sich nun reichlich bietenden Gelegenheiten, seiner exaltierten Persönlichkeit freien Lauf zu lassen. Er war fast eine Art Klaus Kinski der deutschen Schlagerszene und Abende mit ihm ungeheuer unterhaltsam, wenn auch nicht immer ganz ungefährlich.

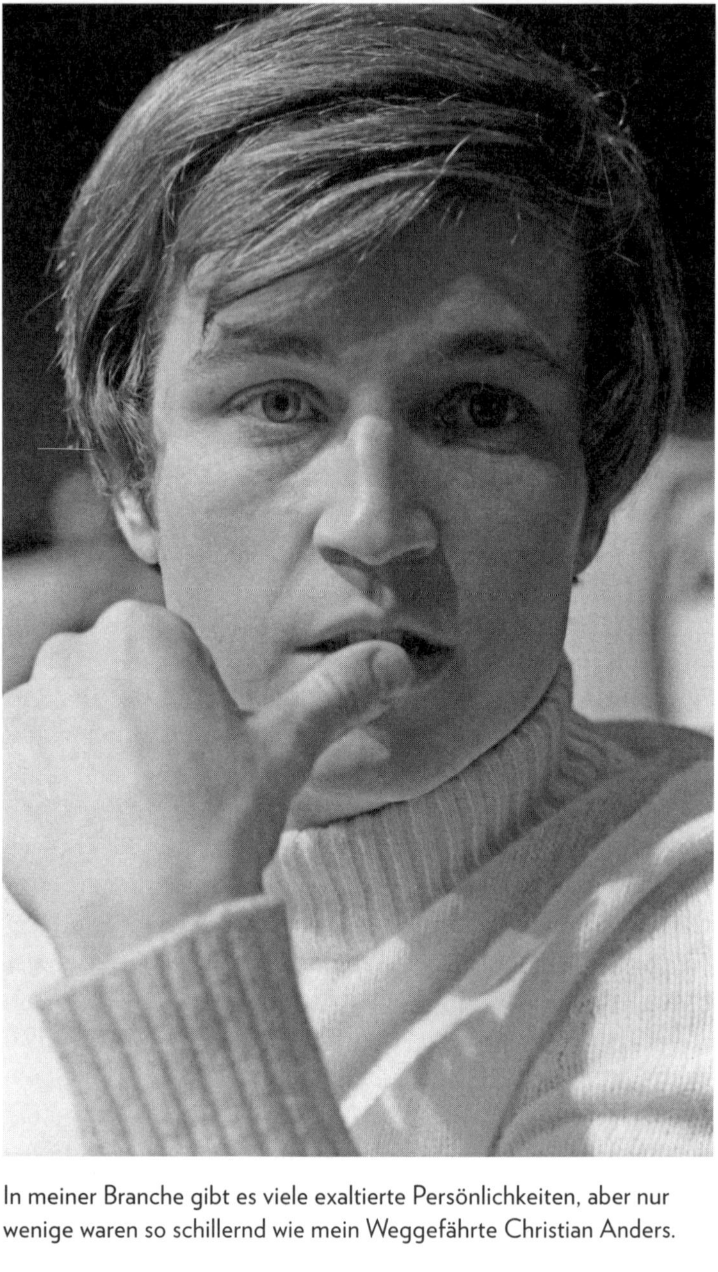

In meiner Branche gibt es viele exaltierte Persönlichkeiten, aber nur wenige waren so schillernd wie mein Weggefährte Christian Anders.

ZWISCHENSTOPP:
Hasenheide, Westberlin

»Meinst du, ich soll mich da mal einmischen, Michi?« – »Ja bist du denn verrückt! Siehst du nicht, wie die Burschen aussehen? Nachher kann ich dich ins Krankenhaus verfrachten!« Anders und ich waren auf dem Weg in eine der vielen In-Diskotheken in der Nähe des Volksparks Hasenheide, als wir Zeugen einer furchtbar abstoßenden Szene wurden. In einem Hauseingang bedrohten und bedrängten zwei bullige Männer mit eindeutigem Halbwelthintergrund eine junge Frau, schrien sie an, stießen sie und gaben ihr immer wieder Ohrfeigen. Ein Fall für die Polizei, die ich sofort zu rufen bereit gewesen wäre, wenn Christian sich nicht bemüßigt gefühlt hätte, selbst das Recht in die Hand zu nehmen. Er war stolzer Träger von drei schwarzen Gürteln in Taekwondo und schien großes Interesse daran zu haben, mir seine Kampfsportlerqualitäten live und in Farbe vorzuführen. »Dann pass mal gut auf«, hörte ich ihn noch sagen, und er sprang mit einem wilden Schrei, wie man ihn aus Karatefilmen kennt, auf die beiden Schläger zu. Das Ganze dauerte vielleicht zehn oder zwanzig Sekunden, dann lagen die Finsterlinge am Boden und krümmten sich vor Schmerzen. Das taten sie allerdings nicht lange alleine, denn das von Christian gerettete Fräulein war ihrem Helden alles andere als dankbar und zog ihrem Befreier den Stöckelschuh über den Schädel. So hart, dass ich Christian, wie ich es vorausgesehen hatte, ins Krankenhaus verfrachten musste. »Da hast du aber schon gestaunt, Michi«, hoffte der so für die gute Tat Gestrafte wenigstens von mir die verdiente Bewunderung einheimsen zu können. Ich tat ihm den Gefallen, denn auch wenn Christian oft wunderlich und auch manchmal unberechenbar war, im Grunde seines Herzens war er schon immer ein feiner und wirklich netter Kerl. Und obendrein war mir nun auch klar, dass man sich mit ihm besser nicht anlegen sollte!

So lustig und erinnerungswürdig solche wilden Streifzüge mit Kollegen durch das nächtliche Berlin auch waren, so arbeitsintensiv und vor allem auch produktiv war die Zeit, die ich nun vornehmlich in München verbrachte. Jenseits unserer gemeinsamen Projekte waren Giorgio und ich natürlich auch mit anderen Kreativen und in anderen Konstellationen unterwegs. Schließlich waren wir dicke Kumpels und kein altes Ehepaar. Ein neuer Partner, der sich für mich in München auftat, wohnte nun in direkter Nachbarschaft zu mir und hieß Ralph Siegel. Wir hatten uns schon einige Male auf Branchenevents und natürlich im Rahmen der *ZDF-Hitparade* in Berlin getroffen. Für Künstler wie Conny Francis, Costa Cordalis, Heidi Brühl, Johnny Tame (der später Peter Maffay bei dessen Wandlung zum Rockmusiker als Partner zur Seite stand) und sogar für Peter »den Großen« Alexander *(Zigeunerin)* hatte der rastlose Workaholic mit der Nase für die großen, unvergesslichen Melodien Titel geschrieben.

Ich suchte gerade nach solchen starken Songs für meine Sylt-Entdeckung Martin Mann, und mein neuer Nachbar Siegel rotierte ohnehin 24 / 7 am Klavier und im Studio. So fanden wir als Autorenteam schnell zusammen und schickten Martin mit Songs wie *Heut' ist mir alles egal* und dann mit dem Superhit *Meilenweit* 1971 in die Top Ten der deutschen Verkaufscharts. Ralphs erste Platzierung in diesen luftigen Hitparadenhöhen. Es sollte weiß Gott nicht seine letzte bleiben! Weil auch wir Kreativen das Eisen schmieden müssen, wenn es heiß ist, war Siegel nun ganz wild darauf, mit mir weitere Titel für seine Künstler zu schreiben. Er war erfüllt von einer nervösen Energie und fragte schon bald bei mir an: »Ich such was für den Rex Gildo, hast du keine Idee?« Ich sagte »doch«, denn ich hatte mir mal irgendwann gedacht, Mensch, »Fiesta Mexicana«, das klingt doch irgendwie nach feiern. »Der Rex hat doch immer diese leichte Latinoausstrahlung, was hältst du von ›Fiesta Mexicana‹?« Ralph war auch so ein Explosivschreiber, nicht ganz so wie Giorgio, aber wenn es ihn packte, wie jetzt, dann stürzte er durch sein Riesenbüro von seinem Schreibtisch auf sein Piano am anderen Ende des Raums und fing sofort an zu spielen und zu singen: »Fiesta, Fiesta Mexicana, la, la, la, la …«, und in drei, vier Minuten war die Nummer fertig.

Damals gab's auch bei Ralph Siegel natürlich schon ein Tonband, er nahm mir ein Demo auf, das ich dann mit nach Hause genommen habe. Und ich begann zu überlegen: Was erzählst du den Leuten da? Wie so eine Fiesta Mexicana wohl sein könnte? Nein, das war zu leicht, und schon steckte ich in der Findungsschleife, eine schlimme Zeit für jeden Textdichter. Ich habe mich wahrlich nicht leichtgetan, obwohl die Zeile da war. Mit der Zeit wurde Kollege Siegel ein wenig ungeduldig: »Wann hast du den Text fertig?« Aber es hat dann tatsächlich zwei Wochen gedauert, bis ich den richtigen Ansatz für Rex Gildo in einer Fiesta Mexicana gefunden hatte. Kaum war der Text endlich fertig, stand auch schon der Manager von Rex im Türrahmen und mahnte:

»Herr Holm, da muss natürlich noch was im Refrain geändert werden, weil der Mexikaner sagt nicht *Adio*, das ist Italien, es muss *Adios* heißen.«

»Aber, Herr Miekley, die Nummer steht so, wie sie ist, und dieses ›Adio‹, das soll ja nur die Sehnsucht ausdrücken, die man hat. Das ist egal, ob Italien oder Mexiko oder Argentinien oder was, das muss unbedingt so bleiben. Der Rex, der wird das so toll singen.«

Ich konnte ihn tatsächlich irgendwie überzeugen, dass das bleibt. Die Lücke für den noch fehlenden ikonischen Schlussstein unseres nächsten Superhits entdeckte Ralph Siegel, der beim Arrangement merkte, dass der Einstieg des Songs irgendwie leer wirkte. Es wurde klar, da musste der Rex was machen. Wir hatten zu dieser Zeit gerade einen Song als Demo aufgenommen, der *El Matador* hieß (und ein paar Jahre später eine leider etwas unglückliche Figur als meine Nachfolge-Single von *Tränen lügen nicht* machen sollte). Im Refrain des Liedes gab es die Zeile »Olé, Olé, Olé, Viva El Matador«. Ich schlug vor: »Mensch, Ralph, was hältst du denn davon?« Und was passierte? Der Rex geht rein in die Gesangskabine und singt »Hossa, Hossa«, und das war's. Zumindest ist so meine Erinnerung daran. Am Ende haben es der Holm, der Rex und der Siegel, also eigentlich alle irgendwie erfunden. Egal, ein richtiger Riesenhit war geboren und katapultierte Rex Gildo 1972 bis auf Platz fünf der deutschen Hitparade.

Da Ralph und ich nicht nur das Talent und die Leidenschaft für das Schreiben teilten, sondern wir auch beide einen verlegerischen Background hatten, lag natürlich die Idee nahe, diesen tollen Erfolgen eine eigene Heimat in einem eigenen Musikverlag zu geben. Während ich das Verlegergeschäft von der Pike auf, beginnend als Kaffeebub bei Meisel, erlernen durfte, war Ralph das Verlegergeschäft sozusagen in die Wiege gelegt worden. Sein Vater, der legendäre Ralph Maria Siegel, war nicht nur der Schöpfer ewiger deutscher Evergreens wie *Capri-Fischer* oder *Schön war die Zeit*, sondern auch Begründer der Siegel-Musikverlage. Nichts lag darum näher, den gemeinsamen Autorenarbeiten dort einen eigenen Verlag zur Seite zu stellen, auf dass alle Urheberrechte an unseren und später auch den Stücken anderer Autoren von uns kontrolliert und ausgewertet werden konnten. Dritter im Bunde der Neuverleger wurde ein junger Jurist aus München, den ich nach einer kleinen Karambolage beim Skifahren kennengelernt hatte und der Axel Meyer-Wölden hieß. Meyer-Wölden sollte ein paar Jahre später unter anderem als Anwalt des Tennisgenies Boris Becker einer der bekanntesten Promianwälte der Republik werden. So entstand mein erster eigener Verlag »Albatros«, der von den Siegel-Verlagen administriert, also geschäftlich geführt wurde. Noch war das Verlegergeschäft eher eine Nischentätigkeit für mich, was sich aber zehn Jahre später drastisch ändern sollte und was darum im Folgenden noch einmal genauer beleuchtet werden soll. Wir waren zu dieser Zeit einfach zu heiß auf unsere eigenen sichtbaren Erfolge in den Charts, als dass wir viel Energie in das oft trockene und komplexe Geschäft des Musikverlags investieren wollten und auch konnten.

Nicht ganz so weit nach oben wie Martin Manns *Meilenweit* und Rex Gildos *Fiesta Mexicana* schaffte es mein Titel *Nachts scheint die Sonne*, auf den dann der noch 1971 produzierte, aber erst 1972 erschienene Top-20-Hit *Du weinst um mich* folgte.

Diesem Lied sollten dann auch zumindest metaphorische *Tränen des Abschieds* folgen, denn dieser Song sollte die letzte gemeinsame Hitproduktion und das Ende des Gewinnerteams Holm-Moroder markieren. Giorgios Toperfolg mit

Son Of My Father in den für deutsche Produktionen eigentlich unerreichbaren englischen Charts weckte Begehrlichkeiten, und so war es wieder mein Südtiroler Weggefährte, der in das Visier einer vermögenden Plattenfirma geriet, dieses Mal der Hamburger Phonogram. Eiskalte Businesstypen waren das offenbar, mit allen Wassern gewaschen, denn sie taten etwas sehr Unmoralisches. Sie erpressten meinen guten alten Freund! Und zwar mit der übelsten aller Methoden, nämlich mit unanständig viel Geld. Eine halbe Million Mark jährlich bekam Giorgio nun dafür, dass er seine Arbeit exklusiv bei Phonogram und nicht mehr bei Ariola abliefern würde. Eine in den frühen siebziger Jahren beinahe obszön hohe Summe.

Dass noch so viel Geld am Ende aber nicht das nötige Gespür für künftige Welterfolge ersetzen kann, bewies das Label wenige Jahre später auf geradezu exemplarische Art und Weise und ebnete dadurch den Weg für Giorgios Weltkarriere mit einer Münchner Backgroundsängerin, die alle nur als »die Donna« kannten. Es sollte gleichzeitig auch das Ende der Monopolstellung der Stadt München als Europas Musikmetropole einläuten. Durch den Vertrag mit Phonogram endete so zunächst unsere Zusammenarbeit als Produzententeam. Wir gehörten nun exklusiv unterschiedlichen Ställen an und mussten unsere Talente darum nun getrennt vergolden. Weil es das Schicksal an Wendepunkten meines Lebens aber gerne auch schon mal gut mit mir meinte, stellte mir Giorgio in den Endzügen unserer Arbeit an unserem gemeinsamen letzten Album einen Arrangeur namens Rainer Pietsch vor, der mein Spannmann bei vielen sogar noch größeren Erfolgen werden sollte und ein wichtiger Teil meiner beruflichen Karriere.

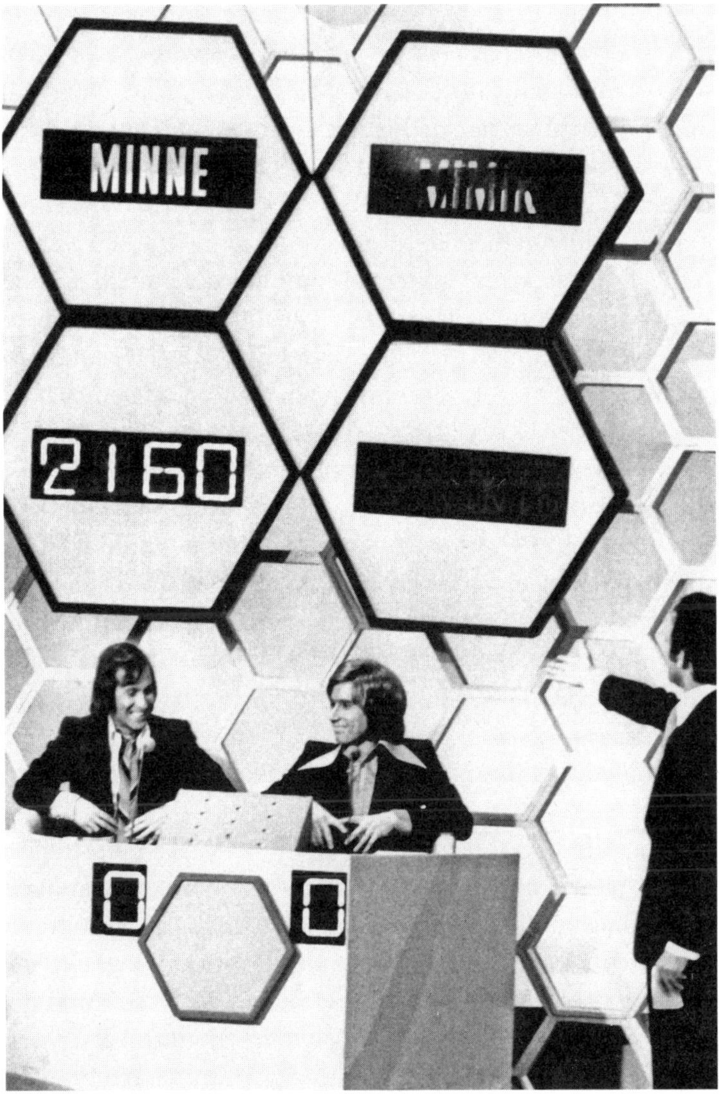

Das Leben als Star hatte in den frühen siebziger Jahren viele schöne und unterhaltsame Seiten. Wie etwa im Rateteam mit so netten Kollegen wie Chris Roberts in der Mutter aller Quizshows, dem legendären *Dalli Dalli* mit Hänschen Rosenthal, teilzunehmen.

So schmerzhaft die Trennung in der gemeinsamen Arbeit war, so waren »Giorgio und ich« (wie später auch die B-Seite meines Hits *Baby, du bist nicht alleine* hieß, ihn aber gar nicht als Person besang – ich mochte einfach diese Zeile!) beide indes weiterhin »Minga« Kindl, und wir genossen die wundervollen Seiten des Münchner Jetset-Lebens. Ich für meinen Teil freute mich jahrelang über Einladungen unseres Plattenbosses Monti Lüftner zum Skifahren nach Sankt Moritz, zu denen sich auch oft mein ehemaliger »Chef« Peter Meisel gesellte. Meisel und Lüftner hatten dabei durchaus sportlichen Ehrgeiz und waren wild entschlossen, einander bei Wettfahrten zu besiegen. Dieser Ehrgeiz ging so weit, dass Meisel heimlich schon eine Woche vor dem eigentlichen Urlaub anreiste, nur um für diese Rennen zu trainieren. Es war sehr nett, so wieder gelegentlich Zeit mit Peter Meisel zu verbringen. Denn auch wenn es professionell am Ende nicht mehr gut zusammenlief, mochte ich ihn weiter von Herzen gern. Und bis heute habe ich nicht vergessen, was ich von ihm und seinem Bruder an wertvollem Rüstzeug für das (Über-)Leben in der schnellen, manchmal tückischen Musikbranche habe mitnehmen dürfen.

Wir hatten wahnsinnig viel Spaß bei diesen Ausflügen, nicht zuletzt, weil mein Gastgeber Monti ein unglaublich reizender, mit reichlich Wiener Schmäh ausgestatteter Mann von Welt war, zu dem Sankt Moritz passte wie die Mona Lisa in den Louvre. Lüftner liebte die Musik und die Künstler und scherte sich, wie etwa in Giorgios Fall, einen feuchten Kehricht darum, wenn von ihm geschätzte Kollegen mal an anderer Stelle der Musikindustrie ihr Glück versuchten. So grandios und voller Grandezza sein Leben war, so absurd war dann sein zu früher Tod, denn der Weltbürger, Gentleman und Feingeist Monti Lüftner wurde auf einem Werkstoffhof von einem Müllwagen überfahren. Solch grausame, bizarre Geschichten kann sich nur das Leben ausdenken!

Auch nach dem Wechsel Moroders zu Phonogram stand es für Ariola völlig außer Frage, dass wir weiterhin in den fulminanten Musicland-Studios, die Giorgio in München im Keller des Arabella-Hauses auf- und ausbaute, aufnehmen und produzieren würden. Dies indes nicht nur der guten alten Zeiten wegen. Der Sound, den Moroder dort mit seinem Team entwickelte, lockte bald die Weltelite der Popmusik zu Plattenaufnahmen nach München. Eine herrliche Anekdote aus der Blütezeit der Musicland-Studios lieferten, im wahrsten Sinne des Wortes, das Gourmetrestaurant Käfer und die Rolling Stones, die 1973 dort ein Album aufnehmen wollten. Das Musicland-Studio war aus diesem Grund über Monate Tag und Nacht ausgebucht, und man kam dort mit seinen eigenen Produktionen betrüblicherweise gar nicht mehr rein. Umso mehr erstaunte es mich, als plötzlich Giorgio anrief:

»Du muscht kommen, bring mir ein paar Platten mit …«

»Wieso?«

»Ja, komm erst mal, bring Platten mit …«

»Was für Platten denn?«

»Na, so Brotplatten.«

Ich habe dann drei, vier Servierplatten eingepackt und bin rübergefahren zu Giorgio. Zu den Studios ging es tief runter, im dritten oder vierten Tiefkeller, und im Vorraum war ein Riesenbüfett aufgebaut, das die Rolling Stones oder deren Plattenfirma bestellt hatten. Bei Käfer natürlich, dem ersten Gourmetrestaurant am Platz. Es gab Fingerfood, wie man es heute nennt. Natürlich nur vom Feinsten und Teuersten, für sicher ein paar Tausend Mark. Keiner hätte das alles essen können, auch keine fünf Rolling Stones, mit allen Freunden, Groupies und Managern zusammen. Jedenfalls, die Rolling Stones kamen an, sahen das Büfett, riefen: »Uuh not again … We go to the Augustiner«, drehten sich um und gingen ins Brauhaus, eine g'scheite Haxe essen. Jetzt stand der Giorgio da, mit all den Köstlichkeiten von Käfer, und da er, wie ich auch, einer war, der einfach nichts wegwerfen konnte, rief er mich um Hilfe.

»Du muscht kommen!« Ich habe dann meine drei, vier Platten vollgeladen und meinerseits die Spetzl angerufen: »Ihr müsst kommen, heute Abend ist Party bei mir mit Käfer-Büfett.« Das war zu dieser Zeit auch für die Münchner Hautevolee alles andere als selbstverständlich. Und mit großem »Ooooh« und »Aaaah« sind alle gekommen und haben gefeiert – mit Käfer-Büfett, sponsored by The Rolling Stones! Unfreiwillig freiwillig haben die Stones eine Party für mich geschmissen, und alle haben wir sie hochleben lassen: »Auf unsere Lieblingsband!«, und hatten dank der Weltstars einen Riesenspaß. Leider bin ich bis heute nicht dazu gekommen, mich bei einem der Musiker persönlich für diese Fete zu bedanken.

Gelegenheit dazu hätte es schon gegeben, denn die Top-Acts dieser Zeit produzierten nicht nur in München, sie gingen dort gerne und reichlich aus, sodass ich mehr als einmal in der Disco saß und dachte: »Mensch, der Bursche da neben dir, der sieht fast so aus wie Keith Richards«, und dann war's Keith Richards, der Elton John beobachtete, wie der mit seiner neuesten Eroberung über den Tanzflur schwebte. Münchens Diskotheken wie das Big Apple oder das Why Not standen in den siebziger Jahren an Star- und Sternchendichte ihren amerikanischen Schwestern wie dem New Yorker Studio 54 in nichts nach. Sie waren der Humus, aus dem dann die berühmt-berüchtigte Münchner Schickeria erwuchs, der Helmut Dietl später in der Fernsehserie *Kir Royal* ein realsatirisches Denkmal setzte. Das Album der Stones wurde übrigens dann auch ohne die Häppchen von Käfer ein Riesenerfolg. *It's Only Rock 'n' Roll* war der Titel der Platte, und der passte auch gut zu dieser kleinen Episode.

Und so trat nun Rainer Pietsch in mein Leben. Giorgio engagierte ihn schon seit einiger Zeit als Arrangeur von Streicheraufnahmen, für deren Einspielung er den Kollegen regelmäßig aus Köln einschweben ließ. Rainer Pietsch war ein Lebemann von fast barockem Ausmaß, und das in jeder Hinsicht. Er mochte üppige Frauen und ausladende Gelage, er rauchte Ernte 23 in einem Umfang, dass sein Foto einen Platz an der Wand der Firmenzentrale als »Verbraucher des Jahres« verdient gehabt hätte. Er spielte und trank und kannte für beides oftmals kein Ende, und ähnlich ausladend und monumental waren die Arbeiten, die er mit nach München brachte. Sein musikalisches Gefühl und seine Fähigkeiten, es in Noten auszudrücken, imponierten mir. Er schuf Klangwelten von enormer Dichte und Emotion. Und nicht zuletzt: Was für Giorgio gut genug war, konnte doch auch für mich nicht so schlecht sein …

Denn ich steckte nun, ohne meinen bisherigen Partner, ein wenig in der Klemme. Wer einen Moroder als Produzenten hat, ist schnell ziemlich verwöhnt und verlässt sich einfach mal darauf, dass der Partner schon einen Wahnsinn von Aufnahme auf den Tisch legen wird. Diese Zeiten waren nun leider vorbei, und ich würde mich in Zukunft noch

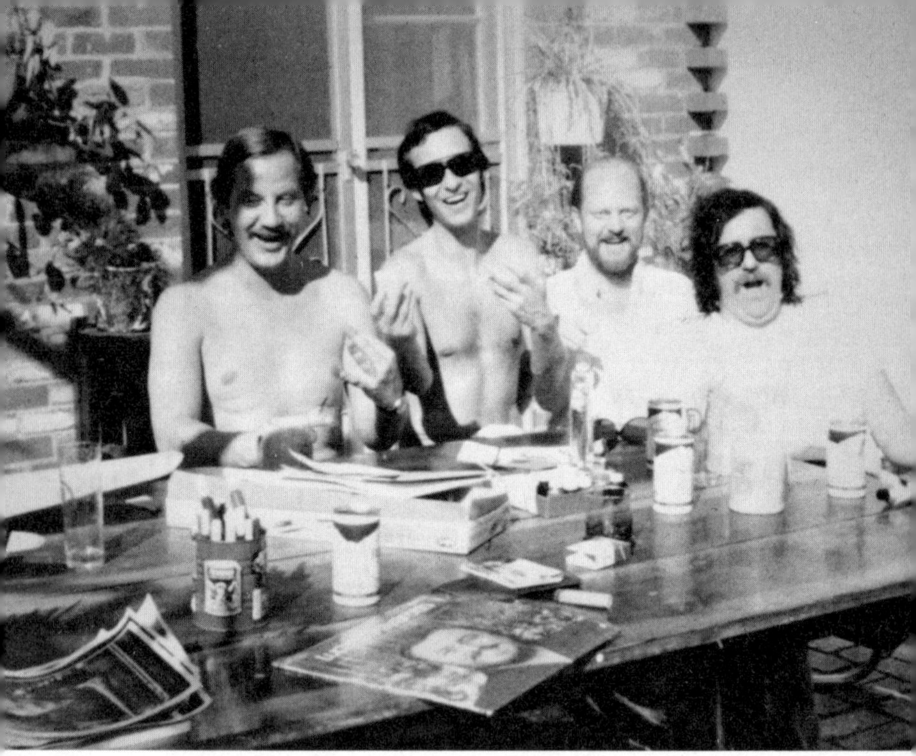

Olaf Kübler, meine Wenigkeit, Don Mensa und Rainer Pietsch, der Partner meiner erfolgreichsten Zeit als Interpret wurde. Seine genialen Arrangements gaben vielen meiner größten Hits den rechten Glanz.

intensiver um die Aufgaben eines Musikproduzenten kümmern müssen. Ein langer und oft steiniger Weg, der sich ein paar Jahre später mehr als auszahlen sollte, Ich ging's an, und den Test mit Ralph Siegel als neuen Co-Produzenten bei meiner Single *Gimme Gimme Your Love* hatte ich eigentlich bereits recht erfolgreich absolviert. Aber Siegel war, wie auch ich, damals noch mehr der Schreiber, der Kreative, der viel Zeit in die Schöpfung neuer Hits investierte. So kam mir der Notenschmied vom Rhein sehr zupass, weil er über handwerkliche Dinge wie das aufwendige und kniffige Songarrangement bestens Bescheid wusste und ich mir diese große, letztlich ja auch musiktheoretische Aufgabe zu diesem Zeitpunkt meines Lebens nicht auch noch aufbürden wollte und konnte.

Wovon Rainer dann im Gegenzug profitierte, das war mein sicheres Gespür für den magischen Moment in einer Aufnahme. Eine Gabe, die mir geholfen hat, große Erfolge im richtigen Moment zu erkennen und das von mir gewählte Ergebnis auch gegen alle Widerstände durchzuboxen. Da fehlte es Pietsch mehr als einmal an der eigenen Vision, so ähnlich, wie ich es bei meinem ersten Produzenten Mal Sondock hatte beobachten müssen. Rainer Pietsch ergänzte meine Intuition perfekt durch sein Können. Ob er die Qualität erkannte, die ich für ihn darstellte? So richtig sicher war ich mir da oftmals nicht. Weil ich aber von ihm als musikalischem Leiter und auch einfühlsamem Arrangeur überzeugt war, überredete ich ihn, zu uns nach München zu ziehen. Giorgio hatte ohnehin jede Menge Arbeit für ihn, und bei mir war der Bedarf nach großen Nummern mit großem Klang ja gerade erst geweckt worden, und das Publikum verlangte mehr.

Gleich unsere ersten beiden Veröffentlichungen als Team, die Singles *Lady Of Spain* und *Baby, du bist nicht alleine* (bei deren Präsentation in der *ZDF-Hitparade* ich den unglaublichen goldenen Satinanzug aus der Münchner Boutique Lord John & Lady Jane trug, in dem mich Truck Branss vergeblich hinzurichten versucht hatte) waren 1973 Top-20-Erfolge. Wir arbeiteten dafür aber auch wie die Berserker. Es kam mehr als einmal vor, dass ich mich im Studio auf den Boden gelegt habe und tief und fest eingeschlafen bin. Wer müde ist, der schläft auch mal auf Stein oder auf Holz. Denn es ist nun einmal leider so, große Hits entstehen nicht im Vorbeigehen. Der Prozess der Aufnahme wird oft zu einer Riesenquälerei, und das Schöne kommt erst wieder zum Vorschein, wenn die Sachen aufgehen und von den

Menschen gemocht und gefeiert werden. Neunundneunzig Prozent Transpiration, ein Prozent Inspiration – das gilt eben auch für die fröhlichsten und entspanntesten Musikaufnahmen, die vor guter Laune und Partygefühl nur so zu strotzen scheinen. Ohne Computer und die Möglichkeit, einzelne Passagen einfach zu kopieren oder »glattzurechnen«, waren wir auf die Professionalität und das Gefühl unserer Musiker angewiesen, die einzelne Spuren manchmal Dutzende von Malen wiederholen mussten, bis das gewünschte Ergebnis zu hören war.

Vor den Erfolg haben die Götter den Schweiß gesetzt, das war auch und insbesondere in der Musikbranche so, und Rainer Pietsch war jemand, der sich dieser protestantischen Arbeitsmoral ehern verpflichtet zu fühlen schien. »Viel hilft viel« war durchaus ein Teil seiner Berufsauffassung. Rainer Pietsch war zu dieser Zeit schon willens und in der Lage, das inzwischen übliche Aufnahmeverfahren mit vierundzwanzig verschiedenen Tonspuren mit Hilfe von sogenannten »Slave Tapes«, also zusätzlichen Bandmaschinen, um das Drei- bis Vierfache aufzublasen. Leider half »viel« aber eben nicht immer »viel«. Es kam dann schnell auch mal zur Überdosis von Arrangements, die für manchen Song Gift waren.

An mangelndem Fleiß indes hat es bei keinem von uns beiden gelegen. Wenn Arbeit im Studio angesagt war, hieß es morgens früh aufstehen, frühstücken, ab durch den Großstadtverkehr zu den Union Studios. Meine Devise war dabei immer: als Erster rein, als Letzter raus. Wer mit Musik was reißen will, muss auch bereit sein, dafür fleißig zu sein! Gegen zehn Uhr trudelten dann die Musiker ein, da gab es dann eine Dreiviertelstunde erst mal vogelwildes Gequatsche der Kollegen. Um elf Uhr waren alle irgendwie dann doch bereit, da dauerte es dann aber nur noch fünf

Minuten und nicht mehr eine weitere Dreiviertelstunde, bis es richtig ernst zur Sache ging. Deswegen habe ich dann später immer erst um elf Uhr angefangen, damit ich das Kaffeekränzchen nicht auch noch teuer mit Studiozeit bezahlen musste. Eine Aufnahmesession ging dann meistens bis Mitternacht und darüber hinaus, und die Produktion konnte sich, inklusive des Mischvorgangs, über Wochen hinziehen. In unserem Fall war es sicher aller Mühe wert, denn wir verkauften über die Jahre Hunderttausende von Singleschallplatten, rotierten in den Jukeboxen und waren Stammgäste auf allen Radiokanälen.

Ich war nun ein etablierter deutscher Hitparadenstar und meiner lärmempfindlichen Nachbarn und ihrer Klagen überdrüssig. Ich wollte Musik, Party, Leben auch in meinen eigenen vier Wänden, wo ja schon das Abhören einer Demokassette gefühlt zu schweren Nervenzusammenbrüchen bei den anderen Hausbewohnern führen konnte. Die Lösung war klar, ein Häuschen musste her, in dem ich niemanden stören konnte, den ich nicht dazu eingeladen hatte. Ich begab mich auf die Suche und wollte eigentlich nur mieten. Wie das Leben so spielt, kannte ich gleich vis-à-vis, in der Mauerkircherstraße 91, einen Journalisten. Der hatte sich da eingemietet und musste zweitausend Mark Miete zahlen. Das war ihm zu teuer, der wollte das loswerden. Was für ein Glück! Auch wenn es eine Menge Geld war, sagte ich: »Ja, dann nehme ich das.« Und er antwortete mir: »Die wollen aber nicht mehr vermieten, die wollen verkaufen.«

Da habe ich das Haus gekauft. Für sechshunderttausend Mark fand ich in der Mauerkircherstraße endlich ein festes

Zuhause, in dem ich bis 1989 bleiben sollte. Tausendeinhundert Quadratmeter, zweihundertvierzig Quadratmeter Wohnfläche. sechshunderttausend Mark, dafür bekommt man umgerechnet in Euro heute in München-Hasenbergl vielleicht noch eine Achtzig-Quadratmeter-Wohnung. Die Wertsteigerung von Immobilien in München wuchs auch damals schon rasch, und der Verkauf dieses wunderbaren Hauses sollte mir später helfen, ein weitaus größeres Wohnprojekt zu realisieren: den Schörghof, auf dem meine Kinder aufwachsen sollten. Aber davon ahnte ich zu dieser Zeit natürlich noch nichts.

Beim Kauf meines Hauses in der Mauerkircherstraße stellte ich zu meiner Freude fest, dass ich inzwischen auch ein D-Mark-Millionär geworden war. Und dies trotz des damals horrenden Spitzensteuersatzes von sechsundfünfzig Prozent. Das war nicht ausschließlich durch meine Einnahmen aus Tantiemen und Plattenverkäufen zu erreichen. Mein Durchbruch als Sänger brachte mich auf ein Betätigungsfeld zurück, auf dem ich mich immer schon am wohlsten gefühlt hatte: die Bühne! Nach meinem ersten richtigen Hit *Mendocino* ließen die Anfragen für Konzerte und Tourneen nicht lange auf sich warten. Noch in Berlin wurde mir schnell klar, dass ich die Flut von Angeboten und die Organisation solcher Konzertreisen unmöglich neben meinem ohnehin schon üppigen Arbeitspensum würde bewältigen können. Ich suchte also nach einem Manager und fand ihn auf der anderen Seite der Uhlandstraße.

Sein Name war Dieter Behlinda, eigentlich Behlendorf, der seine Karriere als Impresario in dem Berliner Club Liverpool Hoop mit einer Revue mit Caterina Valente begonnen und als erster Veranstalter überhaupt die Bee Gees nach Deutschland geholt hatte. Ein wahnsinnig witziger, dem Genuss stets zugewandter und entsprechend beleibter

Mann, der nach ein paar Gläschen Cognac jede Gesellschaft mühelos stundenlang unterhalten konnte. Seine Erfahrungen mit Liveveranstaltungen, seine humorige Art und die Nachbarschaft auf Armlänge in Berlin gaben damals den Ausschlag – der Beginn einer mehrjährigen Geschäftsbeziehung, in die ich zwei weitere Freunde mit dringendem Bedarf nach Unterstützung mitbrachte: meinen Kollegen Christian Anders und meinen inzwischen besten Freund in der Branche, Dieter Thomas Heck. Christian ertrank nach seinem Riesenhit *Geh nicht vorbei* in einer ähnlichen Nachfrageflut wie ich, und DTH konnte sich nach einer ersten Testtournee der *ZDF-Hitparade* die Stadthallen des Landes aussuchen, denn alle wollten dieses Erfolgskonzept bei sich auf der Bühne sehen.

Behlinda hatte also einen fetten Fang gemacht und arbeitete für uns die üppig dotierten Angebote ab, wofür er zwanzig Prozent der Einnahmen einbehielt. Die Gagen waren mehr als auskömmlich, fünftausend Mark und mehr am Abend keine Seltenheit. Wie viel Geld das damals war, kann man sich gut vor Augen führen, wenn man den Jahresdurchschnittslohn der Westdeutschen aus dem Jahr 1972 in Höhe von knapp siebzehntausend Mark dagegenhält. Bei einer zweieinhalb Monate dauernden Tournee kamen so alleine von mir fünfundsiebzigtausend Mark, das Gleiche noch mal von Christian, und weil Heck etwas mehr bekam, ging Behlinda auch schon mal mit dreihundertfünfzigtausend oder vierhunderttausend Mark aus einer Tournee raus. Ein Wahnsinnsgeld, und dies für ein Büro, eine Telefonistin und ganz selten auch mal einen Rechtsanwalt.

Kein Wunder, dass Behlinda rasch immer üppiger wurde. Seine Leibesfülle verhüllte er in immer teureren Anzügen, und zu den Konzerten reiste er mit eigenem Fahrer an. Am Schluss war er selbst für uns, seine Cash-Cows, kaum mehr zu erreichen. Unsere Wege trennten sich, als ich Mitte der siebziger Jahre mit meiner festen Begleitband Love and Tears eine Clubtournee absolvieren wollte und von Dieter erwartete, dass er die Säle aussuchte, buchte und sich um die Werbung kümmerte. Kurz, dass er für seine üppigen Honorare mal etwas mehr tat, als den Hörer aufzuheben und Verträge in die Post zu geben. Für Behlinda ein Fall nahe der Majestätsbeleidigung! Ich muss heute eingestehen, ich war nicht ganz unschuldig an diesem merkwürdigen Selbstverständnis unseres Agenten, denn letztlich waren wir drei, also Christian, Dieter Thomas und ich, ja vor allem froh, mit der ganzen Anbahnung und Abwicklung von Konzerten und Gagen nichts zu tun haben zu müssen. So verzogen wir uns Behlinda, wie man ein Kind mit zu viel Lob und Schokolade verzieht. Uns Künstler interessierte eben vor allem eines, nämlich der Spaß, den man auf einer Tour und auf Konzerten mit dem Publikum und auch mit den Kollegen haben konnte. Kein Wunder, dass man bei so viel blindem Vertrauen in die Auswahl der Etablissements auch mal im Halbdunkeln aufwachen konnte.

ZWISCHENSTOPP: Köln, Club Love Story

»Jung, jetzt trinken wir noch einen Champagner.« – »Nee, trink ich nicht.« – »Wir trinken jetzt einen Champagner!« Wo wir in dieser Zeit als Künstler auftauchten, gab's immer Champagner oder Sekt mit Orangensaft. Klingt besser, als es war, denn ich bekam immer unheimliches Sodbrennen davon, das heißt, für mich war lange, lange Jahre Champagner ein absolutes No-Go. »Ich trinke keinen Champagner«, ließ ich meinen penetranten Gastgeber deswegen nochmals mit dem größtmöglichen Bedauern wissen. »Jeder, der hier auftritt, trinkt Champagner!« Mein Gegenüber, die stadtbekannte Kölner Unterweltgröße Charly Schäfer, Inhaber des Love Story, war Widerworte weder gewohnt noch bereit, diese einfach hinzunehmen. Dieter Behlinda hatte mit der ihm eigenen Ergebniseffizienz die Anfrage aus Köln offenkundig nach den einzigen für ihn entscheidenden Parametern geprüft: Wie hoch ist die Gage? Hat Michael Zeit? Nun stand er mit mir in einem Unterwelttreff wie aus einem Spielfilm. Das Love Story war ein Laden, in den etwa zweihundert Leute reingingen. Die Plätze wurden so um zwanzig Mark verkauft, was viel Geld damals war. Und weil bei meinem Konzert die Nachfrage besonders groß war, wurden auch für die Treppen Karten angeboten, so gab es dann noch mal um die fünfzig Plätze mehr. Ich war gleich für drei Tage hintereinander engagiert. Dieses Engagement sollte sich am Ende sogar sechs- oder siebenmal wiederholen, was aber in diesem Moment nicht abzusehen war. Aus Anlass meines Konzerts gab sich die gesammelte rheinische Halbweltprominenz die Ehre. Man protzte und warf sich in Schale, Smoking und Schlangenlederanzüge, wohin das Auge reichte. Die meisten von den Frauen, da bin ich mir ganz sicher, waren Prostituierte, aber alle aufgedonnert und in Wahnsinnskleidern und riesig beklunkert. Also der unheimlich große Aufschlag.

Charly Schäfer hatte auch noch ein Edelbordell, und nach meinem wirklich furios gefeierten Auftritt mit meiner Band Love and Tears im Love Story zog die ganze Entourage dann in diesen sehr teuren Laden weiter, und Champagner und Cocktails flossen in Strömen. Kein Wunder, dass Charly mich gleich irre gemocht hat, denn er wird sicher vierzigtausend bis fünfzigtausend Mark Umsatz an dem Abend gemacht haben, von denen das Finanzamt die letzte Null vermutlich nie zu sehen bekam. Das brachte Schäfer in Geberlaune, und seine Miene verfinsterte sich zusehends. Sicher habe auch ich den ein oder anderen Makel, Feigheit gehörte allerdings noch nie dazu.

Ich dachte mir: »Das ist ja wohl das Letzte«, und ging meinerseits zum Angriff über. »Also, Herr Schäfer …«

»Sag Charly zu mir.«

»Weißt du was, Charly, ich bin ja der Gast, ich müsste ja eigentlich der sein, der sich was aussucht. Ich wünsche mir auch was, ich hätte gern einen Orangensaft. Das würde ich trinken.«

»Ah, also gut, Orangensaft.« Er winkte seiner Bedienung, und die kam, natürlich, mit einem Orangensaft aus der Dose.

Darauf war ich vorbereitet. »Das hab ich erwartet. Das sind dir deine Gäste wert. Toll, Charly! Ich trinke natürlich nur Orangensaft, der frisch gepresst ist, alles andere ist Gift, das kannst du selber trinken, aber ich nicht.«

Da war er kurz davor, mir eine zu scheuern. Allerdings saßen wir in einer Ecke, die nicht sonderlich abgeschottet war, und alles schaute und hörte zu. Das hatte noch keiner erlebt, dass sich der Künstler weigert, einen Champagner mit Charly zu trinken, und den bestellten Orangensaft reicht man zurück, weil man einen richtigen haben will. Dann rannten irgendwelche Hiwis los, klingelten bei irgendeinem Menschen aus einem Obstgeschäft, holten fünf Kilo Orangen, und die wurden dann für mich frisch gepresst.

»Ja, siehste, Charly, jetzt weiß ich, dass du mein Freund bist.« Solche dummdreisten Sprüche sind im Milieu von großer Bedeutung. »Du bist mein Freund.« Charly strahlte, der Laden atmete auf. Und ab da waren natürlich, immer wenn ich kam, drei Liter Orangensaft da. So viel hab ich gar nicht getrunken, aber die waren immer da. Frisch gepresst! Und ich hatte neue Freunde in einer Welt, wo es nicht schaden kann, ein paar dort zu haben.

Ich begrüßte das Jahr 1974 im festen Glauben, auf dem Gipfel meines Erfolges zu sein. Jeder kann sich eben irren! Aber von meiner Position aus ließ es sich schwer vorstellen, wo es noch steiler für mich nach oben gehen sollte. Meine Erfolge als Sänger, Autor und Produzent reihten sich seit Jahren wie auf einer Perlenkette aneinander. Ich hatte die entzückendsten Spezl, die man sich vorstellen kann, denn München war eine Stadt des Easy Living. Und die Liebe? Für die fand sich einfach kein rechter Platz in meinem Leben. Nicht dass ich es nicht gelegentlich versucht hätte. Aber zum einen musste eine neue Liaison den Vergleich mit der von mir schmerzlich vermissten Zeit mit Petra standhalten, zum anderen war ich bereits verliebt. In die Musik, in das wogende Leben eines Kreativen, in den Erfolg. Beides zusammen machte es einer Frau eigentlich unmöglich, mich für ihr Herz zu gewinnen. Und auch, wenn ich mich bemühte und mich, allerdings viel später, sogar auf absurde Experimente wie eine »Ehe auf Probe« einließ, um dann entsetzt festzustellen, dass das deutsche Gesetzbuch diese Form des Zusammenlebens gar nicht kennt, wollte sich das Liebesglück in Form einer festen Beziehung einfach nicht einstellen. Es blieb bei Abenteuern, wobei ich aus heutiger Sicht sagen muss: Gemessen an den Möglichkeiten, die sich für jemanden mit meinem Status »Junger, berühmter Single, Millionär und Popstar« auftaten, habe ich gelebt wie ein Mönch.

Das Jahr 1974 begann also, wie 1973 geendet hatte. Ich blieb mit meinem neuen Kompagnon Rainer Pietsch in der Erfolgsspur und startete im Mai mit *Nur ein Kuß, Maddalena* wieder mit einem Titel in die Top 20 der deutschen Singlecharts, mit dem ich dann im September erneut die *ZDF-Hitparade* gewinnen konnte. Rainer, der dieses Mal auch bei der Komposition mitgeholfen hatte, gab ich die Hälfte der Autorenrechte. Denn, wie der Kölner weiß: »Man muss auch jönne könne.« Und auch wenn eine Fifty-fifty-Beteiligung nicht seine tatsächliche kreative Leistung widerspiegelte, so war es doch ein Zeichen meiner Zufriedenheit und Dankbarkeit, dass es mit Pietsch so weiterlief, wie es mit Moroder geendet hatte.

Alles ging also wie gewohnt seinen erfreulichen Gang, bis der 17. Juli kam, ein Tag, der mein Leben ein weiteres Mal verändern sollte. Von heute aus betrachtet, wirkt es fast wie eine Grille des Schicksals, dass mir ausgerechnet am Geburtstag meines Vaters, meines musikalischen Inspirators, und über die »Fröhlichen Wellen« des Senders RTL der größte Hit meiner Karriere begegnen sollte. Ich war mit dem Auto unterwegs nach Erlangen zu Vaters Geburtstagsfeier und hörte natürlich unterwegs Radio Luxemburg. DJ Jörg Ebner hatte gerade seine »Hits aus aller Welt« im Programm und kündigte unter anderem einen Titel an, der *Soleado* hieß. Ein Instrumentaltitel aus den Untiefen der Top 30 Italiens. Jörg erzählte ein wenig darüber und spielte diese Melodie, und ich war komplett begeistert, ergriffen und hingerissen. Kaum war ich bei meinen Eltern angekommen, rief ich gleich bei Radio Luxemburg an. Dort war ich noch immer der ehemalige Kollege, auch wenn seit meiner letzten Gastmoderation nun schon über fünf Jahre vergangen waren, und so konnte ich ohne Umwege die Redaktion erreichen.

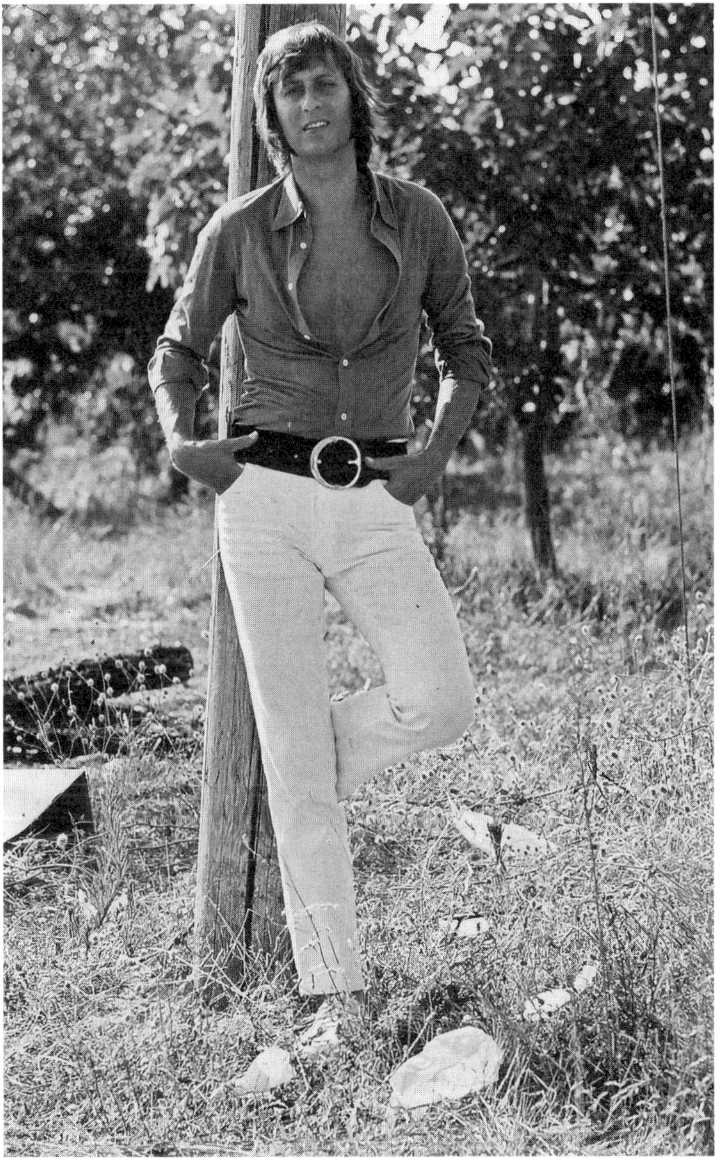

Und es war Sommer. Sommer 1974. Der größte Erfolg meiner Karriere als Interpret und Autor stand unmittelbar bevor, und ich war bereit!

»Ja, hier ist der Michael Holm, sagt's mal, ist der Jörg noch da?«

»Nein, der geht gerade raus.«

»Dann halt ihn an, halt ihn an.«

So habe ich Jörg Gott sei Dank noch ans Telefon bekommen, und er verriet mir, was er zu diesem Lied zu sagen wusste. Der Interpret von *Soleado* war ein gewisser Daniel Sentacruz und, für mich noch viel wichtiger, der Autor hieß Zacar und war bei EMI Electrola Publishing unter Vertrag. Deren Telefonnummer hatte ich natürlich, und kaum war ich nach der kleinen Feier wieder in München angekommen, rief ich dort an. Der damalige Verlagsleiter von EMI war ein netter, aber leider auch völlig ahnungsloser Zeitgenosse und darum eigentlich eine rechte Nervensäge, weil er mich schon seit einiger Zeit ununterbrochen mit fürchterlichen Musikstücken zumüllte und uns beiden dabei auch nie die Nachfrage ersparte, ob unter dem Kehricht nicht doch ein Diamant gewesen sein könnte. Entsprechend hocherfreut war der Mann über meinen Anruf.

»Habe ich dieses Mal mit einem unserer Titel Ihren Geschmack getroffen, Herr Holm?« – »Leider nein«, musste ich darum ehrlicherweise vorausschicken, um dann mit meiner ganzen Begeisterung die Bearbeitungsrechte für *Soleado* zu reservieren und um Kopien des Songs auf Vinyl zu bitten. Ganz so leicht war das leider nicht. Der Titel war auch in Italien ganz neu, und es dauerte ein paar Tage, aber dann kamen mit der Post einige Exemplare, und ich ging damit sofort zu meiner Plattenfirma, der Ariola. Dort traf ich mich mit den Produktmanagern Hans-Georg Ehmke und Gerd Dornieden. Beide hatten die Riesenhitnase, und auf ihr Urteil war fast immer zu hundert Prozent Verlass. Es war zum Beispiel Dornieden, der mich wenige Monate zuvor davor bewahrte, meinen Hit *Maddalena* mit einem

Spaßtext mit der Hauptzeile »Und dann kann ich nicht bezahlen« ins Rennen zu schicken. »So etwas Uncharmantes wollen die Leute von einem Michael Holm nicht hören«, ließ er mich wissen und legte mir entschieden nahe, einen neuen Text zu schreiben. Zum Glück, wie wir wenig später merken durften. Diesen beiden Kollegen habe ich meine Entdeckung vorgespielt und war erstaunt über die leichte Skepsis, die in ihrem erkennbaren Interesse an dem Song mitschwang. »Ja, toll, das ist aber so viel zu sakral, das ist ja wie für die Kirche!«

Eine unbestreitbare Tatsache, die ich trotzdem vehement abstritt, weil ich einfach zu sehr entzündet war. Aber im Grunde genommen hatten beide mehr recht, als sie selbst ahnen konnten, wie ich Jahre später erst rausgefunden habe. Denn *Soleado* war das Werk eines gewissen Zacharis, eines Mönchs aus dem 15. Jahrhundert aus Italien, und ein italienischer Kollege namens Ciro Dammicco hatte die Melodie herausgefischt und sich als ihr Autor das Pseudonym Zacar gegeben. Eigentlich war *Soleado* also ein sogenanntes »freies Werk«, eine Art Volksweise, für die niemand mehr die Urheberschaft reklamieren konnte und für deren Nutzung man darum niemanden hätte beteiligen müssen, auch nicht Zacar! Wenn man das damals gewusst hätte, hätten wir die vom mir gesungene Version komplett als eigenes Werk gemeldet, was bei einem Welterfolg, wie er uns gerade bevorstand, eine ordentliche Summe mehr an Urhebertantiemen abgeworfen hätte. Aber wie dem auch sei, letztlich bin ich nur durch Zacar überhaupt auf das Stück gekommen, er war es, der den verdienstvollen Weg durch die alte Literatur gegangen ist, und seine Beteiligung als Komponist war darum angemessener Finderlohn.

Abgesehen vom etwas zu sakralen Grundton des Stückes waren aber alle in der Firma schnell begeistert.

»Das müssen wir jetzt ganz schnell machen, das muss ja raus«, merkte Rainer Pietsch an.

»Ja, aber die ganzen guten Musiker sind weg«, stellte ich bestürzt fest, denn es war Hochsommer und die erste Garde der Studiomusiker in den Sommerferien.

Was tun? Nicht allein mein Problem, wie ich fand: »Rainer, dafür brauchen wir die Besten der Besten«, spielte ich den Ball gekonnt zu meinem musikalischen Leiter zurück.

Gott sei Dank hatten wir gerade einige Wochen vorher Eric Woolfson kennengelernt, die zweite Hälfte des Alan Parsons Project. Wir hatten ein bisschen Party miteinander gemacht und uns gut verstanden, sodass Rainer sich die Telefonnummer aufgeschrieben hatte.

Pietsch rief also Woolfson an und sagte: »Wär's denn möglich, wir müssten eine Session bei euch in London machen. Schnell. Nur die besten Musiker, die Besten der Besten, großes Orchester.«

»Tjaa«, sagte Woolfson dann, »und was darf es kosten?«

»Money is not the problem, the best of the best, we don't care.«

Worauf Woolfson schlicht antwortete: *»I got you.«*

Und er stellte uns eine Session zusammen wie bestellt, nur vom Allerfeinsten. Und vom Allerteuersten. Wir flogen nach London und arbeiteten mit dem London Symphony Orchestra. Rainer durfte endlich mal wieder für über hundert Leute arrangieren und auch dirigieren. Er ließ sogar für ein paar Takte im Schlussteil einen berühmten Bachtrompeter aus Paris einfliegen und dazu die entsprechenden Supergitarristen, Drummer und Bassisten. Die dann zumindest teilweise später auch nach München kommen und am »Sound of Munich« mitarbeiten sollten. Es war in der Tat das Beste vom Besten.

Eric Woolfson war die ganze Zeit dabei, und wir haben dann bis halb drei nachts nur an der Musik gearbeitet. Rainer Pietsch und ich waren unerbittlich. Noch mal neu und noch eine Spur, und der Chor hat gesungen, bis das gesamte Playback fertig war. Wir hatten um zehn Uhr morgens angefangen, und nun war es fast drei Uhr nachts, wir waren schon auf dem Weg aus dem Studio raus. Und da dachte ich plötzlich: Das singste jetzt mal drauf, einfach mal so, dass ich es mal höre, und um mir eine kleine Kassette davon zu machen, das gab's ja endlich, tragbare Kassettenrekorder, klobige Riesenteile damals noch. Also habe ich es noch in der tiefen Nacht eingesungen.

Es wurde der berühmte und sehr seltene »First Take«, im Golf nennt man es »Hole-in-one«, wenn der erste Schlag gleich sein Ziel findet. Nachts um drei lieferte ich in einem Zug die Gesangsspur ab, die wenig später als *Tränen lügen nicht* eine Ikone der deutschen Popmusik werden sollte. Bis auf eine Ausnahme. Den Sprechteil musste ich tatsächlich wiederholen, weil während dessen Aufnahme plötzlich die Studiotür aufging und niemand Geringeres als Alan Parsons auftauchte. Der Mann, der gerade als Produzent mit Pink Floyd den unsterblichen Rockklassiker *Dark Side Of The Moon* vollendet und sich damit ein Denkmal für die Ewigkeit gesetzt hatte. Diese lebende Legende näherte sich nun der Glasfassade, die meine Gesangskabine vom Regieraum trennte, um mir dort plötzlich seine persönliche *Dark Side Of The Moon*, nämlich seinen blanken Hintern, entgegenzustrecken. Warum er das tat? Was tut man nicht alles morgens um drei Uhr in einem Tonstudio, wenn alle Nerven aufgebraucht und der ganze Wahnsinn einer Musikproduktion an einem vorbeigezogen ist. Parsons verschwand so schnell, wie er gekommen war, aber ich musste lauthals lachen. Ich habe mich aber wieder rechtzeitig eingefangen und das Lied zu Ende gesungen. Den Sprechteil hatte ich allerdings vergeigt.

Das fertige Ergebnis mit meiner Stimme toppte alles, was ich zu hoffen gewagt hatte. Ich wusste sofort, unter einer Million verkaufter Platten gehe ich damit nicht nach Hause. Die Aufnahme war einfach genial, und das war wirklich eine große, große Leistung vom Rainer Pietsch, der aus dem sehr guten Original noch mal etwas hervorgekitzelt hatte. Das war seine größte Stärke, da konnte er sich messen, eine tolle Version eines Musikstücks großartig, einzigartig zu machen. Beim Mix allerdings hätte er sich trotzdem vermutlich wieder vertan. Zumindest war das meine Befürchtung. Denn Pietsch liebte seine Arrangements sehr. So sehr, dass die Stimme manchmal kaum zu hören war, weil irgendwelche musikalischen Schmankerl links und rechts in der Vorfahrt liefen. Schön für Arrangeure, schlecht für den Käufer. Der Käufer will seine Melodie, den Text und die Stimme hören, und alles andere muss natürlich perfekt sein, aber alles andere ist am Ende Handwerk. Ich habe darum den Mix von *Tränen lügen nicht* in Eigenregie mit dem Tontechniker Mal Luker gemacht, der viele meiner großen Hits gefahren und mitgemischt hat.

Danach ging es auch für mich erst mal in den wohlverdienten Urlaub, allein in einen Club Méditerranée. So allein, wie ein Michael Holm in den siebziger Jahren eben Urlaub machen konnte. Ich fand sehr schnell Gesellschaft in der Person eines britischen Militärattachés und seiner reizenden Tochter, für deren Gesangstalent ich mich ein wenig und für sie selbst ein wenig mehr interessierte. Es blieb bei einem harmlosen Urlaubsflirt, auch weil ich mit gutem Grund, vor allem wegen dringend benötigter Erholung, allein verreist war.

Der Bedarf einer Auszeit war nicht zuletzt der Plackerei am Text von *Tränen lügen nicht* geschuldet. Denn im Gegensatz zu meiner Gesangsaufnahme hatte ich zuvor Wochen gebraucht, um den einen gescheiten Titel für dieses Lied zu finden. Eine Schwierigkeit, die dir den Schlaf raubt, die dich praktisch an nichts anderes mehr denken lässt. »Was ist die eine Zeile?« Die eine Zeile, die entscheidet. Gerade hatte ich bei *Nur ein Kuß, Maddalena* von meinem Plattenboss eine nette Erinnerung erhalten, wie wichtig die richtigen Worte für den Interpreten sind. Wie die Leute ihn sehen, was sie von ihm hören und was sie ihm glauben wollen. Zuerst hatte ich den Kollegen von Ariola für meine Interpretation von Zacras Instrumentalstück die Zeile »Wenn ein Kind geboren wird« angeboten, was man aber dort nicht richtig goutieren wollte. In Amerika reichte es mit der englischen Übersetzung dieses Einfalls *When A Child Is Born* dann aber doch für einen Platz in den Billboard-Charts. So falsch hatte ich also wohl nicht gelegen. Allerdings muss ich heute eingestehen: Als mir dann endlich bei einem Spaziergang an der Isar *Tränen lügen nicht* einfiel und alle diesen Titel liebten, war auch ich davon restlos überzeugt, und der Rest des Textes ging dann recht schnell. Bis dahin war es aber eine einzige Nervenprobe und hat einige Pfund Gehirnschmalz gekostet.

Als ich aus dem Urlaub zurückkam, waren die Erwartungen von allen Seiten riesengroß. Meine erste Chance, *Tränen lügen nicht* einem Millionenpublikum im Fernsehen vorzustellen, war schon im September bei der *Starparade*. Wir hatten einen wunderbaren Auftritt dort mit Mireille Mathieu, Peter Maffay und meiner Wenigkeit. Wir fuhren mit dem Motorrad auf die Bühne und sangen dort zusammen *Be-Bop-a-Lula* . Dann hatte ich meinen Soloauftritt mit *Tränen lügen nicht.* Die Reaktion des Publikums hat gefühlt das gesamte ZDF ein paar Tage lahmgelegt. Eine Euphorie! Mireille Mathieus Manager Johnny Stark hörte die Nummer und sagte sofort: »Das muss Mireille singen«, was ein paar Monate später zu dem erwähnten denkwürdigen Kräftemessen zwischen Nana Mouskouri und den Verantwortlichen des französischen Fernsehens führen sollte. *Tränen lügen nicht* war eine Hitrakete, die in Rainer Holbes *Starparade* abgefeuert wurde.

Alle wollten es haben, aber die Platte war nicht käuflich zu erwerben. Sie war nicht zu erwerben, weil die Pressung der Platte von mir gesperrt worden war. Dummerweise war nämlich beim Mastering etwas danebengegangen. Zweimal musste dieser Vorgang wiederholt werden, und erst vier Wochen nach der *Starparade* war die Platte in den Läden. Ein Desaster! Vor allem für die Plattenfirma, die allein für die Tonaufnahme astronomische siebenundzwanzigtausend Mark in die Hand genommen hatte. Für ein einziges Lied! Gott sei Dank hieß der Chef meiner Plattenfirma Monti Lüftner.

»Monti, ich möchte aber schon entscheiden, wie das Lied klingt.«

»Ja, natürlich machst du das, du bist ja Produzent.«

Dieses Zugeständnis viel ihm umso leichter, weil er nicht taub war und durchaus auch hören konnte, welche Katastrophe dort aus dem Presswerk angeliefert worden war. Aber der Titel war deswegen nun einmal nicht lieferbar. Das war schlimm zu Zeiten, wo die Leute den Plattenhändler oder den Verkäufer beschimpften, wenn der die Platte nicht hatte, die man haben wollte. Die kriegten richtig Stress, denn Schallplatten waren nun mal mit das Coolste, was man sich damals für kleines Geld kaufen konnte.

Anfang Oktober war es dann endlich so weit. Wir hatten Vorbestellungen von einer halben Million, weil der Titel ja schon seit September promotet war.

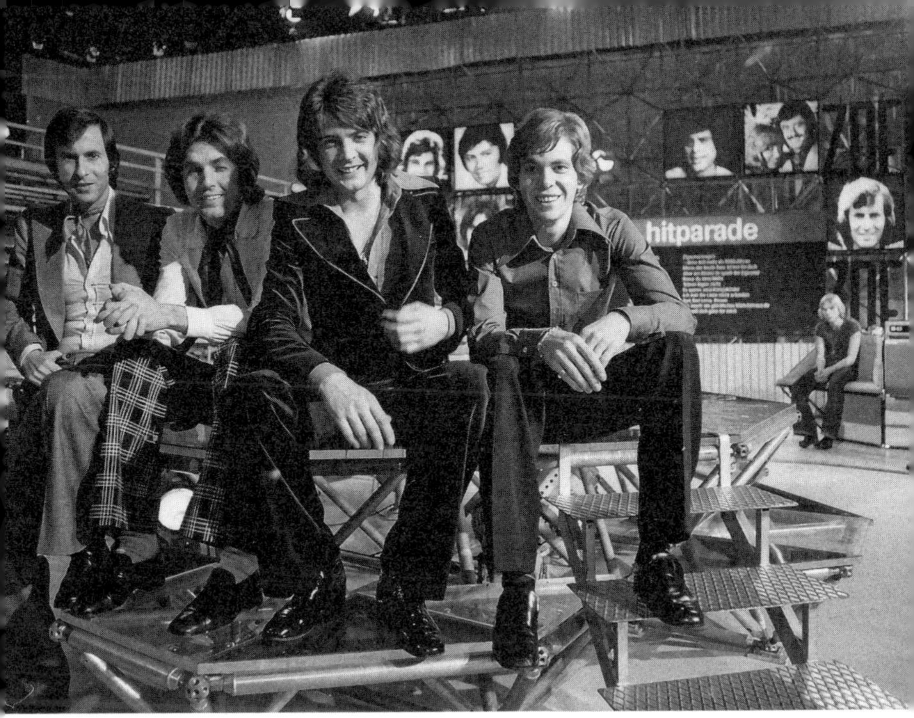

Bei den Proben für die *ZDF-Hitparade* mit meinen wundervollen Kollegen Chris Roberts, Bernd Clüver und Jürgen Marcus.

Dann kam gleich Anfang November die *ZDF-Hitparade*, da stand die Single dann endlich in den Läden, und alle wollten es haben, das Teil. Weil wir durch das Unglück der versemmelten Überspielung mit dem Verkauf nach hinten gerutscht waren, hatten wir nun das Glück, das Weihnachtsgeschäft zu dominieren, und die Verkäufe gingen durch die Decke. *Tränen lügen nicht* wurde im Dezember 1974 meine erste und leider einzige Nummer eins in den deutschen Charts. Als Interpret wohlgemerkt. Als Verleger sollte ich später noch ein paarmal das große Vergnügen haben. Einen Sommer lang sogar mit zwei Songs, die sich 1980 wochenlang in der Poleposition abwechselten. Aber das ahnte ich jetzt noch nicht einmal. Jetzt war ich erst mal als Sänger »Top of the pops«. Wir verkauften rund 1,5 Millionen Singles allein in der Bundesrepublik. Das Lied war in vielen Ländern in den Toppositionen der Hitparaden, in die amerikanischen Billboard-Charts schafften wir es mit der englischsprachigen Version *When A Child Is Born* auf Platz zweiundzwanzig und konnten auch dort knappe vierhunderttausend Tonträger verkaufen. Mein erster Hit in Amerika. Es sollte nicht der letzte bleiben.

Dass das Publikum mein Lied *Tränen lügen nicht* über alle Maßen liebte, war nicht nur an den nüchternen Verkaufszahlen und Hitparadennotierungen zu erkennen, ich bekam auch eine Flut von Fanpost und auch tolle Auszeichnungen in Form von Trophäen wie die Goldene Europa und den Goldenen Löwen von RTL. Aber auch in Form von Parodien wie der meines wundervollen Kollegen Otto. Sein *Dänen lügen nicht* katapultierte meinen Song endgültig in den Kanon der deutschen Evergreens, und ich kann heute noch herzlich über »Denen, denen Dänen alles durchgehen lassen« lachen und mich amüsieren. Den vollen Applaus für meinen Volltreffer erntete ich dann bei der *ZDF-Hitparadentournee* im folgenden Jahr.

Die *Hitparadentournee* war eine Idee des Oldenburger »Miss Germany«-Erfinders Horst Klemmer, der ein enger Freund von Dieter Thomas Heck war und bei dem er mit diesem Einfall auf offene Ohren stieß. Weil dieses Tourneeformat, wie auch die Sendung selbst, Anfang der siebziger Jahre ein Experiment mit offenem Ausgang war, brauchte es dafür Finanziers. Christian Anders und ich glaubten an den Erfolg und standen bereit, aber Klemmer fand einen Geldgeber aus seiner niedersächsischen Heimatstadt, der mit ihm ins Risiko ging. Es war ein bekannter Scherzbold, der selbst gerne und auch nicht unerfolgreich sang, uns aber für immer mit seinen unvergesslichen Gedichten in Erinnerung bleiben wird. Der Komiker Heinz Erhardt gab das Geld für die erste *Hitparadentournee*, deren Erfolg dann die zweite Konzertreise dieser Art schon mitfinanzieren konnte.

1975 war das Spektakel mit Dieter Thomas Heck dann bereits *das* Liveevent der deutschsprachigen Musik. Wir bespielten zum Beispiel zweimal hintereinander die ausverkaufte Deutschlandhalle Berlin, die zur damaligen Zeit größte Eventhalle des Landes. Und dort traf mich dann die volle Begeisterung der Menschen für mich und meine Lieder. Ein Publikum, das über eine halbe Stunde lang jede Silbe meiner Texte mitsang und mich nicht mehr von der Bühne lassen wollte. »Michael, Michael«, skandierte der Saal und machte es dem eigentlichen Headliner Rex Gildo mehr als schwer, nach mir auftreten zu müssen. Das war natürlich nicht mein Ziel. Ich mochte Rex sehr, ich schrieb oft und gerne Lieder für ihn, mit denen wir beide auch außerordentlich erfolgreich waren, siehe *Fiesta Mexicana*. Aber verhindern konnte ich die Reaktionen der Menschen nicht, und ich hätte es auch nicht versucht.

Der Applaus ist das Brot des Künstlers, heißt es ja so schön. Auch wenn das rein ernährungsphysiologisch natürlich Unsinn ist, bleibt er aber die metaphysische Belohnung für ein Leben und Wirken ohne Netz und doppelten Boden, ohne Ansprüche auf Urlaub, Rentenversorgung oder Krankenschein. Wer sich ein solches Leben traut, wird im günstigsten Fall durch die Gunst seines Publikums belohnt. Für die Gunst der Karten- und Plattenkäufer gab es dann harte Deutsche Mark, die ich auch nicht verachten mochte. Diese Tourneen dauerten, mit kleineren Unterbrechungen, zwei bis zweieinhalb Monate, und wir Topstars reisten natürlich individuell. Ich verfügte zu dieser Zeit über einen schicken 300er Mercedes, stilecht mit Chauffeur, der mich entspannt von Ort zu Ort transportierte. Weil es zu jener Zeit noch keine Navigationsgeräte gab, war mein Fahrer die komplette Tourneestrecke inklusive An- und Abfahrt zu den Hotels bereits einmal für mich abgefahren. Komfortableres Reisen schien also nicht denkbar. Von wegen, meinte mein schrulliger Freund Christian Anders, der zu dieser Zeit einen mit Blattgold überzogenen Rolls-Royce sein Eigen nannte. Natürlich ebenfalls mit Fahrer, ein schlaksiger und pfiffiger junger Mann namens Alex Vaupel, der später auch für mich und Ralph Siegel tätig sein sollte.

Mit Beginn der Tournee nervte mich Christian, dass ich doch mal eine Strecke mit ihm in seiner goldenen Prachtkutsche reisen sollte.

»Michi, das ist das Bequemste, was du dir vorstellen kannst.«

»Alter, in meinem Mercedes sitzt es sich auch nicht so schlecht, und ich kann lesen, ausruhen und komme entspannt an, also …«

Aber Christian gab keine Ruhe, und so schickte ich dann eines schönen Tourneetages meinen Wagen allein zum nächsten Auftrittsort, um ihm endlich den Gefallen zu tun. Am Vortag hatte er mir, wie zur Vorbereitung, eine kleine Lektüre mitgegeben, ein dünnes von ihm verfasstes Heftchen mit dem Titel *Gobbo – und der Teufel singt sein Lied,* das er wohl schon vor ein paar Jahren veröffentlicht hatte.

»Wie hat es dir gefallen?«, fragte er mich, kaum hatte ich mich auf der Rückbank seiner Luxuskarosse niedergelassen.

»Ehrlich?«, fragte ich sicherheitshalber, denn Christians Schlagfertigkeit war ja nicht nur verbaler Art, und ich hatte keine allzu erfreuliche Kritik für ihn.

»Ja natürlich, ehrlich. Nur raus damit!«

»Es ist bewundernswert, das Buch ist bewundernswert …«

»Ahaaa?!?!«, freute sich der Autor schon auf meine Kritik.

»Bewundernswert, wie man in ein so dünnes Buch so viel Blödsinn reinpacken kann.« Christian stutzte kurz, musste leicht grinsen und fragte dann tatsächlich: »Aha, hat dich die Botschaft nicht erreicht?«

»Christian, wenn da eine drin war, NEIN, hat mich nicht erreicht.«

»Na gut …« Anders nahm es gelassen.

Ich vermute, er hielt mich einfach noch nicht bereit für seine Messages und sah mir meinen Verriss als Unwissenheit nach. Wir hatten dann eine sehr kurzweilige Reise, während der er mir ein weiteres seiner spleenigen Spielzeuge zeigte: eine ungefähr tennisballgroße Goldkugel, die er besaß, um seine Hand- und Unterarmmuskulatur zu trainieren und zu lockern.

»Los, Michi, versuch's doch einmal.«

Und so knetete ich mit der gebotenen Skepsis auf der Goldkugel herum, konnte aber keinen nennbaren Effekt dabei spüren, bis ich nach einer Pinkelpause auf einer Autobahnraststätte merkte, dass sich meine Handmuskeln in der Tat geschmeidiger anfühlten.

»Gib mir doch noch mal deine Kugel, das bringt's, das Teil«, bat ich meinen Gastgeber, der erst freundlich lächelnd, dann erstarrend und immer hektischer nach seinem Trainingsgerät zu suchen begann.

»Dreh um, Alex, dreh um!«, schrie er plötzlich seinen Fahrer an, und in Windeseile ging es zurück zur Raste, wo Christian einen Goldnugget im Wert von zigtausend Mark einfach auf dem Klo hatte liegen lassen. Ein stilles Örtchen ist ein Paradies für lange Finger, weswegen die Kugel natürlich längst einen neuen Herrn und Meister gefunden hatte, als wir dort eintrafen. Christian trug den Verlust mit Fassung. Er hatte zu dieser Zeit eine Lebensgefährtin, die eine ausgewiesene Finanzexpertin war und seine reichlich fließenden Tantiemen so geschickt managte, dass er von allen erfolgreichen Kollegen zu dieser Zeit mutmaßlich auch der vermögendste gewesen ist.

Angekommen an unserem Zielort, erwartete uns die Erfolgsproduktion *ZDF-Hitparadentournee* und ihr Erfolgsgarant Dieter Thomas Heck. Ein Publikumsmagnet, ein Charismatiker, den eine eigentlich für ihn unvorstellbare Krankheit plagte, denn ausgerechnet er litt unter wirklich riesigem Lampenfieber! Der Mann, der wie kein zweiter jede Menschenmenge in seinen Bann ziehen konnte, war vor jedem Auftritt nervöser als ein Schulbub vor seinem ersten Rendezvous. Er rauchte Zigaretten, manchmal gleich zwei auf einmal und stürzte auch schon mal einen Doornkaat zur Beruhigung hinunter, aber nichts half. Weder ich noch Hilde, seine zweite Ehefrau, mit der ich zusammen sein »familiäres« Umfeld auf Tournee bildete, konnten DTH beruhigen. Kaum war er auf der Bühne, fiel das alles von ihm ab, und er bewegte sich auf den Brettern, die die Welt bedeuten, so selbstverständlich und schlafwandlerisch sicher, als wäre es die normalste Sache dieser Erde. Warum man gegen diese Aufregung nicht gefeit ist, obwohl man längst weiß, dass es am Ende toll wird und alle begeistert sein werden? Es ist sicher die Angst vor dem einen Mal, bei dem es nicht so ist. Dass die Menschen stumm bleiben. Keiner klatscht. Oder es sogar Buhrufe gibt. Wer auf eine

Bühne geht und dort erfolgreich ist, der fürchtet das Publikum so sehr, wie er es liebt. Beides war bei DTH in besonderem Maße ausgeprägt, und die gewaltige Kraft, die diese Aufregung allabendlich kostete, war sicher ein Grund, warum er sich auf Tournee von den After-Show-Partys frühzeitig zurückzog.

Das war auch sonst sicher nicht die schlechteste Idee, denn dort ließen wir es mit den Kollegen gehörig krachen. Ich folge dem ungeschriebenen Künstlergesetz: »Alles, was auf der Straße passiert, bleibt auch auf der Straße«, und will nur so viel verraten, dass gerade diejenigen mit dem biedersten Image sich die verrücktesten Sachen ausdachten. Insbesondere zwei recht prominente Kollegen hatten eine Wette laufen, wer auf jeder dieser Partys ein paar weibliche Fans dazu überreden könnte, sich vor versammelter Mannschaft komplett auszuziehen. »Casting für einen neuen Schlagerfilm. Der Michael Holm oder der Dieter Thomas Heck ist der Produzent«, schwindelten die beiden den Mädels vor und ließen dann die Damen im Evakostüm eine Polonaise durch den Saal anführen, bevor sie ihnen reinen Wein einschenkten. Szenen, die man sich heute kaum mehr vorstellen kann und für die man sich daran erinnern muss, dass zu dieser Zeit der *Schulmädchen-Report* wie selbstverständlich die Kinosäle füllte und meine kleine Affäre Ingrid Steeger barbusig in der Comedysendung *Klimbim* zur besten Zeit über Deutschlands Fernsehmonitore flimmerte. Von der sexuellen Befreiung der Hippies war Mitte der siebziger Jahre lediglich eine voyeuristisch geprägte Haltung zur Nacktheit übergeblieben, die jetzt jede Scham mit einer vorgetäuschten libertären Haltung aushebeln konnte. »Hab dich doch nicht so. Es ist doch nichts dabei.« Eine Haltung Frauen gegenüber, die ich nie verstanden habe und deren Respektlosigkeit mir immer fremd gewesen ist!

Es war aber nicht nur der Zeitgeist, der zu solch übergriffigem Verhalten führte, denn nicht nur im Rock 'n' Roll, sondern auch bei uns »Schlagersängern« waren Fans und auch Groupies Teil des Geschäfts. Wie gefährlich so eine völlig verrückte weibliche Anhängerschaft werden konnte, erfuhr ich eines Nachmittags, als ich nach dem Soundcheck in mein Hotelzimmer zurückgekehrt war. Es war Samstag, und die Sportschau war für mich als großen Fußball- und noch größeren Bayern-München-Fan ein fixer Termin, so wichtig wie in früheren Zeiten der sonntägliche Kirchgang. Ich wollte mich gerade niederlassen, als die Schranktür aufflog und ein junges Mädchen im Zimmer stand. Sie war in mich verliebt und offenkundig bereit, diese Liebe auf der Stelle mit mir zu teilen. Ich versuchte sie mit netten Worten hinauszukomplimentieren und wurde dann, mangels Erfolgs, durchaus auch etwas deutlicher. »Wenn du mich rausschmeißt, zerreiße ich meine Bluse und sage, du wolltest mich vergewaltigen«, stellte mich das kleine Luder nun vor ein echtes Problem. »Michael Holm vergeht sich an jungem Fan«, im allerschlimmsten Fall »... an einem minderjährigen Mädchen« – solche Schlagzeilen hätten auch in den siebziger Jahren das Ende meiner Karriere bedeutet. Mein knurrender Magen rettete mich aus dieser schier ausweglosen Situation. »Nun gut, dann bleib gerne bei mir. Aber egal was wir auch tun, zuerst muss ich was essen. Ich bestelle mir jetzt ein Steak aufs Zimmer. Möchtest du auch etwas haben?« Das Mädchen verneinte, und ich überbrückte die schier endlos wirkenden Minuten mit Süßholzraspeln und bemühtem Flirt, bis endlich der Zimmerkellner klopfte. Ich öffnete die Tür, ließ den Ober den kleinen Speisewagen ins Zimmer schieben und sagte ihm: »Ich nehme gerne das Steak, und Sie nehmen gerne die junge Dame mit, die möchte nämlich gehen.« Ihrer Drohkulisse beraubt, verzog sich meine kleine Peinigerin, und ich sorgte für die Zukunft dafür, dass niemand meine Zimmernummer weitergeben konnte.

Der Liebe seiner Verehrerinnen deutlich zugetaner war, natürlich, mein Freund Christian Anders, der mir, angesichts des Überangebots seiner Möglichkeiten, auch einmal eine nackte junge Dame vor die Hotelzimmertür stellte. Wie auch immer er das bildhübsche Mädel dazu gebracht haben mag, ich lehnte dankend ab, gab dem unglücklichen Ding meinen Bademantel und schimpfte nicht nur innerlich über die Hemmungslosigkeit meines wunderlichen Kollegen, der ich dann wiederum ein paar Jahre später einen besonderen Ausflug verdankte.

ZWISCHENSTOPP: Marbella

»*And the winner is* …«, hörte ich die Stimme unseres gut gelaunten Gastgebers, der sich anschickte, den Sieger des kleinen Wettkampfs zu küren, den er anlässlich des Geburtstags seiner bezaubernden Gattin im Rahmen eines Gartenfestes arrangiert hatte. Es ging immerhin um eine Magnumflasche Moët & Chandon, ein Preis, der allerdings im illustren Kreis der Festgesellschaft keine wirkliche Rolle spielte. Niemals hätte ich mir träumen lassen, dass es mir einmal so egal sein würde, bei einem Wettbewerb derart unter ferner liefen gelistet zu werden. Aber zum einen waren Disziplinen wie Sackhüpfen und Tauziehen ohnehin noch nie meine Stärke gewesen, zum anderen lassen sich mediokre Leistungen bei Kindergeburtstagsspielen leicht ertragen, wenn man im Garten von Sean Connery steht und sich gleich wieder in dessen Gästehaus zurückziehen kann, um sich für das – wie jeden Abend spektakuläre – Dinner irgendwo an der Costa del Sol fertig zu machen.

Dieses besondere Erlebnis verdankte ich meinem alten Weggefährten Christian Anders. Christian war schon seit einigen Monaten Dauergast des Ehepaars Connery in dessen Villa auf der »goldenen Meile« des spanischen High-Society-Treffpunkts. Irgendwann Mitte der siebziger Jahre war er nach Spanien ausgewandert, um an der Mittelmeerküste des Landes sein Vermächtnis für die Nachwelt festzuhalten. »Das andalusische Testament« sollte es heißen. Fünfzehn Lieder, danach würde er keine weitere Musik mehr schreiben. Ein Vorhaben, so groß, dass auch ein Christian Anders dafür mehr Zeit und innere Muße benötigte. Zumal er die Sache durchaus ernst nahm und, man muss es an dieser Stelle noch einmal ausdrücklich betonen, er auch zu absolut außergewöhnlichen musikalischen Leistungen fähig war. Christian war nicht nur ein begnadeter Interpret, sondern auch schon immer ein toller Schreiber und genialer Arrangeur gewesen, der sogar ein paar Symphonien komponiert hatte. Für sein trotzdem leicht größenwahnsinniges Vorhaben wählte er also Marbella aus, wo er zunächst viel Zeit mit Backgammon in den vielen hippen Clubs der Stadt verbrachte. Dort musste er auf Sean Connery gestoßen sein, und vielleicht haben die beiden so etwas wie eine Seelenverwandtschaft entdeckt. Denn auch Connery hatte eine kindliche Seite, wie ich es gerade bei der Geburtstagsparty für seine Frau erleben durfte. Jedenfalls boten die Connerys meinem Freund an, in ihrem Gästehaus zu wohnen. Eine kleine, frei stehende Villa neben dem imposanten Haupthaus, malerisch in den Bergen des Ortes gelegen. Dort lustwandelte Christian für insgesamt mehr als zwei Jahre, und immer wieder rief er an und lud mich ein: »Du musst mal kommen, Michi. Du bist jederzeit willkommen.«

Nicht dass ich nicht gewollt hätte. Aber im Gegensatz zum Kollegen Anders war mir noch so gar nicht nach der Niederlegung meines musikalischen Testaments zumute. Nicht einmal größere Pausen wollte ich meinem Erfolgszug gönnen, der seit *Tränen lügen nicht* mit Hochgeschwindigkeit durch die Hitparaden und Konzerthallen Deutschlands rauschte. Dann aber kam der Sommer 1977. Ich hatte gerade die Aufnahme von *Lucille* beendet und wusste, ich hatte den nächsten großen Hit in der Tasche, mit dem ich in Funk, Fernsehen und Charts vorne mitspielen würde. Zeit also für ein paar entspannte Tage, und in der Tat hatte ich auch gerade einen Schwarm, mit dem ich mich verabredet hatte. Wir hatten einen Urlaub geplant, egal wo. Italien, Frankreich, in einem Club Méditerranée. Hauptsache, unbeschwert und warm sollte es sein. Bis die Auserwählte plötzlich absagte. Sie hatte wohl die große Liebe ihres Lebens kennengelernt und plötzlich keine Augen mehr für mich. Ein Schicksal, das auch ein berühmter Popstar ertragen muss. Jetzt saß ich da, Ende Juli, und dachte: Was mache ich jetzt mit meinem Urlaub? Für eine Sommertournee war es zu spät, obendrein waren mir die damals noch sehr geschätzten Bäderkonzerte auf dem Stand meines damaligen Ruhms auch ein wenig zu provinziell. Da fiel mir Christian ein. Ein Trip nach Marbella, als Gast von Sean Connery. Das klang in meinen Ohren deutlich mehr nach Michael Holm als eine Gastspielreise an der Ost- und Nordseeküste.

Denn alle Welt stand auf Sean Connery. Er spielte zwar nicht mehr Mr. James Bond, aber er war *der* James Bond. Eine Ikone, eine lebende Legende. Die fleischgewordene männliche Coolness. Und so rief ich Christian an: »Alter, gilt das noch?«

Christian hatte eine Riesenfreude, ja also wirklich, vom allerherzlichsten. »Du musst kommen, auf jeden Fall.« Vermutlich hatte er sich trotz seiner Arbeit am »andalusischen Testament« auch schon mal ein bisschen gelangweilt, denn die Connerys traf man nur am Abend, tagsüber waren die Gastgeber ständig unterwegs. Ich flog dann Ende Juli nach Torremolinos, wo mich Anders abholte und mit mir nach Marbella, auf das Gelände der Connerys, fuhr. So lernte ich die Gastfreundschaft eines Weltstars und Weltmannes kennen. Für Sean Connery galt als Hausregel »Open House«, und er selbst sah sich in der Rolle des Big Spender. Jeden Abend machte sich eine wechselnde Entourage von seiner Villa aus auf, um das beste Fischrestaurant, das beste Steakhaus, die Bar mit der besten Paella der Costa del Sol zu besuchen. Immer gab es nur das Beste, Feinste, Leckerste, und immer war eine Traube netter Leute dabei. Mal waren es drei Wagen, mal waren es acht Wagen, die dann mit zwei oder drei oder vier Personen besetzt waren, je nachdem. Manchmal waren es acht, neun, und manchmal waren es auch zwanzig Leute, die da zusammen zum Essen gingen. Und es war immer Sean Connery, der für alle zahlte.

Wer Connery einmal so lange so nah kommen durfte wie ich, muss sich unwillkürlich die Frage stellen: Wie viel Bond steckt in Connery? Oder ist es eher so, dass die *007*-Filme nur ein Blueprint seines Schauspielers sind? Ich muss sagen, das Zweite ist für mich der Fall. Connery zu beobachten war, wie inmitten eines Bondfilms zu stehen. Auch wenn ich ihn nie einen trockenen Martini, gerührt, nicht geschüttelt, bestellen hörte oder einen Gangster erschießen sah. Der Bond, den wir alle kennen, ist ein Archetyp seines ersten Darstellers, den alle späteren Schauspieler notgedrungen kopieren mussten. Mit Sean Connery traf ich einen der großzügigsten, aufgeräumtesten und charmantesten Menschen, der mir je begegnet ist. Höhepunkt dieser Urlaubstage, die ich tagsüber mit Schwimmen, Lesen und leider auch gelegentlichen, recht schmerzhaften Karate-Lektionen meines Subgastgebers Christian Anders verbrachte, war aber sicher der zu Anfang erwähnte Geburtstag im Garten. Connerys Frau, die Malerin Micheline Roquebrune, hatte marokkanische Wurzeln, und so schwebten auch alle möglichen nordafrikanischen Gäste in traditioneller Tracht und Habitus zu der Feier ein.

Religion war damals kein Thema. Politik auch nicht. Es wurde gefeiert, es wurde gekichert, es wurde gelacht. Man verbrachte den Nachmittag mit Eierlaufen und Topfschlagen, den allerkindischsten Sachen, und wir hatten einen Riesenspaß. Connery selbst gab den Zeremonienmeister, flitzte mit Punktelisten von Spielstation zu Spielstation und notierte mit akribischem Ernst die Ergebnisse und Spielstände. Dafür, dass ich diese drei oder vier Wochen als Gast bei einem Weltstar dabei sein durfte, bin ich Christian bis heute sehr dankbar. Und wer immer ab da bei mir mit seinen Urlaubserlebnissen prahlen wollte, musste sich mit meinen Ferien bei den Connerys messen!

Der Erfolgssturm auf der Bühne der *ZDF-Hitparadentournee* war nicht nur Bestätigung, sondern auch gelegentlich wohltuendes Heilpflästerchen für ein paar parallel einhergehende, eher betrübliche Erfahrungen, die ich in dieser Form so eigentlich nicht mehr gewohnt war. Das Publikum an den Radio- und Fernsehgeräten ließ mich in den ersten Monaten des Jahres 1975 ein wenig im Stich. Oder, um es genauer zu sagen, mochte gleich zwei meiner nach den »Tränen« folgenden Arbeiten nicht so goutieren, wie ich es die letzten drei Jahre ununterbrochen gewohnt war. Der erste Song, der nicht so durchstarten wollte, wie ich es erwartet hatte, war ausgerechnet mein Beitrag zum Grand Prix de la Chanson 1975 in Stockholm.

Dort suchte die Welt den Nachfolger zur Siegerband des Vorjahres: ABBA. Die Schweden hatten mit ihrem *Waterloo* den Grand Prix revolutioniert. Nicht nur dass sie mit der Komposition und dem Arrangement total auf der Höhe des Zeitgeschmacks lagen; die Band performte auch zu einem Halbplayback, um den guten Sound im Saal und zu Hause an den Bildschirmen nicht den Launen eines Toningenieurs überlassen zu müssen. Eine Vorgehensweise, die wir schon seit Jahren bei der *ZDF-Hitparade* praktizierten, die aber beim Festival neu und beinahe unerhört war. ABBA hatten die Latte für jedes Land, jeden Autor, jeden Künstler höchstmöglich gehängt. Was sollte diesem Naturereignis folgen? Mein Partner Rainer Pietsch wusste von dem Kollegen Peter Kirsten, dass dieser seine Künstlerin Joy Fleming ins Rennen um den Platz als deutsche Vertretung in Stockholm schicken wollte. Und der Grand Prix, das war genau Rainers Welt! Ein großes Orchester, versorgt mit seinen wirklich exzellenten Arrangements, dirigiert, nein gebändigt in einer Livesendung der Eurovision, von keinem anderen als ihm, dem Maestro! Diese Verlockung war für ihn überlebensgroß, und da er den nicht zu unterschätzenden Vorteil hatte, den erfolgreichsten Texter und Komponisten der vergangenen Monate, nämlich mich, als seinen Partner im Boot zu wissen, schlug Peter Kirsten für seine Joy gleich mit großer Freude zu.

Joy Flemings Stimme war eine Urgewalt, und ihr Hit *Halbblut* aus dem Jahr 1973 hatte mich schon seinerzeit komplett aus den Socken gehauen. Im selben Jahr hatte ich es sogar selbst versucht, als Sänger an dem Festival teilzunehmen. Leider waren die Titel, die man mir dafür angetragen hatte, eher von mittlerer Güte, und es reichte für das

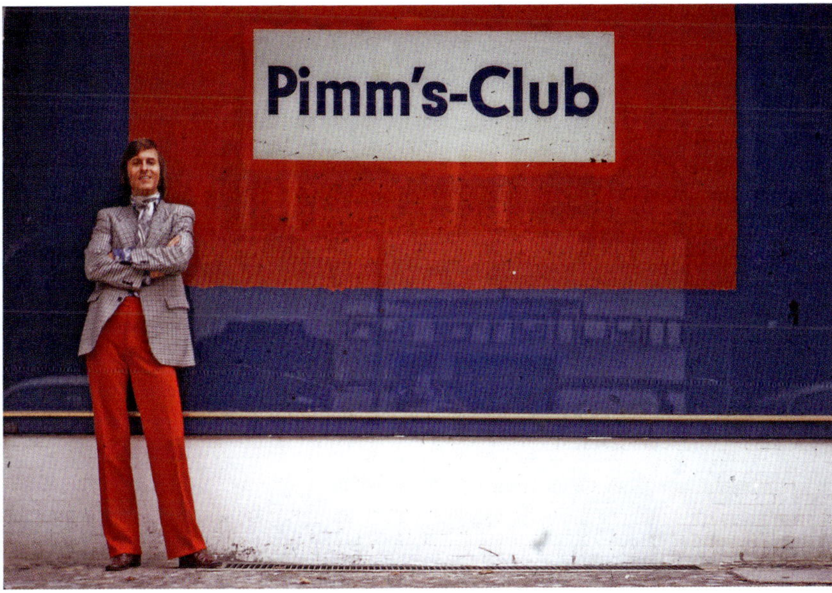

Vor dem In-Club in Berlin, Ende der sechziger Jahre

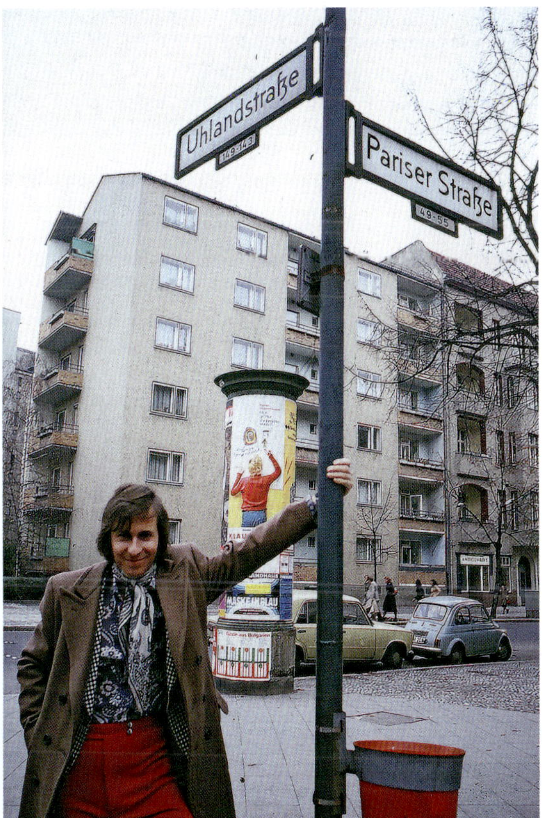

Uhlandstraße, sechziger Jahre

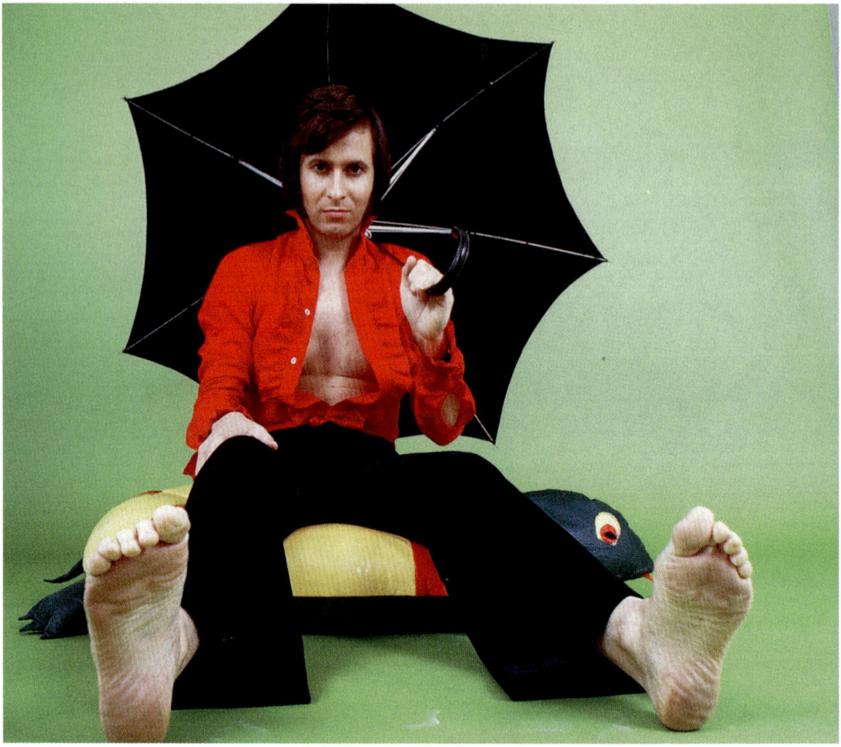

▲ Promotion-Foto Barfuss im Regen ▼ Mit Carpendale, Ende der sechziger Jahre

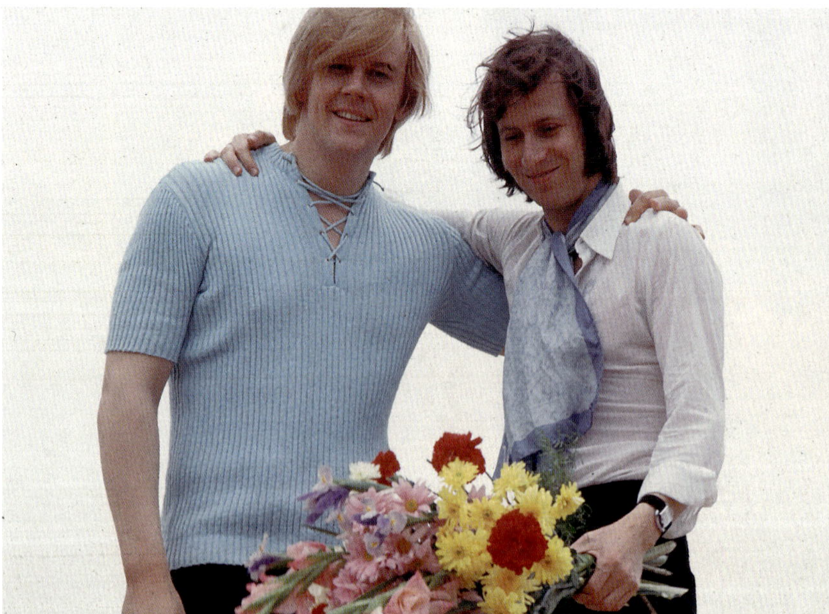

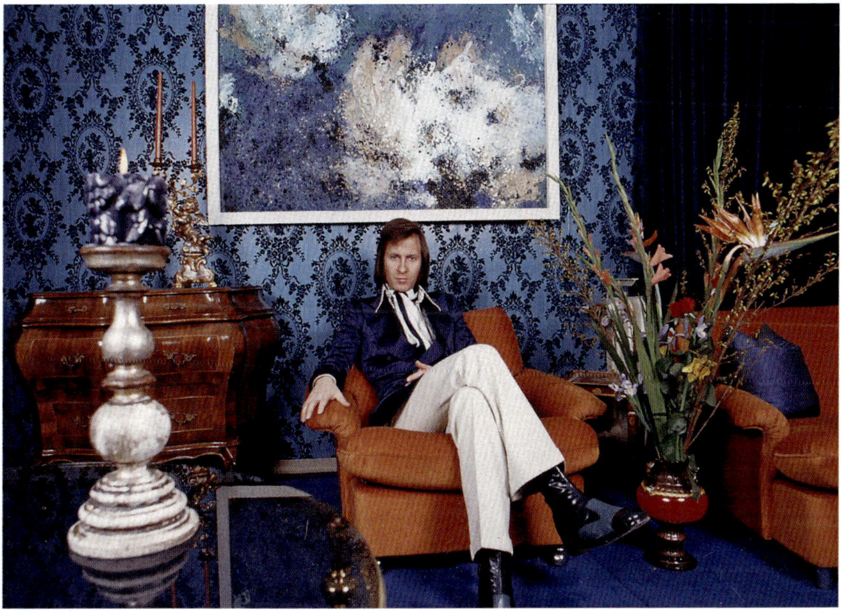

Blauer Salon in meiner Wohnung in München-Obermenzing

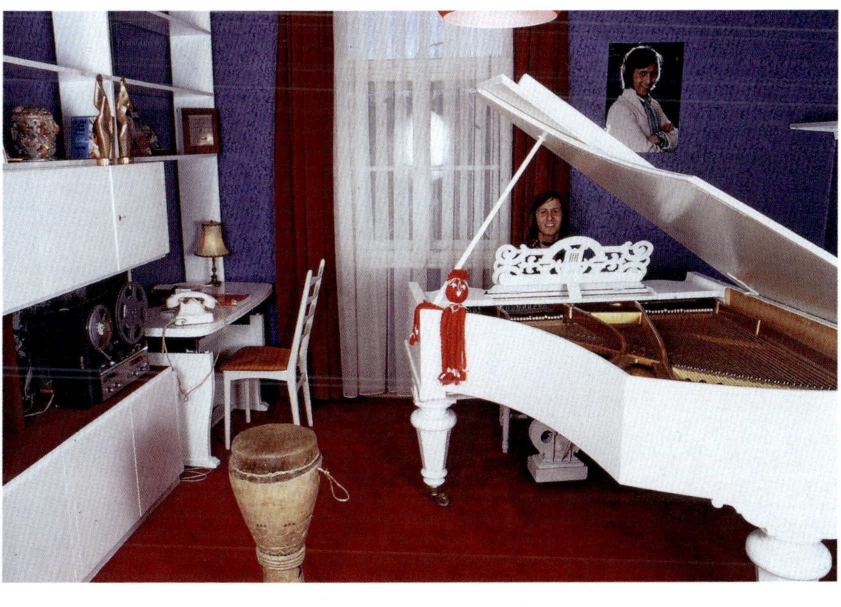

Meine Wohnung in München-Obermenzing

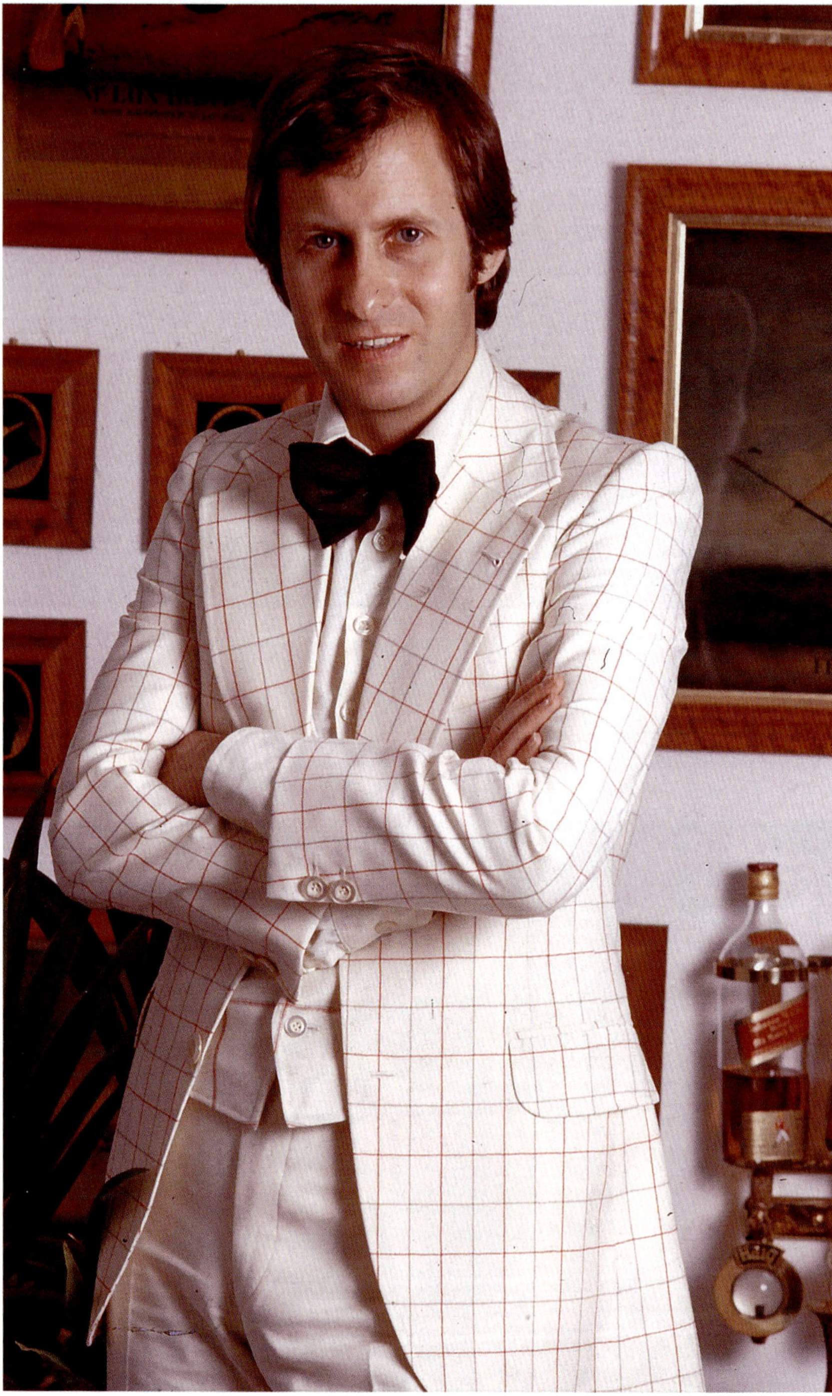

Im Gatsby-Look, Mitte der siebziger Jahre

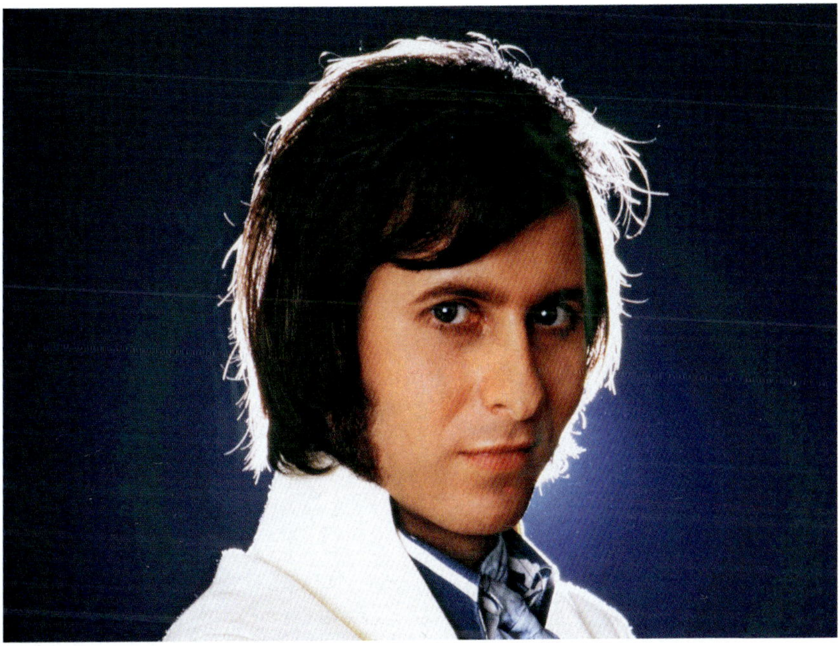

Portrait, Ende der sechziger Jahre

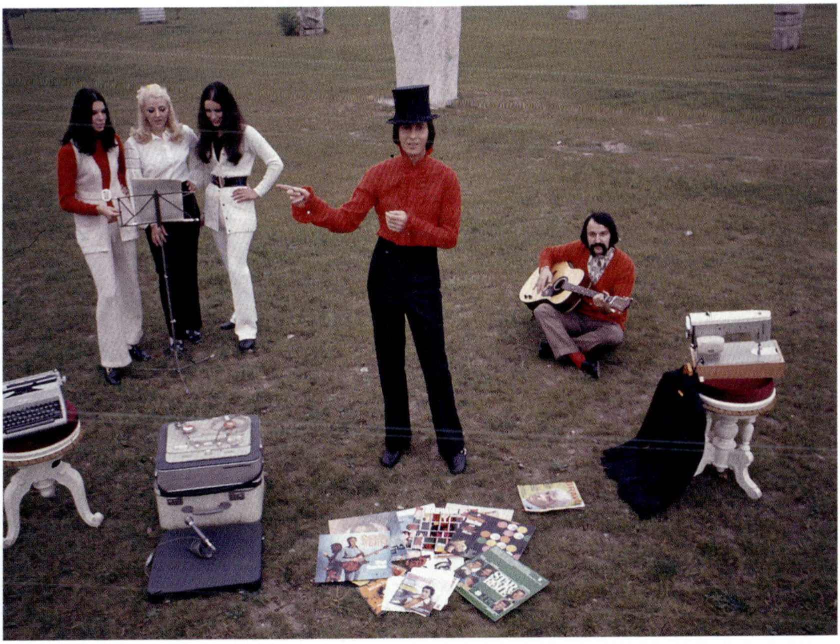

Mit Moroder (rechts) und Petra Stradal (ganz links)

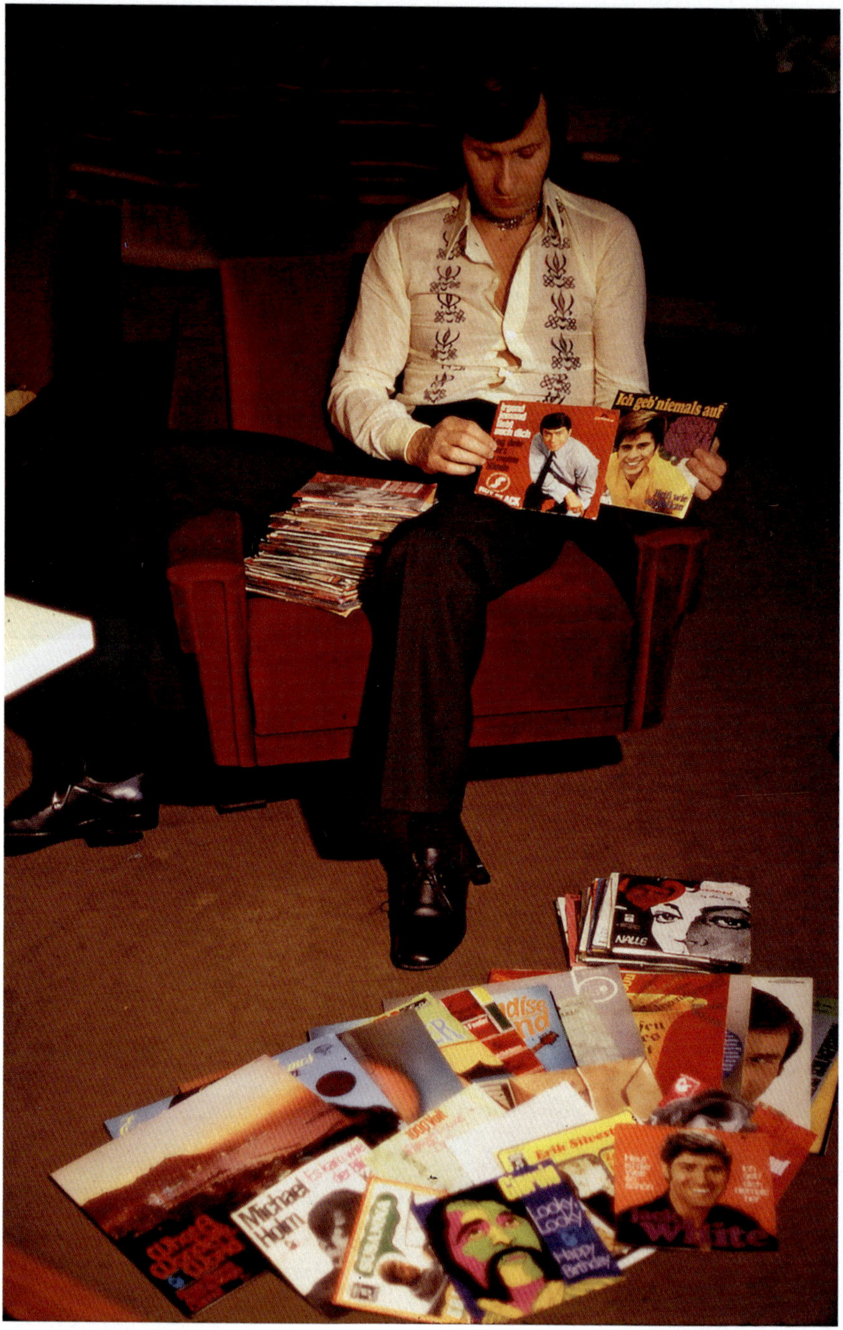

Sit and Wait mit Schallplatten, ca. 1970

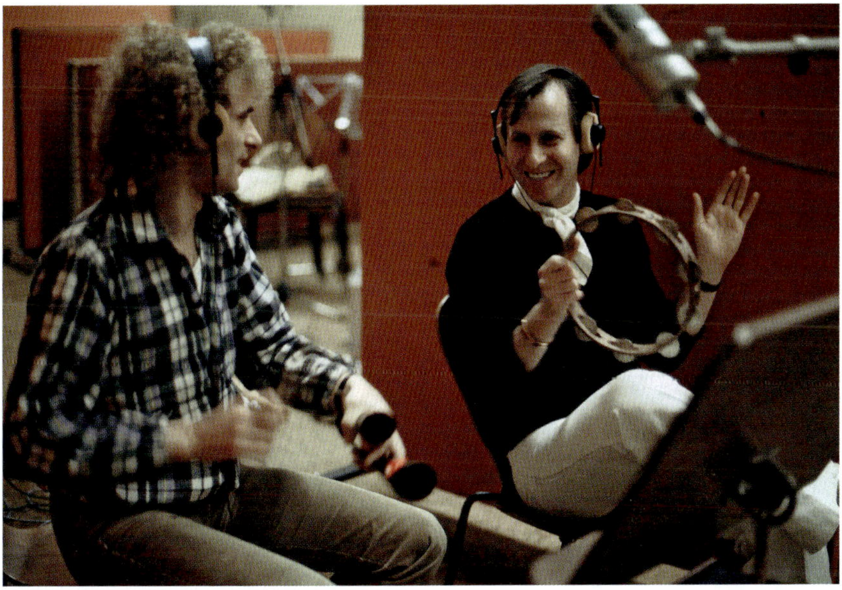

Im Studio Anfang der siebziger Jahre

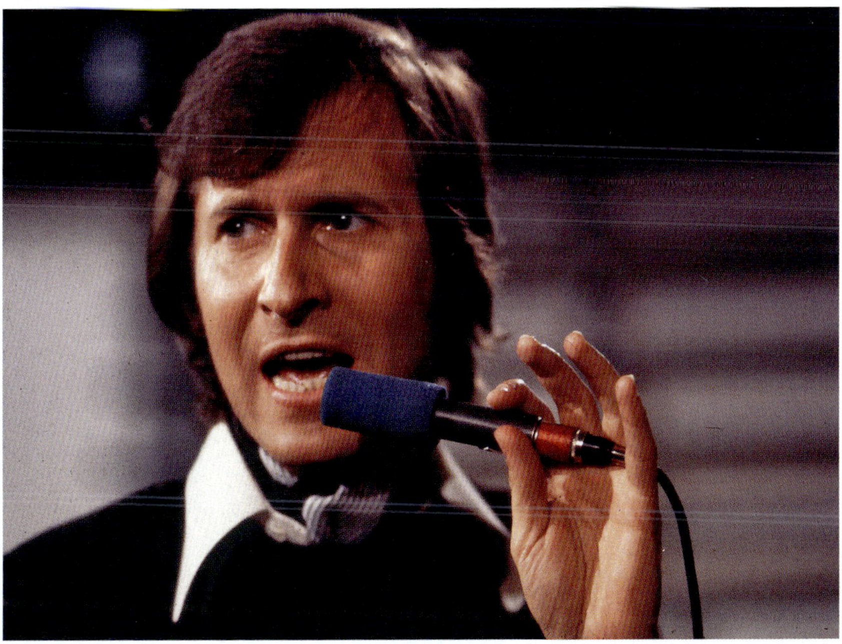

Im Fernsehen ca. 1972

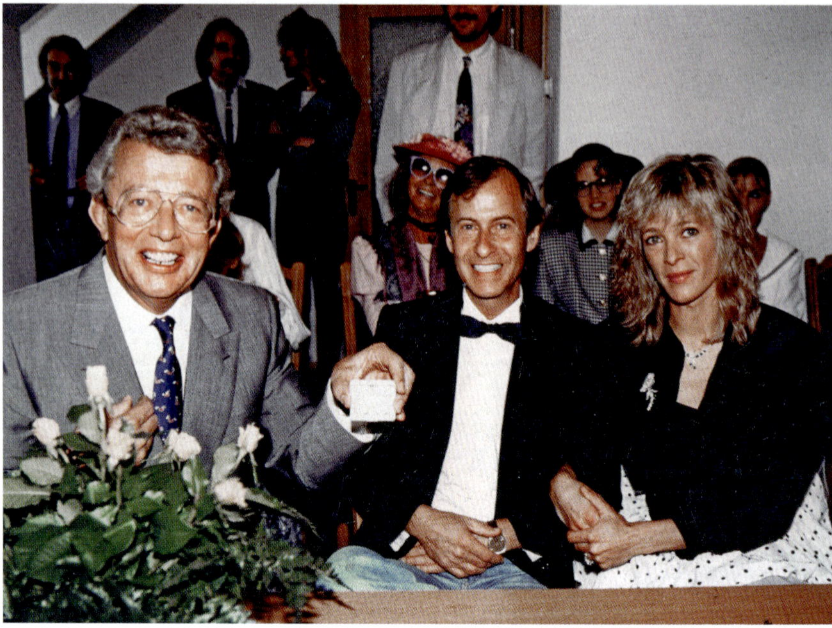
Trauung mit Trauzeuge Dieter Thomas Heck

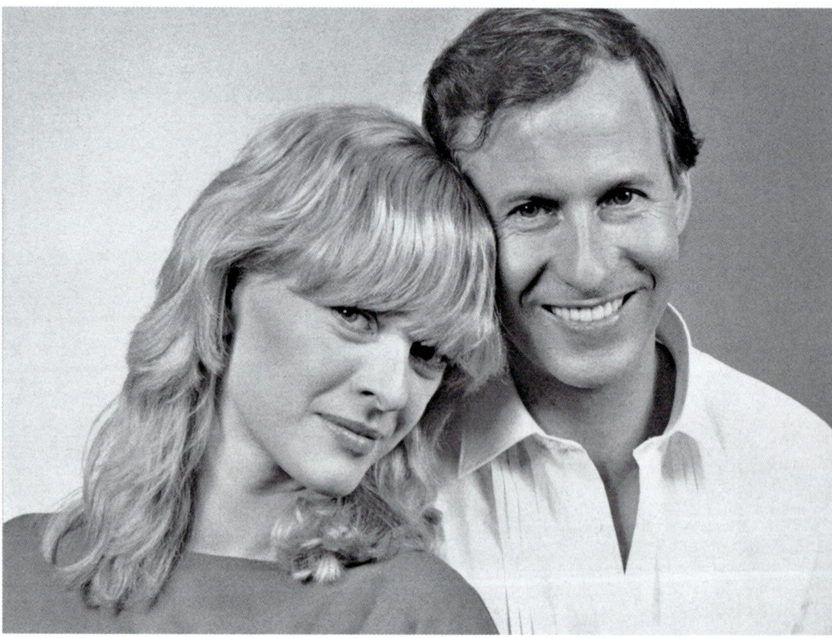
Bimbi und ich

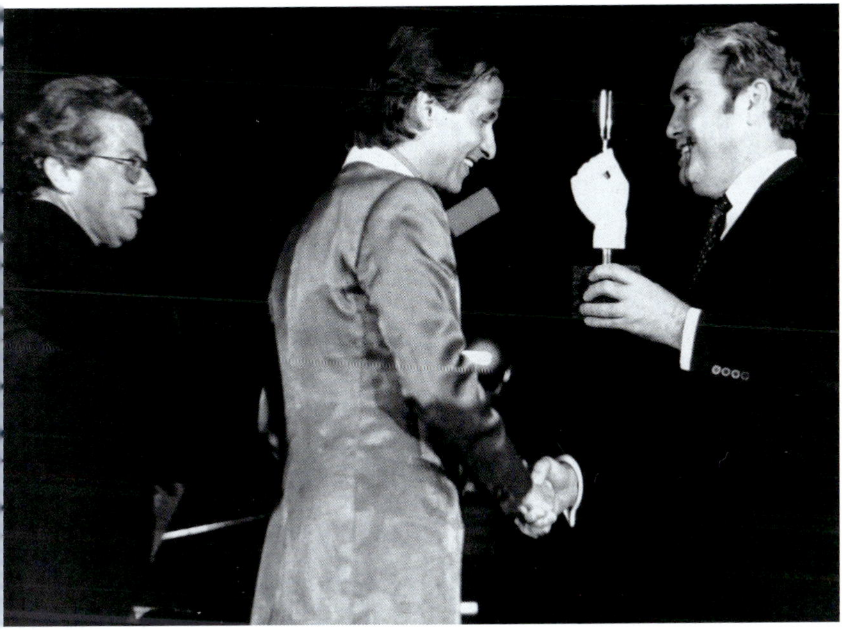

Mit Dieter Thomas Heck, Goldene Stimmgabel

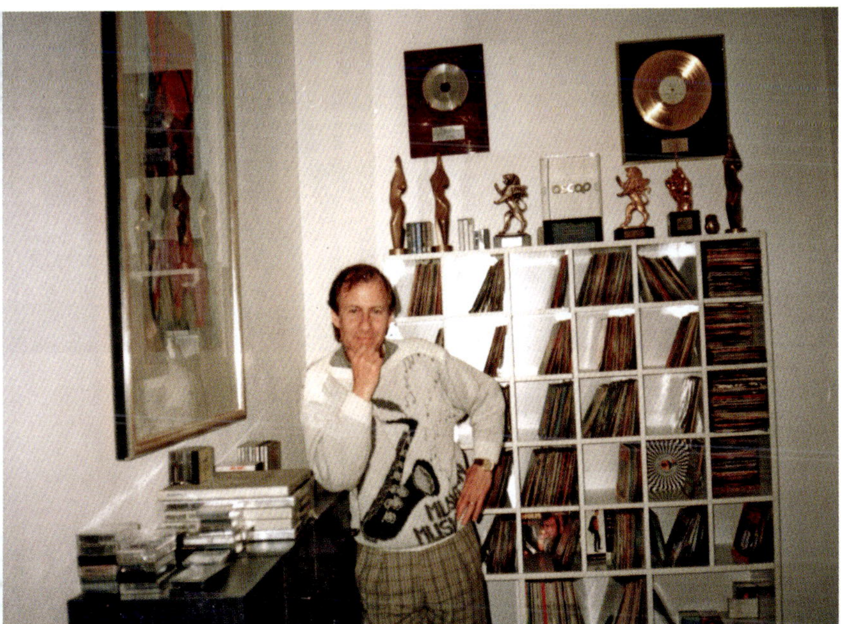

Mit einem Teil meiner Titelsammlung

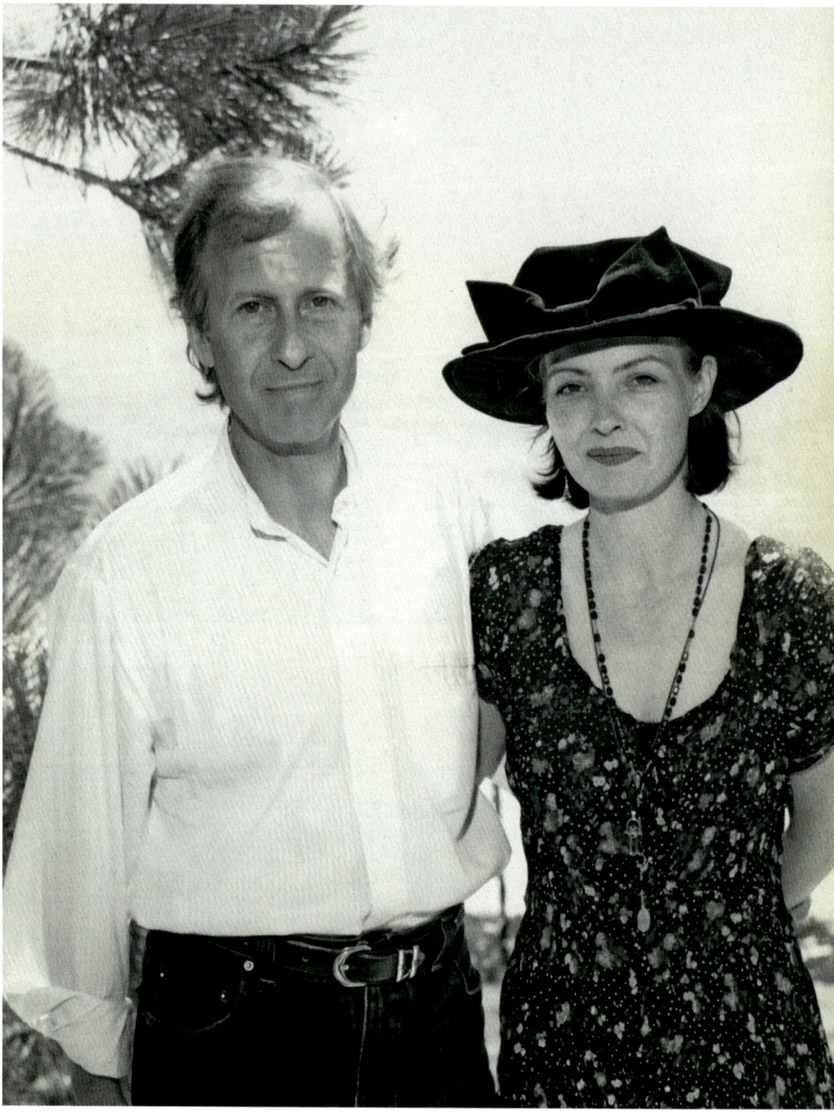

Mit meiner Agentin Deborah Holland

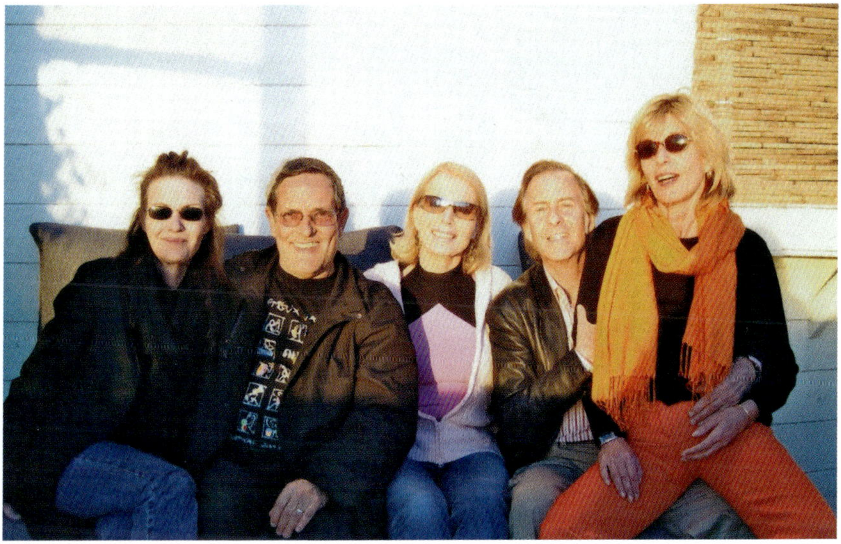

Grammy Reisegruppe

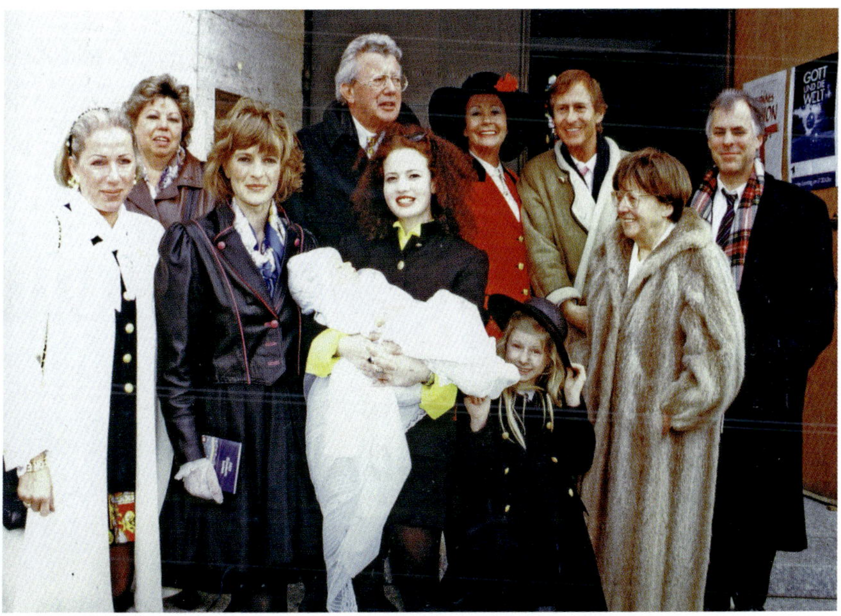

Taufe von Max mit Familie Heck

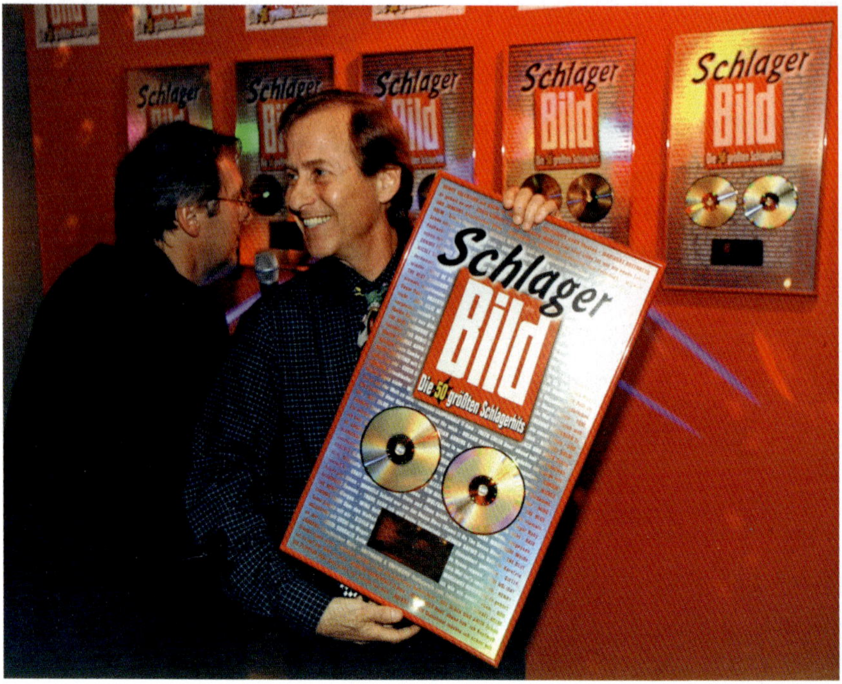

BILD-Schlager 1998

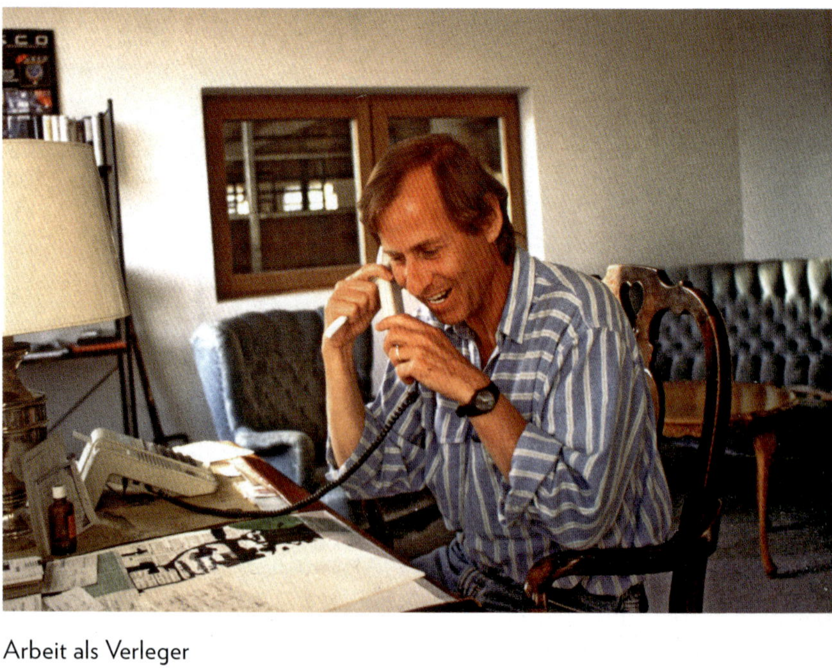

Arbeit als Verleger

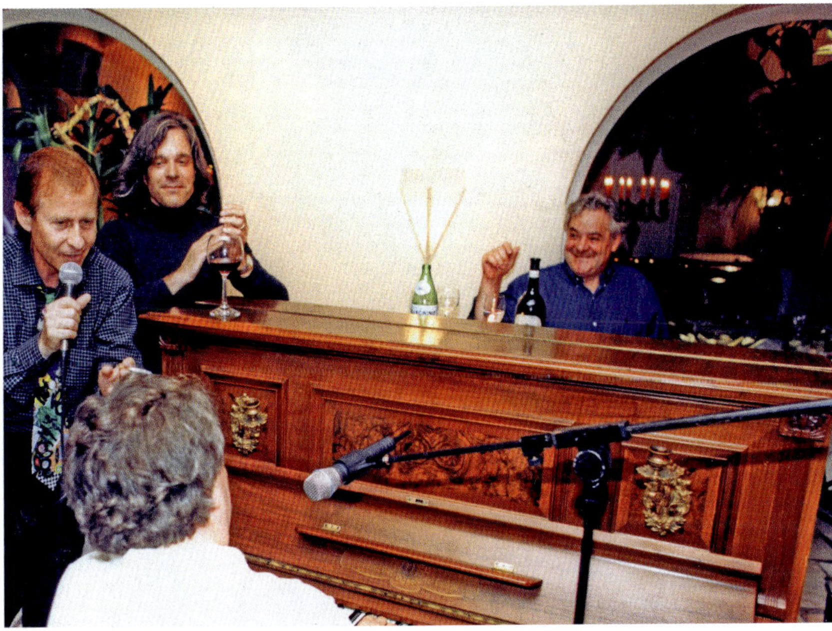

Session auf dem Schörghof mit Jürgen Drews

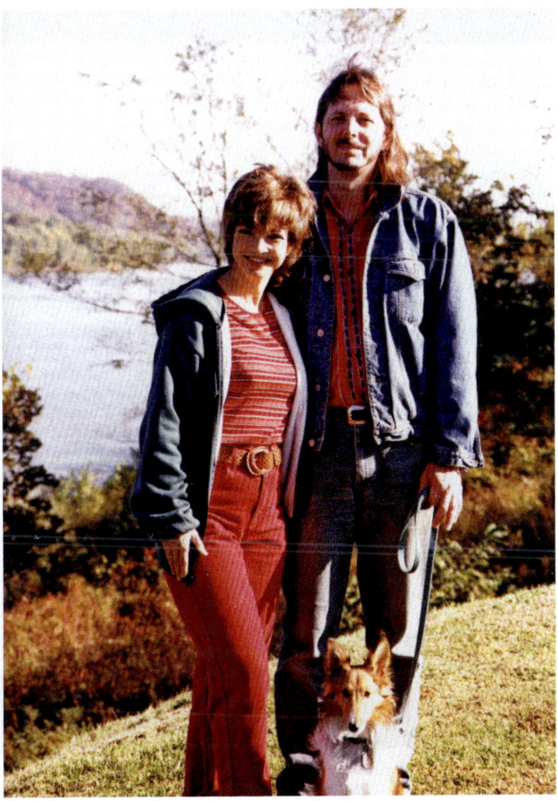

Hitschreiber Tod Cerney

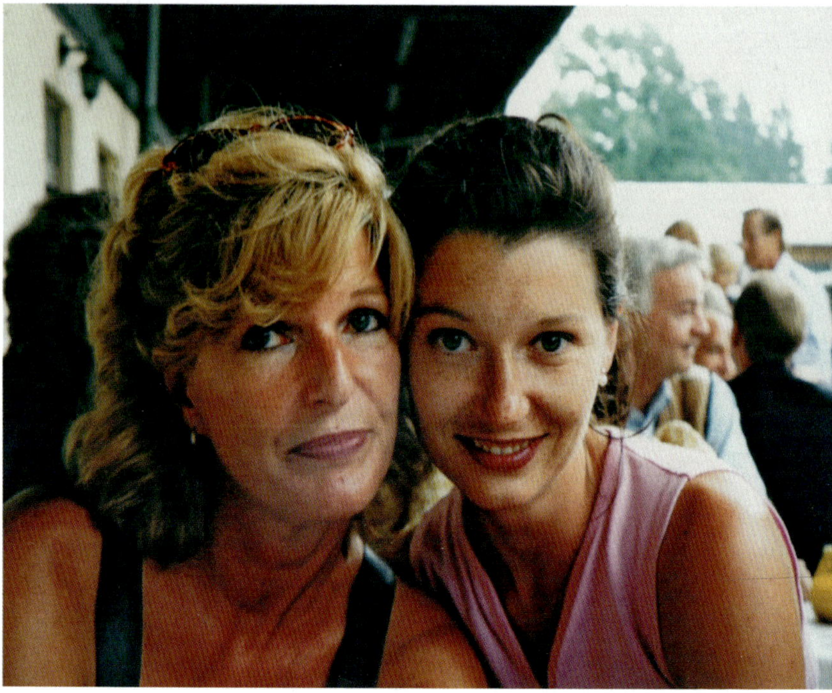

Barbara und Katrin

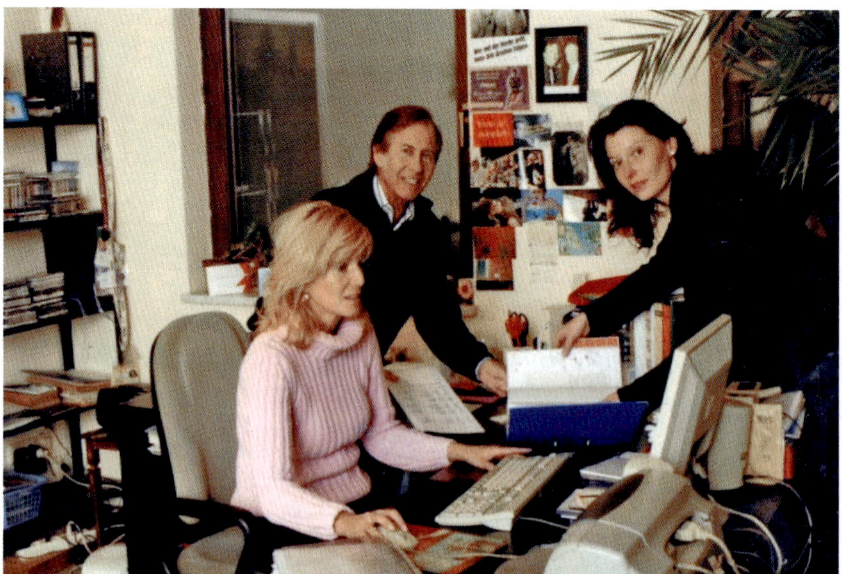

Autobahn Crew Barbara Krämer und Katrin Kretschmer

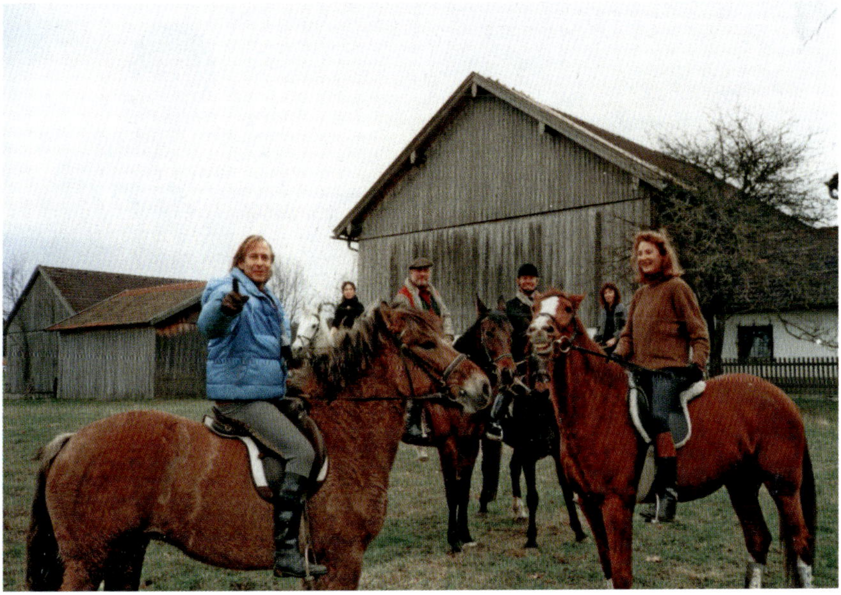

Ausritt in Oberbayern

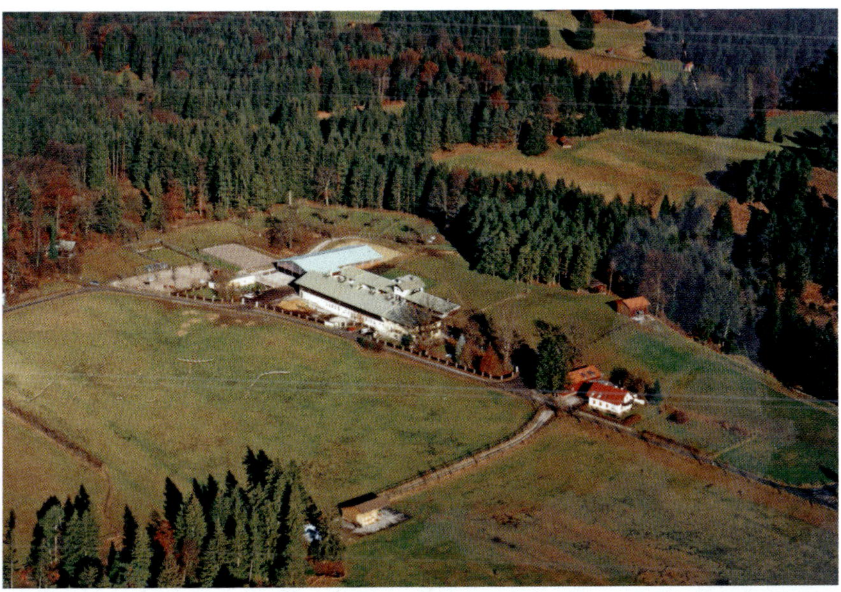

Gut Schörghof aus der Luft, das Riesenteil

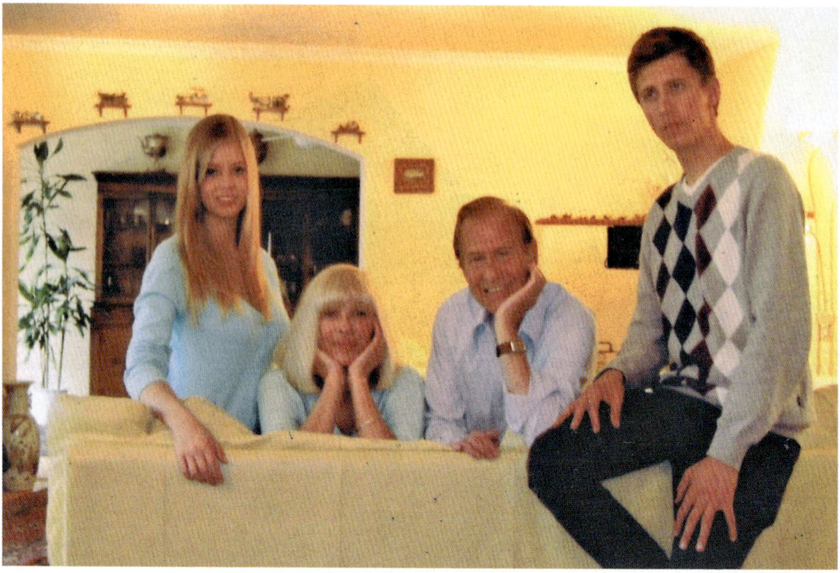

▲ Meine Familie

▼ Mit Christiane Wagner

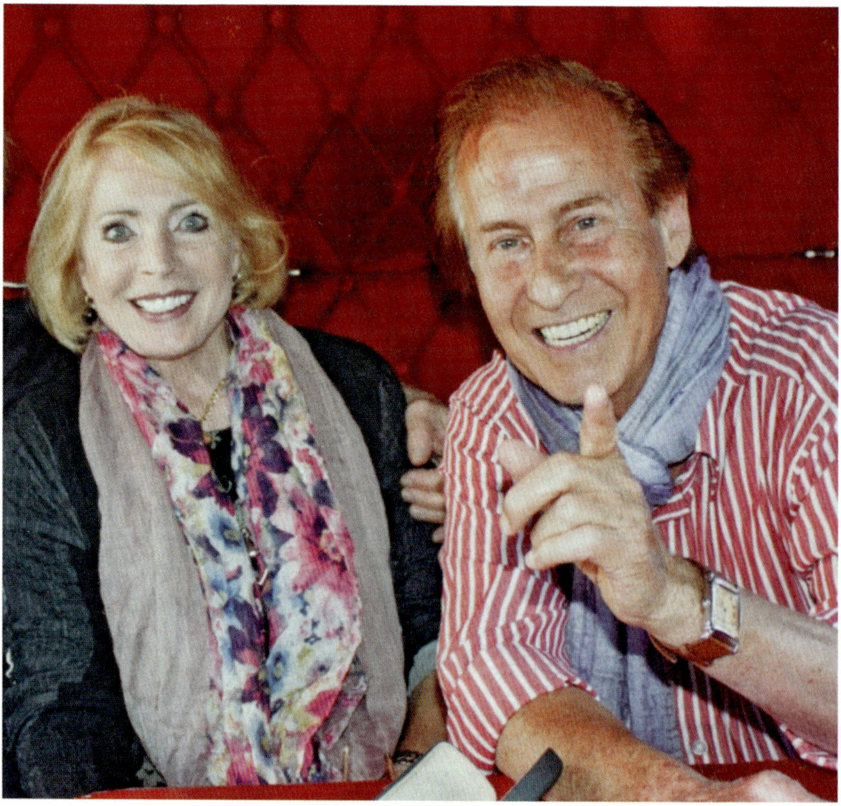

Lied *Glaub daran* beim Vorentscheid »Ein Lied für Luxemburg« bei allem Glauben daran nur für den letzten Rang. Das war ein dunkler Fleck auf meiner sonst weitgehend weißen Hitweste, die ich natürlich reinwaschen wollte. Und der Rückenwind, den ich zu dieser Zeit spürte, hatte ohnehin Windstärke zehn. Der erste deutsche Sieg beim European Song Contest: ja, wenn nicht Pietschie und ich, wer dann?

So gingen wir mit mehr als ausreichend Selbstbewusstsein an diese Aufgabe. In der Pause einer anderen Studiosession, es könnte die für *El Matador* gewesen sein, klimperte Rainer auf dem Klavier ein immergleiches Riff. Groovy, fast funkartig.

»Das ist toll, Alter! Wie geht es weiter?«, sprang ich gleich darauf an.

Und Rainer antwortete: »Das ist eine Idee für Joy und das Festival, es könnte der Vers sein, aber ich weiß noch nicht, wie es weitergeht.«

Wie es dann so ist in solchen Zeiten, wenn man sich direkt vom Olymp zu den Menschen geschickt fühlt, traf mich die Lösung für den Refrain an Ort und Stelle wie der Blitz. Ich schubste meinen doch sehr schweren und beleibten Partner vom Klavierhocker und intonierte den Chorus von *Ein Lied kann eine Brücke sein*. Leider noch ohne die dazugehörigen Worte, die mir dann, wohl weil ich meinen Vorrat an göttlicher Eingebung gerade für die Musik aufgebraucht hatte, erst mal so gar nicht einfallen wollten. Den Song in seiner Demoversion stellten wir in vielleicht zehn, fünfzehn Minuten fertig, und jeder von uns beiden bekam ein 19-Zoll-Tonband, um seine Arbeit zu vollenden.

Dieses Mal lief es bei Rainer deutlich geschmeidiger als bei mir. Vielleicht war es auch ein bisschen eine Blockade, weil die *Tränen* ein solcher Blockbuster gewesen waren. So habe ich dann, was so gar nicht meine Art war und ist, die Arbeit ein wenig vor mir hergeschoben. So kam es dann, dass mich ausgerechnet auf einer Urlaubsreise, zu der ich meine Band Love and Tears mitsamt Frauen in das Rosi-Mittermaier-Hotel in Reit im Winkl eingeladen hatte, während wir dort also riesig Spaß hatten und rumalberten, mich ein Anruf von Rainer Pietsch erreichte.

»Was ist los? Ich will das Arrangement schreiben. Hast du gar keine Idee?«

»Doch, doch, ich habe tausend Ideen, aber irgendwie auch keine. Du verstehst, keine, die funktioniert.«

Und da dämmerte es mir, das schaffst du nicht im Urlaub mit den Jungs. Da gibt es zu viel Ablenkung. Du musst nach München fahren, da wird dir irgendwann hoffentlich was einfallen. Und dann kann ich ja wieder zurückkommen. Also habe ich die Mannschaft dagelassen und fuhr mit dem Auto zurück nach Hause. Der Weg von Reit im Winkl führte auf der Autobahn Garmisch retour nach München, und da kam vor Iffeldorf eine aquäduktartige Brücke. Und ich fahr da so drüber. Brücke, Brücke … Ich kann eine Brücke … Ein Lied kann eine Brücke … Genau, ein Lied kann eine Brücke sein! Ich murmelte die Zeile wie ein Mantra vor mich hin, so groß war meine Sorge, dass ich diesen Einfall aus irgendeinem Grund verlieren könnte. Auf dem nächsten Rastplatz habe ich den Text fertig geschrieben. Kleine Änderungen waren noch nötig, hier und da klapperte es noch, aber mit dem wichtigen »Rohbau« und der entscheidenden Hookline bin ich dann direkt in mein Büro gefahren und habe das meiner Sekretärin auf den Tisch gelegt: »Bitte tippen und an Pietsch schicken. Ich bin wieder weg.« Und zurück ging es zu meiner Band nach Reit im Winkl und ins Hotel Mittermaier. Ein Lied kann eine Brücke, aber eine Autofahrt auch die Rettung sein!

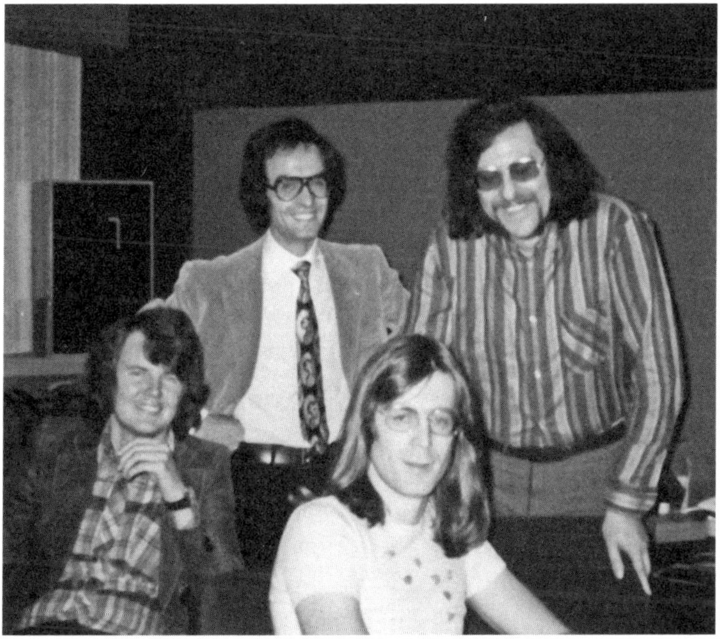

Rainer Pietsch war auf dem Höhepunkt seines Schaffens ohne Zweifel einer der besten Arrangeure, die man in der Welt der Popmusik finden konnte. Leider war er sich dieser Tatsache oft mehr bewusst, als es eigentlich nötig gewesen wäre.

Mit dem fertigen Text, Pietschs Arrangement-Masterpiece und natürlich mit Joys unvergleichlicher Stimmgewalt zogen wir siegesgewiss nach Schweden. Den deutschen Vorentscheid »Ein Lied für Stockholm« hatten wir zwar schon nur unerwartet knapp vor dem Beitrag von Ralph Siegel mit der Sängerin Peggy March gewonnen, aber das machte uns keine Gedanken. Wir waren sicher, unser Titel war auf absolutem internationalem Topniveau, und das bestätigten uns auch alle Kollegen vor Ort. *Ein Lied kann eine Brücke sein* war bei den Proben für die Sendung der Geheimfavorit. Auch wenn mein Gefährte Pietsch sein zu der Zeit übergroßes Ego vor sich hertrug und dann bei der Eurovision-Livesendung vor dem Orchester mit so viel Verve in seinem Dirigat aufging, dass er mit seinen beinahe drei Zentnern Lebendgewicht das Dirigentenpodium durchschlug und bis zum Knie darin einbrach. Das Brachiale, auch das Überselbstbewusste, was uns mit Rainers Auftritten als deutsche Delegation umwehte, schien sich auch an die nationalen Jurys versendet zu haben, die über den Siegertitel befinden sollten. Eine Zuschauerbeteiligung an der Abstimmung via Telefon-Voting gab es damals leider noch nicht. Wir landeten mit unserem Songjuwel mit fünfzehn Punkten auf dem siebzehnten von achtzehn Plätzen. Ein Vollcrash, ein Leberhaken für unsere Ambitionen.

Später hieß es, dass es womöglich an Joys Kostüm gelegen haben mag. Das ist in meinen Augen Unsinn. Wir waren mit einer Nummer, wie sie »undeutscher« nicht hätte sein können, vielleicht einen Tick zu weit von den Erwartungen Europas an einen deutschen Beitrag entfernt. Zudem gab es schon damals die Praxis, dass »Bruderstaaten« einander die Punkte zuschoben. Frankreich für Luxemburg und Belgien und umgekehrt und so weiter. Vielleicht war der Song auch einfach eine Spur zu viel Pop für das »Chanson«-Festival, wo neben Joy alle anderen Stimmen »wie die Mäuschen« klangen, wie sie es selbst einmal zu Protokoll gab. Dass es nicht am Titel selbst gelegen haben kann, dafür lieferte uns einige Zeit später Joys Produzent Peter Kirsten einen unumstößlichen Beweis in Form eines persönlichen Ritterschlags. Über Kontakte in die USA war es Kirsten gelungen, den Song bei Frank »Blue Eyes« Sinatra vorzustellen. Fred Jay hatte einen englischsprachigen Text verfasst: *A Bridge of Love, Across the Sea*. Und der größte Crooner aller Zeiten war so angetan, dass er das Stück für sich arrangieren ließ, Probeaufnahmen machte und ihn in die engere Wahl der Lieder für ein anstehendes Album nahm. Bei der finalen Recording-Session flogen wir dann wieder aus der Liste heraus. Sinatra hatte ein eisernes Prinzip bei der Auswahl seines Plattenmaterials: Er sang den Titel bei der entscheidenden Session ein-, maximal zweimal. Wenn er sich dann nicht richtig und gut anfühlte, war der Song leider kein Sinatra-Song. So ging es dann am Ende wohl auch unserer *Brücke*, die ich trotzdem nach wie vor für eine der gelungensten Arbeiten halte, an der ich beteiligt gewesen bin.

Ein weiteres Lied in der ersten Hälfte des Jahres 1975, das bei den Kollegen hochgeschätzt, aber dann vom Publikum verschmäht wurde, war ausgerechnet meine Nachfolge-Single von *Tränen lügen nicht*. Wer einen solchen Hit wie die *Tränen* abliefert, weiß: Der nächste Titel hat es doppelt schwer. Wie wir darauf kamen, weiß ich nicht mehr, jedenfalls entschieden wir uns für die Nachfolge für eine Komposition, die schon länger in unseren Schubladen ruhte und die uns schon einmal als Quelle des Ausrufs »Hossa!« einen Wahnsinnserfolg beschert hatte. *El Matador* war eine kleine traurige Geschichte über einen Jungen aus einfachen Verhältnissen, der davon träumt, seinem Leben Glanz durch den Ruhm eines Stierkämpfers zu verleihen und dann gleich im ersten Kampf Opfer seiner Wünsche wird. Eine poetische Absage an allzu maßloses Streben nach Ruhm und Reichtum, dachte ich. Manche sahen es anders: als Verherrlichung von Tierquälerei in Stierkämpfen, als Überhöhung eines archaisch-patriarchalischen Ritus, so ließen mich reichlich wütende Briefe von Tierschützern, Feministinnen und anderen aufgebrachten Gruppen wissen. Meine kleine Parabel war buchstäblich auf die Hörner genommen worden und fand allein schon wegen des zu erwartenden Hörerprotestes wenig im Radio statt. Das Todesurteil für eine Schlagermelodie Mitte der siebziger Jahre. Da half es mir auch nicht, dass Kollegen wie Jürgen Marcus mir gegenüber den Titel als einen der besten adelte, die er je gehört habe. Das Publikum war mein Boss, und mein Boss war dieses Mal nicht zufrieden mit mir.

Ein Umstand, an dem ich unbedingt etwas ändern wollte. Und schon bald bekam ich die Gelegenheit dazu, denn in der Schweizer Hitparade stieg gerade ein Lied auf, das für mich und meine Stimme wie geschaffen war. Der Song *Tornerò* der italienischen Newcomer- und One-Hit-Wonder-Band I Santo California hatte alles, was mich und mein Publikum wieder versöhnen sollte. Sentimentalität, eine Weltmelodie und erneut ein schönes Arrangement, aus dem mein Partner Pietsch wieder eines seiner Streicherjuwelen schaffen konnte. Rainers Arbeiten mit klassischen Orchestern für Pop und Rock hatten mittlerweile eine derartige Reputation, dass sich viele Kunden von Giorgios Musicland-Studios ihre Sachen in München von Pietsch in dessen Klangwolken packen ließen. Internationale Top Acts wie Rainbow oder ELO bedienten sich der Qualitäten meines Partners, und ich wusste auch genau, warum.

Wenn ein Hit entsteht, haben oft viele große kreative Geister ihren Beitrag geleistet, und so war es auch im Falle von *Tornerò (Wart auf mich)*. Da mein persönlicher Lieblings-Engineer Mal Luker zu dem Zeitpunkt unserer Aufnahmen leider nicht verfügbar war, bat ich Giorgio Moroder um einen Tipp. Er empfahl mir einen seiner besten Leute, den alle nur »Mack« riefen, was ich für einen Spitznamen oder vielleicht einen Vornamen hielt. Es war aber der Familienname. Die Soundlegende Reinhold Mack, der sonst für

Bands wie die Rolling Stones, Queen, Deep Purple oder Led Zeppelin Hand an das Pult legte, half uns, aus dem Hit *Tornerò* den deutschen Knaller des Jahres 1975 zu machen, mit dem es bis auf Platz vier der Verkaufshitparade ging.

Während wir im Musicland in unserem Team der Superhelden an dieser nächsten Hitexplosion arbeiteten, fiel mir auf, dass Giorgio selbst außergewöhnlich viel Zeit in der Kantine verbrachte. Sprich, er arbeitete nicht im Studio, wie ich es von ihm kannte, sondern las Zeitung, trank Kaffee und hielt Schwätzchen mit den Kollegen, die auch gerade eine Pause machten.

»Hast du keine Lust mehr, oder musst du nicht mehr?«, fragte ich meinen lieben Kollegen dann bei einem unserer kurzen Breaks, die wir uns gönnten. Studiozeit im Musicland war nämlich auch für uns als Topstars sündhaft teuer.

»Ach, weischt, du kennscht doch die Donna …«

»Die Donna, die Backgroundsängerin? Ja freilich!«

»Du, mit der hab ich gerade was produziert, und das hat die Phonogram mir abgelehnt. Aber weischt, ich wart jetzt noch ein halbes Jahr, dann ist mein Vertrag mit denen ausgelaufen. Dann gehe ich mit der Donna nach Amerika, und dann habe ich einen Welterfolg.«

Die Produktion, die Phonogram in Deutschland nicht veröffentlichen wollte, war bereits in Holland ein kleinerer Hit gewesen und sollte in einer fast siebzehnminütigen Version unter dem Titel *Love To Love You, Baby* mit der Sängerin Donna Summer die Discomusik aus der Taufe heben. Man mag sich wegen der vermeintlichen Blindheit der Plattenfirma heute an die Stirn schlagen, aber wenn man bedenkt, wie innovativ, neu, beispiellos diese Kaskaden aus Synthesizer-Melodien und laszivem Gesang waren, bleibt es zumindest nachvollziehbar, warum sich biedere deutsche Musikmanager nicht an diese Sorte Musik herantrauten. Jedenfalls sollte Moroder recht behalten. Im November 1975 erschien der Song in Amerika. Donna Summer erreichte dort, als völlig Unbekannte, Platz zwei der Billboard-Charts, und Moroders ohnehin glänzende Karriere schickte sich an, in eine weitere Dimension vorzustoßen. Ich war und bin immer sehr stolz, mit außergewöhnlichen Menschen arbeiten zu dürfen, und so bedauerlich es sicher war, dass sich unsere Wege hier endgültig trennten, so sehr habe ich ihm immer seine unfassbaren Erfolge gegönnt. Es ist mir bis heute eine Ehre, dass sein Name auch auf meinem Karriereweg einen solchen Eindruck hinterlassen hat.

So beendete ich das Jahr 1975 wieder mit einem großen Hit und freute mich schon auf den nächsten Erfolg. Denn Erfolg, das kann ich vor allem in der Rückschau auf meine Karriere in den siebziger Jahren mit Bestimmtheit sagen, Erfolg ist eine mächtige Droge. Wer für sie empfänglich ist, der verliert ein Stück weit auch sein Leben in einer Normalität, wie das Publikum sie kennt. Für diese Normalität bleibt ohnehin kaum Zeit.

Vor den Erfolg haben die Götter auch für uns Künstler den Schweiß gesetzt. Mein ähnlich rastloser und mindestens genauso erfolgreicher Kollege Ralph Siegel hat mal zu mir gesagt: »Michael, im Sommer fahren meine Angestellten mit dem Golf an den Badesee und ich mit dem Rolls-Royce ins Studio.« So ist es, wenn man dem Erfolg anheimfällt. Man will ihn halten, man will ihn wiederholen und ist bereit, alles dafür zu geben. Ich kann auch nicht sagen, dass es mir damals an irgendetwas wirklich gefehlt hätte. Dass das Leben noch andere Freuden, imposante Erlebnisse und Bestätigung jenseits der Bühne und des Publikums in den kleinen Dingen des Alltags bereithalten kann, das sollte ich erst ein paar Jahre später durch meine Frau Bimbi und die Kinder lernen dürfen.

Mitte der siebziger Jahre war das für mich kein Thema. Für mich waren die Charts das Maß aller Dinge. Und welches Glück ich hatte, dass ich meinem Streben nach Erfolg mit einer Arbeit nachgehen konnte, die mich erfüllte, glücklich machte, von der ich nicht genug kriegen konnte. Und die ich ja nicht nur zugunsten meiner eigenen Karriere machte. Das Schreiben, das Produzieren für Kollegen nahmen weiterhin einen großen Raum ein, so wie 1976, als ich meinen größten Jahreserfolg nicht als Sänger, sondern als Co-Autor von Peter Maffay feierte, mit dem ich seinen Hit *Ein Bild kann nicht lachen so wie du* geschrieben hatte. Ein »Hit« der besonderen Art gelang mir als Werbekomponist für die Dresdner Bank, für die ich deren Slogan »Mit dem grünen Band der Sympathie« vertonte. Ein Jingle, der fast zwanzig Jahre lang im Einsatz war und so eine Werbemelodie wurde, die eine ganze Generation Westdeutscher im Schlaf mitsingen kann.

Auch wenn es mal ein paar Monate keinen eigenen Top-Ten-Hit zu feiern gab, viel mehr Sonnenschein konnte das Leben für einen Menschen kaum bereithalten, und ich war dankbar und jederzeit bereit, die Früchte des Erfolges mit meiner Familie zu teilen. Ich nahm meine Geschwister und deren Lebenspartner mit zu ausgedehnten Sommerurlauben nach Korsika oder nach Spanien, und wenn irgendwo mal eine kleine finanzielle Hilfe nötig war, ließ ich mich nicht zweimal bitten. Trotzdem war das natürlich nicht immer einfach für alle. Aus Daddy, dem Junior der Walters, war nun Michael Holm geworden, der Star, bekannt aus Funk und Fernsehen. Aber meine Geschwister und vor allem meine Eltern wussten damit umzugehen. Zumal ich zwar sicher »auffällig« war, aber in einer durch und durch positiven Art und Weise. Andere Kinder machten Mama und Papa da größere Sorgen, und auch ich sollte später in Berührung mit Verwandlungen kommen, die ich in meiner Familie so nicht erwartet hätte. Bis dahin sollte ich aber noch ein Stück mit dem Musikexpress durch die Hitfabriken dieses Landes fahren. Diese kennt man auch unter dem Namen »Tonstudio«, und es gab davon in Deutschland Tausende. Allein in München waren es Mitte der siebziger Jahre hundertzweiundvierzig Stück, die vor allem eines waren, ständig ausgebucht. Mit Musik konnte man in dieser Zeit nicht nur einfach etwas reißen, man konnte mit ihrer Hilfe im Paradies einchecken. Popstars waren die neuen Märchenprinzen und -prinzessinnen, und das richtige Lied zur richtigen Zeit konnte der *Stairway To Heaven* in ein Leben wie das eines Fürsten sein.

Zumindest machten die Zeitschriften, das Fernsehen und das Radio dies alle Welt glauben. Kein Wunder, dass sich viele auf den Weg machten, um im Klondike der Musikindustrie ihren eigenen großen Goldnugget zu schürfen. Um aus diesem Heer der Angebote die erfolgversprechendsten Talente herauszufischen, brauchten die Plattenfirmen Produzenten. Leute, die mit sicherem Gespür die richtigen Künstler, Songs und Arrangements finden, festlegen und möglichst kostengünstig große Hits fertigstellen konnten. Dass ich in so etwas recht gut war, hatte ich ja zwischenzeitlich mehrfach bewiesen, und darum war Michael Holm eine allseits anerkannte Fachkraft für solche Aufgaben. Könnte man meinen. Man darf die Kraft des Klischees und des Neides nicht unterschätzen. Für Musiker nämlich, also Menschen, für die ich dann Arbeitgeber war und, wie ich glaube, ein guter noch dazu, war es nicht immer leicht, mich als ihren Chef zu akzeptieren. Der »Schlagerfuzzi« Holm wollte

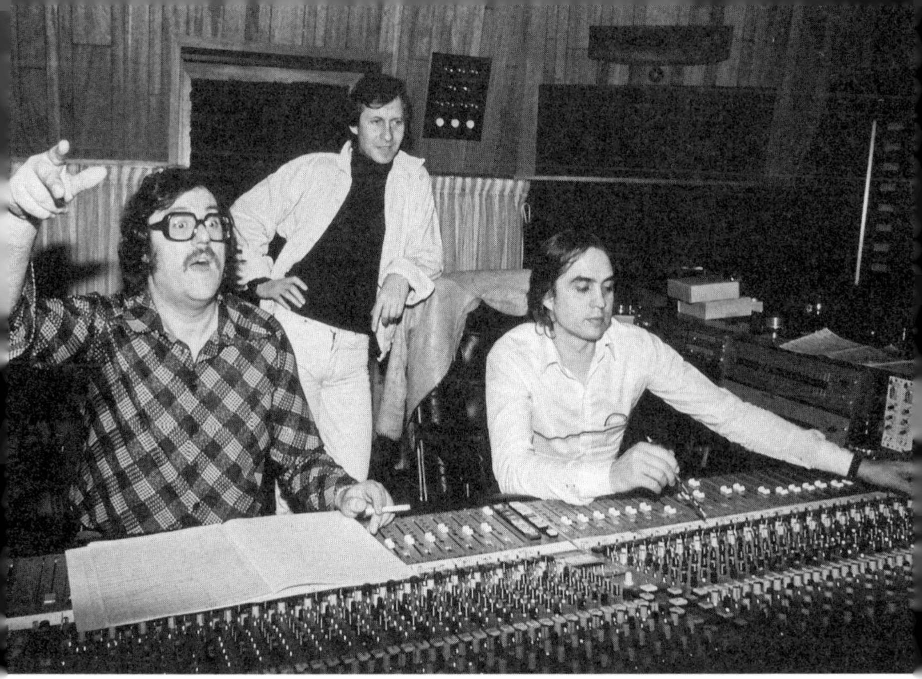

Der Alltag hinter den Kulissen. Rainer Pietsch und ich waren stets bereit, für den Erfolg alles zu geben, und verbrachten unzählige Stunden miteinander oder auch alleine in Regieräumen von Tonstudios. Wir haben es beide geliebt!

ihnen sagen, wie sie es im Studio richtig machen sollten? Ihnen, den oft studierten, im Jazz oder Art-Rock groß gewordenen Topinstrumentalisten? Das war nicht immer ganz einfach, und ich musste lernen, mich rabiat durchzusetzen, um in möglichst kurzer, weil sehr teurer Studiozeit das von mir gewünschte Ergebnis zu bekommen.

Als Beispiel sei hier eine kleine Geschichte mit dem legendären Jazzschlagzeuger Charly Antolini erzählt. Ich war für eine Aufnahme in Köln als Produzent für Mary Roos gebucht und hatte mir von den Studiobetreibern eine Musikersession zusammenstellen lassen. Das Beste vom Besten, unter anderem eben mit Charly, einem super, super Drummer und ein netter dazu, den ich menschlich wirklich richtig gerne mochte. Unsere Aufgabe war das Playback für eine Ballade, und in der Mode der damaligen Zeit hieß das auch, Schlagzeug-Fill-ins mit schweren, wenigen Schlägen. Es kam das erste Break, und Antolini wirbelte ein Trommeldonnerwetter über seine Kessel, dass es einem den Atem verschlug. Gut, das ist die Aufgabe des Produzenten, den Kollegen zu erklären, was er genau hören möchte.

»Du, Charly, kannst du mir mal zehn Prozent geben in dem Fill, was du mir gegeben hast, weißt du, so ein Tschack, bum, back, du, du, Tschack bang, gang, gang ... Wenig, sehr energetisch und bisschen immer nach hinten denken, nicht nach vorne.«

»Michi, hab dich schon verstanden.«

Die Stelle kommt, und als hätte ich nichts gesagt, haut der Antolini in das Break, als würde er pro Schlag bezahlt. Ein Produzent muss manchmal auch ein Stück weit Pädagoge sein, denn Künstlerseelen sind empfindlich. »Charly, ja, wir sind schon näher dran ... Jetzt mach mal nur gaaaanz reduziert. Ching, dack a dack, buff, buff ...«

Die Stelle kommt, und es bleibt dabei. Gewitter statt einzelner Schläge.

»Das war nichts, da kommen wir nicht zusammen. Wen habt ihr denn noch an guten Drummern?«, fragte ich den Studiobesitzer, denn ich war ja ortsfremd.

»Ja, heißt das, du willst den Charly Antolini aus dem Studio ...«

»Ja, bei aller Liebe, aber da kommen wir nicht hin. Das geht heutzutage nicht, das ist die vollkommen falsche Attitüde.«

»Ja, aber das werden die Kollegen nicht akzeptieren.«

»Wie, was, akzeptieren, bist du der Produzent oder ich?«

»Ja, wenn er es nicht so fühlt«, stotterte der Studioinhaber ein wenig hilflos.

»Fühlen tu ich, weil ich zahle, und ich muss es auch verantworten der Firma gegenüber, die sagen mir: Was machst du da für einen Hummelflug, wo alle Welt ein Laid-back-Fill spielt …«

So ging das hin und her, dann habe ich ein Machtwort gesprochen. »Na, in jedem Fall bekomme ich einen anderen Schlagzeuger.«

Da ist er dann ins Studio gegangen und teilte den Musikern mit: »Der Michael Holm will einen anderen Schlagzeuger.«

Daraufhin stand die gesamte Session auf und hat das Studio verlassen. Ich habe meine Sachen zusammengepackt und bin zurück nach München, Aber seit diesem Tag hatte ich nie wieder solche Probleme, denn ich hatte nun einen Ruf wie Donnerhall:

»Der Holm, der hat den Charly …«

»Naa, des gibt's doch net, DEN Charly?«

»Der Holm hat den Charly Antolini aus dem Studio geworfen!«

REISE
IV

CUSCO, NASHVILLE, TOKIO

Die Welt und ich

Nichts, aber wirklich rein gar nichts schien zu Beginn des Jahres 1977 darauf hinzudeuten, dass sich mein Leben bald in eine völlig neue Richtung verändern würde. Im Gegenteil. Wir starteten gleich im April mit dem nächsten Hit namens *Desperado* und surften damit auf der gerade beginnenden Countrywelle bis auf Platz drei der deutschen Charts. Wohl wissend, dass hinter diesem tollen Erfolg bereits ein Song auf mein Publikum wartete, der es in Sachen Popularität und Erfolg mit meinen größten Erfolgen wie *Mendocino* und *Tränen lügen nicht* würde aufnehmen können. Denn während wir die Arbeit an *Desperado* abschlossen und mein Promoter und Freund Michael Conrad gerade die Pressearbeit aufnahm, klingelte bei mir das Telefon. Der Promotionchef der Ariola, Gerd Dornieden, war am Apparat und fragte aufgeregt: »Hast du gerade Zeit? Kannst du mal zu uns in die Firma kommen? Ich muss dir etwas vorspielen!«

Zeit hatte ich, und wenn jemand wie der »Hithunter« Dornieden rief, war es ohnehin angezeigt, sich diese Zeit zu nehmen. Von der Mauerkircherstraße zum Arabella-Sternhaus, in dem die Ariola ihr Quartier hatte, waren es keine zehn Minuten. Ich setzte mich ins Auto, fuhr zur Plattenfirma und betrat Dorniedens Büro, der schon ungeduldig auf mich wartete. »Das hier«, sagte er mit der Inbrunst der Überzeugung, »wird dein nächster Hit. Hör dir das mal an.«

Dornieden senkte die Nadel seines Schallplattenspielers, und aus den Boxen ertönte eine melancholische Countryballade über einen Mann, der von seiner Frau in größter gemeinsamer Not verlassen wird. *Lucille* war zu diesem Zeitpunkt auf Platz neunzig-irgendwas der amerikanischen Countrycharts, was hieß, dass der Song auch in den USA bisher weder von den Radios noch den Countryclubs entdeckt worden war. Dass sich das bald ändern würde, lag auf der Hand, denn der Sänger des Titels war kein Geringerer als Kenny Rogers. In Europa noch weitgehend unbekannt, im Mittleren Westen der USA aber schon ein Superstar.

»Fällt dir dazu etwas ein?«, fragte Dornieden gespannt.

»Da fällt mir sofort was ein. Die Geschichte ist ja da. Und Lucille lass ich dann auch. Das ist doch klar«, antwortete ich, völlig fasziniert von der Ausnahmekomposition und auch erneut tief beeindruckt von dem Gespür meines Plattenmannes. Denn in den hintersten Winkeln der US-Countrycharts nach Juwelen zu suchen und sie dort auch zu finden, noch bevor die Amerikaner sie selber bemerken, diese Nase haben nur die allerwenigsten in dem Geschäft. Wir reservierten die Bearbeitungsrechte für das Lied per Fax und hatten nach der Bestätigung die Sache in unserer Hand. Sehr zum Unmut einiger Kollegen wie Gunter Gabriel, dessen Verlagshaus, ausgerechnet die Edition Intro der Gebrüder Meisel, sogar die deutschen Subverlagsrechte an dem Titel hatte, oder von Volker Lechtenbrink, den die verpasste Chance so sehr wurmte, dass er bei meiner Schwester in Erlangen anrief und sich bei ihr beschwerte, wie ich denn dazu käme, ihm diesen Titel wegzunehmen. Was natürlich Unsinn war. Als *Lucille* in Amerika durch die

Decke ging und alle merkten, was das für ein besonderes Lied war, da hatten wir längst die Rechte gesichert, den Text und das Arrangement geschrieben und Musiker ins Studio gebucht. Es war einfach dem geschmacklichen Radar eines Gerd Dornieden zu verdanken, dass wir bei *Lucille* die Allerersten waren. Mit diesem Vorsprung konnten wir uns die Zeit nehmen, auf den Durchbruch des Originals zu warten und auch noch einmal kurz in Urlaub zu fahren, um Sean Connery kennenzulernen.

Vor dieser Reise stellten wir aber die Tonaufnahme fertig. Wir arbeiteten in den Münchner Union Studios, die mir neben Moroders Musicland in der Isarmetropole die liebsten waren. Die Sessionmusiker ließ ich mir wie immer von Frau Löffler zusammenstellen. Sie war die Ehefrau eines irrsinnig tollen Musikers namens Franzl Löffler, der wirklich alle Saiteninstrumente von der Gitarre bis zur Bratsche beherrschte, deshalb kannte sie auch die Crème de la Crème der aktuellen Musikerszene. Ich hatte mal einen Titel aufgenommen, einen Buddy-Holly-Song, der hieß *Dearest,* und ich habe daraus *Liebling, kein anderes Mädchen ist so schön* gemacht. Diese Nummer von mir auf Deutsch war das absolute Lieblingslied von Frau Löffler. Sie war so begeistert davon, dass sie mir das aufwendige Booking für meine Studioarbeit abnahm. Von der Buchung bis zur Gagenverhandlung, ich kam einfach hin, und alles war vorbereitet. Frau Löffler arbeitete nicht umsonst, aber praktisch unbezahlbar, weil ganz hervorragend. Sie organisierte immer die feinsten und besten Musiker und Techniker für meine Aufnahmetage, so natürlich auch für *Lucille.*

Am ersten Tag hatten wir bereits die sogenannten Backings aufgenommen. Schlagzeug, Bass, akustische Gitarre waren schon auf Band, und am nächsten Tag sollten die Synchronisationen, also die Zuspielung von Gesang, Chören und weiteren Instrumenten anstehen. Rainer Pietsch hatte wieder das Arrangement gemacht, und vielleicht war es das Wissen um diesen Umstand, dass es mich dann eher unbewusst morgens, ganz entgegen meiner Gewohnheit, ohne Frühstück aus dem Haus und ins Union Studio trieb. Frühstücken kannst du auch da in der Kantine, dachte ich mir, und als ich gegen zehn Uhr eintraf, war der Studiotag noch nicht richtig in Gang gekommen. Überall wurde etwas aufgebaut und umgestellt, verkabelt und Mikrophone angebracht. Außerdem kamen ständig neue Musiker im Studio an. Bläser, Streicher, es wurden immer mehr. Es war offensichtlich, Rainer hatte wieder alles in seine Arbeit hineingepackt, was es an Klangquellen in der Musik zu finden gab. Das war seine große Stärke und hatte schon so oft wunderbar funktioniert. Aber bei *Lucille*? Ich ging zu Rainer und sagte ihm: »Alter, bevor wir irgendwas aufnehmen, singe ich das einmal drauf, damit wir hören, wo wir was brauchen und wo genau überhaupt was fehlt.«

Im Studio war ich immer der Boss. Und daran habe ich auch niemand sägen lassen. Auch nicht meinen Partner Rainer Pietsch. Die allerletzte Entscheidung traf natürlich die Plattenfirma, also Ariola und Monti Lüftner. Im Studio aber war mein Wort Gesetz. Dafür musste ich auch mit dem Risiko leben, von der Firma abgelehnt zu werden und im Zweifel sogar die Kosten zu übernehmen. Jetzt aber hieß es, erst mal herausfinden, welche und wie viele Zutaten unsere intime Moritat von der abtrünnigen Frau Lucille denn überhaupt benötigen würde. Darum bin ich in die Gesangskabine und habe das Lied in einem durchgesungen. Meine Stimme war noch leicht morgendlich belegt, der Text noch ganz frisch, und jede darin beschriebene Emotion gerade erst von mir zu Papier gebracht worden. Schon während ich den Titel sang, hatte ich Gänsehaut am ganzen Körper.

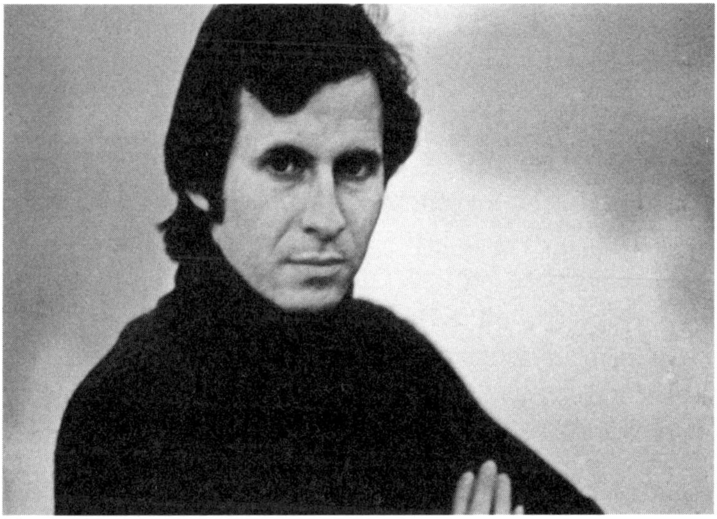

Meine Welt im Wandel. Das Coverbild meiner Single *Lucille* spiegelte meinen Schritt vom Popstar zum Troubadour. Es sollte nicht die letzte große Veränderung bleiben.

Es klang wie der Wahnsinn. Ich wusste schon vor dem Abhören im Regieraum, diese Gesangsspur werde ich nie wieder so gut und echt aufs Band bringen können.

Zu Rainer sagte ich dann: »Du, das war's. Zahle alle Kollegen bitte aus, sie können nach Hause gehen.«

»Aber …«

»Kein Aber, das ist es! So wie es ist. Nur dem Frank Baum an der Pedal-Steel-Gitarre, dem will ich gerne noch die Chance geben, das Hammerteil ein wenig zu veredeln.«

Und so spielte Frank Baum seine flirrenden, leicht weinenden Fill-ins auf das Playback und verlieh unserer Aufnahme einen authentischen Countrytouch. Rainer Pietsch, Wollie Amperhoff und Herbert Ihle sangen noch Chor drauf, und *Lucille* war reisefertig, um den Menschen die traurige Geschichte des von ihr verlassenen Ehemanns zu erzählen.

Mit ihr eroberte ich ein letztes Mal die Poleposition in der *ZDF-Hitparade* und war nun in der öffentlichen Wahrnehmung endgültig das, was man heute einen »Liedermacher« nennen würde.

Aber nicht nur der große Erfolg bewies mir, dass mein Hineingrätschen in die Arrangementpläne von Pietsch goldrichtig gewesen war. Die endgültige Bestätigung bekam ich ein paar Jahre später bei einem Treffen mit Roberta Kelly, der berühmten Discosängerin. Sie erzählte mir von einer Radiosendung, die sie gemeinsam mit Kenny Rogers hatte und bei der sich beide gegenseitig befragten. »Podcast« würde man das heute wohl nennen. Als die Rede auf *Lucille* kam, offenbarte ihr Kenny Rogers: »Ich muss eines sagen. Die beste Version von *Lucille* ist die deutsche Version.« – *»And then, Michael, they played your hole record, so it was heard from coast to coast! Can you believe that?«*

Ich bin ganz ehrlich, nichts wollte ich lieber glauben! Lieber nicht geglaubt hätte ich kurz nach der Veröffentlichung von *Lucille* an die ernst gemeinte Weigerung meines Managers Dieter Behlinda, sich um eine Clubtournee für meine Band und mich zu kümmern. Die Göttinger Beatband Love and Tears unterstützte mich nun schon seit ein paar Jahren als Begleitcombo auf Galas, Firmenevents und bei Diskothekenauftritten. Mit *Lucille* schien nun die Zeit reif, in das stetig wachsende Tourneegeschäft einzusteigen, um dort neben der Freude, den Fans endlich komplette Konzertabende schenken zu können, auch an den üppig sprudelnden Geldquellen der Ticketverkäufe teilzuhaben. Außerdem liebte ich Reisen mit Musikern, und meine vier Jungs waren gerade auf dem Weg, sehr ernst zu nehmende Autoren zu werden, deren Werke ich als Verleger nur zu gerne betreuen wollte. Es gab also eine ganze Reihe von Gründen, mehr Zeit auf der Straße mit meiner Liveband zu verbringen. Ich besuchte darum meinen Manager in dessen Büro und eröffnete ihm meine Pläne:

»Du, jetzt haben wir mit *Lucille* genau den Titel. Da können wir mal versuchen, mit der Band in die Clubs zu gehen. Ich zahl die Band, ich zahl die Rahmenkosten, du musst es organisieren. Wenn die Clubs uns was zahlen, cool, wenn nicht, nehmen wir mehr Eintritt. Aber darauf kommt es mir gar nicht an, sondern ich muss mich mal live beweisen. Man muss ja keine großen Hallen buchen. Dreihundert bis vierhundert Leute, und ich muss auch nichts verdienen. Die Jungs müssen ihr Geld kriegen. Ich bin sowieso nicht arm! Was sagst du?«

Und Behlinda sagte: Nein! Zu viel Arbeit. Allerdings nicht mehr bei mir. Denn beim Kunden Holm war seine Leistung von nun an nicht mehr gefragt.

Er hätte sicher diplomatischer und taktisch klüger – etwa mit einer ausweichenden Verzögerungstaktik à la »Super Idee, Michi! Aber das braucht eine ganze Zeit Vorlauf« – reagiert, wenn ihm meine persönlichen Pläne für das Jahr 1978 bekannt gewesen wären. Da hätte sich nämlich für das Tourneegeschäft ohnehin keine Zeit gefunden. Denn, was damals keiner wusste, ich plante schon seit längerem eine mehrmonatige Auszeit, ein »Sabbatical«, wie man heute sagen würde. Warum ich das tat? Hatte ich etwa genug von einem Leben, das schon seit Jahren wie in einer Zeitschleife gefangen schien, genug davon, gefesselt zu sein in einem Kreislauf aus Schreiben, Studio, Singen? Natürlich nicht, und wie undankbar und hochmütig müsste ein Mensch sein, um sich über ein Leben zu beklagen, wie ich es führen durfte! »Schuld« an meiner Entscheidung waren vielmehr

König Fußball und ein Kindheitstraum, was zusammen mich auf eine Reise führte, die mich fast sieben Monate aus meinem gewohnten Trott herausholen und mich mit vielen neuen, prägenden Eindrücken belohnen sollte.

Der Anlass war die WM in Argentinien, die mir als Fußballverrücktem die Chance bot, das Schöne mit dem Angenehmen zu verbinden, denn eine Reise nach Südamerika, die hatte ich schon lange im Hinterkopf. Der Grund dafür lag weit zurück in meiner Kindheit. Mein Papa hatte Ende der zwanziger bis Mitte der dreißiger Jahre in Costa Rica, Guatemala und Argentinien für AEG als Elektroingenieur gearbeitet und uns Kindern von dieser Zeit gerne und viel erzählt. Das war natürlich sehr exotisch für uns. Südamerika, das kannte man nur aus dem Atlas, und es war für meine Geschwister und mich so weit weg wie der Mond. Schon damals dachte ich mir, wenn sich das jemals ergibt, dann machst du dorthin mal eine Reise. Dieser Traum hatte sich dann über die Jahre in meinem Kopf verfestigt. »Irgendwann machst du das«, aber eben nicht so, wie man manche Sachen im Kopf hat, die man nie macht. Ich war fest entschlossen, es irgendwann durchzuziehen, und bei einer Gelegenheit, das war schon in den frühen siebziger Jahren, erzählte ich meinem Promoter Michael Conrad von dieser fixen Idee. Conrad war ein sehr erfolgreicher Vertreter für Musik bei Funk und Fernsehen und arbeitete bei Ariola exklusiv für Peter Maffay und für mich. So hatten wir ausreichend Zeit, uns kennenzulernen, und bald verstanden wir uns auch sehr gut. Michael Conrad war das, was man einen »Mann von Welt« nennt. Er sprach fließend Englisch und Französisch und war ebenso belesen wie weit gereist. Bei einer unserer gemeinsamen Promotionreisen offenbarte mir Conrad eines Tages, dass er irgendwann einmal unbedingt nach Südamerika wollte.

»Nein, das gibt es ja nicht«, entfuhr es mir. »Mein Vater hat mir davon immer erzählt, und ich wollte schon als Kind nach Südamerika. Ja, sag mal, das könnten wir doch zusammen machen, oder?«

Conrad war gleich ganz angetan: »Ja, das wäre eine Idee. Alleine ist Südamerika sowieso so eine Sache, man weiß ja nie, man hört ja immer so viel … Lass uns das mal in Angriff nehmen.«

Ohne dass wir die Sache irgendwie besonders vorantrieben, blieben wir dran an der Idee, und nach ein paar Jahren eher tastender Schritte ging es in die immer praktischeren Vorbereitungen. Die wichtigste Frage war, wann könnte man das überhaupt machen. Nicht nur ich, auch Michael Conrad war auf seinem Posten ein gefragter und viel beschäftigter Mann, der in seine Lebenspläne nicht nur meine, sondern auch die vielen Veröffentlichungen des stets sehr fleißigen Kollegen Peter Maffay einbinden musste. Die anstehende WM gab dann den Ausschlag, und wir planten praktisch zwei Jahre im Voraus peu à peu diesen Riesentrip, denn wir waren beide der Meinung, eine solche Reise wollten wir nicht in vier Wochen abfrühstücken. Wir wollten uns die Zeit nehmen, so viel wie irgend möglich vom Kontinent unserer Träume zu sehen und möglichst viele Menschen und Kulturen zu erleben.

Das hieß für mich zunächst einmal, das Auftragsbuch mit Fremdproduktionen abzuarbeiten und auch ausreichend eigenes Material zur Veröffentlichung bei Ariola zu hinterlegen. Denn wenn Michael Holm schon physisch nicht präsent und damit nicht im Fernsehen stattfinden konnte, sollte wenigstens meine Stimme regelmäßig mit neuen Melodien im Radio zu hören sein. Zu meiner großen Freude gelang mir kurz vor unserer Abreise mit *Allein mit dir* ein weiterer veritabler Charterfolg mit auskömmlicher Medienpräsenz in gleich beiden Fernsehsendern der Bundesrepublik, und ich war mir nun sicher: Meine Karriere würde ein halbes Jahr ohne mich auskommen, ohne dass mich das Publikum komplett vergessen würde. Neben die berufliche trat dann auch immer mehr die eigentliche Reisevorbereitung in den Vordergrund. Conrad und ich waren da sehr akribisch und hatten uns das Ziel gesetzt, so schnell wie möglich mit den Einheimischen in ihrer Muttersprache, also Spanisch und vielleicht auch in Portugiesisch, zu parlieren. Wir brachten beide aus fernen Schultagen das große Latinum mit und konnten uns entlang der romanischen Sprachwurzeln schon einmal leichter in die Materie hineindenken. Ein halbes Jahr lang, zweimal die Woche, kam eine ältere, sehr sympathische Spanierin zu mir in die Mauerkircherstraße und gab mir Sprachunterricht.

ZWISCHENSTOPP: **Südamerika**

Kurz nach meinem letzten Auftritt in der *ZDF-Hitparade* am 3. April war es dann so weit. Wir stiegen in den Flieger, und unser Südamerikaabenteuer begann. Erste Station war Caracas, die Hauptstadt von Venezuela, wo wir uns zur Eingewöhnung für zwei Wochen in einem richtigen First-Class-Luxushotel eingebucht hatten, in dem sonst die Mitglieder der Delegationen der OPEC nächtigten, wenn eine Konferenz dieser Organisation in der Stadt war. Wir genossen zum Beginn dieser Reise das Leben der Superreichen, und wenn wir sechs Monate einfach dort geblieben wären, hätte sich sicher keiner von uns beiden wirklich beklagen wollen. Täglich von vierzehn bis siebzehn Uhr nahmen wir nun gemeinsam einen Sprachintensivkurs, um unseren eigenen ambitionierten Erwartungen gerecht zu werden. Versüßt wurde uns die Plackerei von unserer ebenso charmanten wie atemberaubend schönen venezolanischen Sprachlehrerin, die uns täglich auch ein paar Stunden mehr hätte knechten dürfen. Sie sprach ausschließlich Spanisch mit uns und korrigierte unerbittlich unsere Aussprache, die »Sprechmelodie« und natürlich auch schon mal fehlende oder falsche Vokabeln. Mit großem Erfolg, denn dank ihrer Hilfe sind wir in Südamerika hervorragend zurechtgekommen (ausgenommen im portugiesischsprachigen Brasilien, wo es mit dem Verstehen leidlich und dem Sprechen fast gar nicht klappte). Am Ende der Reise haben wir wirklich fast alles verstanden und konnten uns in jeder Hinsicht ausdrücken, egal, ob es um Politik, Wirtschaft oder Musik ging oder einfach Small Talk. Leider ist mir von diesen Sprachkenntnissen heute so gut wie nichts geblieben. *Use it or lose it,* wie die Amerikaner es so treffend formulieren, ist für viele Bereiche des Lebens richtig, leider auch bei Fremdsprachen.

Nach diesem mehr als angenehmen Start auf unserem Reisekontinent zogen wir weiter östlich von Caracas nach Port of Spain, der Hauptstadt des karibischen Inselstaates Trinidad und Tobago. In einer Zeit ohne Internet, Nutzerbewertungen und Reiseblogs war man bei einer so weiten Reise um jede Empfehlung froh, die man aus einer seriösen Quelle bekommen konnte. In unserem Fall nahmen wir darum ein Hotel, das die Lufthansa ihren Passagieren nahelegte. Wie oft aber der Wert dieser Empfehlung nachgeprüft wurde? Denn das Hotel war ohne Frage ein imposanter Bau mit einer spannenden Architektur, in dem leider das blanke Chaos herrschte. Vielleicht lag es daran, dass Trinidad sich gerade erst zwei Jahre zuvor von der britischen Monarchie gelöst und eine eigenständige Republik geworden war. Mit der britischen Regionalverwaltung hatte sich möglicherweise auch das englische Hotelmanagement verabschiedet, und wir verbrachten in Port of Spain eine Zeit, die alle denkbaren Klischees zum Laisser-faire der Karibikbevölkerung zu bedienen wusste. Auch das der immensen Gastfreundschaft und Herzlichkeit.

Eines Abends gab es im riesigen Speisesaal des Hotels eine große Gesellschaft, hundertfünfzig Personen oder mehr. Es handelte sich wohl um die Kommunionsfeier zweier einheimischer Mädchen, und die glücklichen Eltern ließen es so richtig krachen. Es wurde getanzt, gelacht, gefeiert, und für Conrad und mich war bei diesem Lärm an so etwas wie Schlaf nicht zu denken. Man lud uns darum ein, einfach mitzufeiern, was wir aber, um niemanden zu inkommodieren, ebenso freundlich wie dankend ablehnten. Daraufhin klopfte es bald an unseren Türen, und die beiden Ehrengäste des Abends, zwei nette kleine Mädchen, um die zehn, elf Jahre, in Landestracht und mit zu Zöpfchen gebundenen Haaren, brachten uns vom Büfett etwas zu essen. Die Sause ging wohl bis drei Uhr morgens, dann lichteten sich langsam die Reihen, und alle sind ins Bett gegangen. Als ich dann morgens aufwachte, gegen neun Uhr, war natürlich kein Mensch mehr in dem Saal. Aber alles andere war noch da. Plus einer komplett neuen Gastgesellschaft, die sich an den Resten der Feier labte. Weil niemand mehr willens oder in der Lage gewesen war, die Überreste des Bacchanals aufzuräumen, lernte ich die wundervolle Artenvielfalt der Tropen in einem Speisesaal in Port of Spain kennen. Vögel, Ameisen, mir gänzlich unbekannte Reptilien und Insekten, alle hatten eine Riesenfreude an dieser Day-After-Reste-Party der besonderen Art.

Eine weitere Demonstration karibischer Lebensart erfuhren wir wenig später bei einem Ausflug an einen Strand, der uns als besonders schön empfohlen worden war. Ein Mietwagensystem, wie wir es heute an jedem Urlaubsort der Erde vorfinden, gab es zu dieser Zeit noch nicht. Wir nahmen also ein Taxi zu unserem Badeort und sahen unterwegs ein Feld mit brennenden Büschen inmitten einer staubtrockenen Landschaft mit dürrem Gestrüpp. Das Feuer fraß sich schon in die Umgebung, und so wandte ich mich doch recht besorgt an den einheimischen Taxifahrer: *»Ey man, somebody should call the firemen because it's gonna be dangerous.«*

Der aber zuckte bloß mit den Schultern und sagte: *»It doesn't trouble nobody.«* – »Das macht keinem irgendwelche Probleme.«

Nun gut, dachte ich mir, aber als wir dann mit einem anderen Taxifahrer gegen siebzehn Uhr vom Strand denselben Weg zum Hotel direkt zurückgefahren sind, war an die Stelle des kleinen Buschbrands ein von Rauchwolken schwarzer Himmel getreten. Wir sahen brennende Häuser, und die Feuerwehr war im Großeinsatz. Trotz aller karibischen Gelassenheit waren wohl die Folgen von Feuer auch auf Trinidad und Tobago die gleichen wie überall sonst auf dem Planeten, und ich dachte bei mir: *Aha, now it troubles somebody.*

»Troubles« waren auch der Anstoß für unser nächstes Reiseziel. Mein belesener Begleiter war ein großer Fan des Romans *Papillon* von Henri Charrière, der wegen Totschlags zu lebenslanger Zwangsarbeit in Französisch-Guayana verurteilt worden war und in dem Buch seine Gefangenschaft auf der »Teufelsinsel« schilderte. Eben diesen Originalschauplatz des Buches vor der Küste Französisch-Guayanas wollte Michael unbedingt besuchen. Ein Ort, der bis auf das in die Felsen gehauene Zuchthaus eigentlich weniger »teuflisch« und mit seinen Palmenstränden, dem klaren blauen Meer und der steten leichten Brise eher paradiesisch anmutete, dann aber doch nach zwei Wochen seine tödliche Seite zeigen sollte. Jeden Tag nur Robinsonade, das ist für Macher-Menschen wie mich schnell nur noch eins, nämlich tödlich langweilig!

Wir setzten darum über aufs Festland und gönnten uns unser erstes richtiges Abenteuer: neun Tage auf einer Cruise durch das Amazonasgebiet, angeführt von einem Fremdenlegionär und begleitet von einem Eingeborenen. Michael Conrad und ich immer in der Mitte, eingekleidet, wie man es von Bildern aus dem 19. Jahrhundert kennt. Wasserdichte Kleidung mit einer Ölhaut, Tropenhelm mit Moskitonetz, das ganze Programm. So ging es durch den Amazonasurwald, Sümpfe und Flüsse und über sehr viel weichen Boden. Denn in den Subtropen regnet es jeden Tag einmal. Regen ist vielleicht der falsche Begriff dafür. Es schüttet wie aus Eimern, es überschwemmt alles förmlich dreißig bis vierzig Minuten lang. Dann ist der Spuk auch schon wieder vorbei.

Wir reisten natürlich tagsüber, öfter auch mit einem Langboot, und mir ist immer noch in Erinnerung, wie still der Urwald in der schwülen, brütenden Mittagssonne war. Erwartet hatte ich eine Kakophonie aus Tierschreien und Kreischen, aber bis auf wenige Vogelstimmen blieb der Urwald ruhig. Abends campten wir, schliefen auf dem Boden und genossen authentische Urwaldküche, die unsere Reiseleiter jeden Abend frisch sammelten, erlegten und für uns zubereiteten. Mal gab es Wildschwein, mal gebackene Bananen mit exotischem Gemüse, alles stilecht auf dem Lagerfeuer zubereitet. Dschungelcamp pur, nur eben in echt und in Farbe. Das schmeckte alles erstaunlich lecker und hatte für mein gesamtes späteres Leben einen hohen Lernfaktor. Denn hier lernte ich Respekt vor fremden Gewürzen, in diesem Fall vor frischem grünem Cayennepfeffer. Ich bin eigentlich ein Freund pikant abgeschmeckter Speisen, und wo sonst hätte man schweißtreibende Zutaten eher probieren wollen als am Amazonas, wo es vor allem eins ist: schwül. Morgens schwül, mittags schwül, nächtens schwül. Wie in einer Waschküche. Schwitzen, das war wie Atmen oder der Herzschlag. Es ging einfach nicht ohne. Darum habe ich dann eines Tages ein Häufchen frischen Cayenne auf meinem Essen verteilt, denn wenn nicht hier, wo dann? Mit der Folge, dass ich in der Nacht mit dem Gefühl aufwachte, jemand würde mir mit einem Flammenwerfer den Magen ausbrennen. Das ging die ganze Nacht, und noch heute begegne ich frischem Cayennepfeffer mit aller nötigen Vorsicht. Ich hatte meine Lektion gelernt, und bei meinen vielen späteren Reisen rund um die Welt näherte ich mich den Küchen besonders asiatischer Völker stets mit gebotenem Respekt.

Nach diesen Strapazen war unser Bedarf an Abenteuer erst einmal gedeckt. Wir zogen weiter, mit dem Boot flussaufwärts nach Manaus, wo sich der Rio Negro und der Rio Solimões zum Amazonas vereinen. Hier begegneten uns Flussdelphine, die unser Boot springend begleiteten. Ein Anblick wie aus dem Tierfilm, wie ich bei späterer Gelegenheit dem großen Heinz Sielmann berichten durfte. In Manaus, einer Stadt mit prächtigen Bauten im Kolonialstil, angekommen, gönnten mein Reisekamerad und ich uns wieder etwas mehr Luxus, den wir vor allem in den klimatisierten Innenräumen unseres wunderbaren Jugendstilhotels fanden. Denn das Klima unserer neuen Destination unterschied sich logischerweise in nichts von der schwülen Suppe im Dschungel, dem wir gerade entronnen waren.

In Manaus, oder vielleicht kurze Zeit später in Brasília, machte ich dann einen der wenigen größeren Fehler, die mir in meiner Karriere unterlaufen sollten. Da ich bei aller Begeisterung für das Leben in Südamerika weiterhin fest vorhatte, mein wundervolles Musikerleben in Deutschland in absehbarer Zeit wiederaufzunehmen, telefonierte ich regelmäßig mit meinem Büro in München, um mich geschäftlich auf Stand zu halten. Bei einem dieser Telefonate erhielt ich die eigentlich sehr erfreuliche Nachricht, dass RTL mich für *Lucille* mit dem Goldenen Löwen auszeichnen wolle. Der »Löwe« war so etwas wie der Grammy Award der deutschen Musik, verliehen vom größten und hörerstärksten Radiosender. Ein Ritterschlag, der mir zuletzt 1975 für *Tränen lügen nicht* zuteilgeworden war. Aber zur Preisverleihung hätte ich persönlich erscheinen müssen. Das hätte bedeutet, den Urlaub zu unterbrechen und nach Dortmund zu reisen, womöglich inmitten des WM-Turniers, dessen Besuch ja einer der Hauptgründe für meine Reise gewesen war. Daran online oder per Video zugeschaltet teilzunehmen, das war in den späten siebziger Jahren noch der Stoff, aus dem Science-Fiction-Serien gemacht wurden. Und dann habe ich abgesagt. Nicht weil ich dachte, es nicht mehr nötig zu haben, oder weil mir die Reise zu strapaziös erschienen wäre. Es entsprang vielmehr meiner Neigung, mich einer Situation völlig hinzugeben. Wie ich mich beim Arbeiten im Studio total in der Musik auflösen konnte, so war ich gerade komplett im Abenteurermodus und sog jeden Tag so viele Eindrücke auf, wie ich nur konnte. Eine Businessauszeichnung in Deutschland, das war im Moment für mich so weit weg wie der Mars. Ich überließ den Goldenen Löwen dann Vader Abraham und seinen Schlümpfen. Und nach meiner Rückkehr musste ich lernen, dass auch alte Freunde wie die beim Sender RTL verschnupft reagierten, wenn man ihr Ehrenzeichen so verschmähte, wie ich es getan hatte.

Nach einer kurzen Stippvisite in Brasília zogen wir weiter nach Rio de Janeiro, wo wir es drei Tage gehörig krachen ließen. Tagsüber die touristischen Hotspots von Cristo Redentor über Zuckerhut bis Copa Cabana, abends die Restaurants und Clubs in den In-Vierteln der Weltmetropole. Leichter ließen sich die Gedanken an Karriere, Musik und die Geschäfte zu Hause kaum vertreiben. An Fußball zu denken fällt in Brasilien indes sehr leicht, denn der ist omnipräsent – an den Stränden, in den Straßen, auf den Fernsehschirmen in den Bars und Cafés. »Futebol« ist Teil der brasilianischen DNA, und gerade jetzt, kurz vor Anpfiff des WM-Turniers im Land des ewigen Kontrahenten Argentinien, schien es nirgendwo mehr irgendwelche anderen Themen zu geben. Umso beflügelter nahmen Michael Conrad und ich nun Kurs auf das Land der Gauchos.

Wir hatten Karten für alle Gruppenspiele der deutschen Nationalmannschaft und für das Endspiel in der Tasche. Die Hoffnung, dort mit dem Deutschland-Team die Titelverteidigung feiern zu können, schien nicht unberechtigt, bis … ja, bis uns der Österreicher Hans Krankl im letzten Spiel der Vorrunde aus dem Turnier schoss. Ich saß bei der »Schande von Córdoba« auf der Tribüne und musste fassungslos mit ansehen, wie unsere WM-Träume im rot-weiß-roten Jubel untergingen. Das war genug für meinen Freund Michael, er verkaufte seine restlichen Turnierkarten und strich allein für das Endspielticket dreitausend Dollar ein. Eine Riesensumme Geld, die er in eine Reise nach Ushuaia, der südlichsten Stadt Argentiniens auf Feuerland am »Ende der Welt«, investierte.

Ich blieb dem Fußball treu und darum drei Wochen allein bei der WM und bezog Quartier in Buenos Aires, einer faszinierenden Stadt, die mir als Musiker auch Besonderes zu bieten hatte. Es war vor allem das Phänomen Tango, das ich kennenlernen und verstehen wollte. Denn rein als musikalische Ausdrucksform war daran nichts, was mich übermäßig mitgenommen hätte. Es war dann, wie so oft, das Charisma eines Interpreten, das mir die Tür zu den Klängen und Emotionen dazu öffnete. Ich besuchte recht regelmäßig ein Tango-Café mit Livemusik. Ziemlich groß, es passten so hundertzwanzig Leute rein. Man saß an kleinen runden Tischlein, und eines Abends wurde ein Künstler angekündigt, von dem mir alle sagten: »Muy famoso!«, jetzt kommt ein ganz Großer.

Ich wartete gespannt. Die Bühne war dunkel, und dann fing ein Scheinwerfer an, ein diffuses Licht zu streuen, führte es mehr und mehr zusammen, und in der Mitte stand plötzlich ein alter, vom Leben gezeichneter Mann. Graue gegelte Haare, nicht sehr elegant, vielleicht um die siebzig, tiefe Narben, ein wenig wie Keith Richards von den Rolling Stones. Der Scheinwerfer bündelte das Licht, und da sah man nur noch das Gesicht, ansonsten war das Café stockdunkel. Und dann fing der Mann an zu singen. Er sang irgendwas Tragisches, Wildes, ganz und gar Trauriges mit einer Stimme, die einfach unbeschreiblich war. Eine Kraft, eine Fülle, aber gebrochen, du hörtest, der ist alt, der hat erlebt, wovon er singt. Und so hat er es mir nahegebracht, das Gefühl des Tango. Ich hatte die ganze Zeit Gänsehaut. Da er sehr schlampig artikulierte und auch so ein bisschen vernuschelt, habe ich den Text nur schwer verstanden, aber die Geschichte, die konnte man auch ohne Worte verstehen, allein durch sein Gesicht. Faszinierend! Drei oder vier Titel sang der alte Mann lediglich, aber alles tobte, ein musikalisches Erlebnis der ganz besonderen Art. Der Mann ist mir dann auch ein paarmal im Traum erschienen. Der alte Mann mit dem unheimlich interessanten Gesicht. Es ist eine große Kunst, nur mit Stimme und Mimik einem eine Geschichte zu erzählen, der deine Sprache nicht versteht. Eines der besten Konzerte meines Lebens, für den Preis eines Kaffees und einer Limonade!

Der Höhepunkt meines Aufenthalts in Buenos Aires sollte aber dennoch König Fußball vorbehalten sein, wo ich den Irrsinn erleben durfte, den Südamerikaner um einen gewonnenen Titel im »Fútbol« zu entfachen in der Lage sind. Ich besuchte das Endspiel der Weltmeisterschaft, und es war ein Rausch des Wahnsinns. Ich bin bis heute froh, nach dem Abpfiff und dem WM-Sieg Argentiniens heil und in ganzen Stücken wieder in mein Hotel gefunden zu haben.

Michael Conrad war inzwischen auch wieder aus Feuerland zurückgekehrt, und so packten wir unsere Sachen und reisten über das wunderschöne Santiago de Chile weiter nach Peru, wo uns das Rendezvous mit der Kultur der Inka erwartete. Cusco, »Nabel der Welt«, nannte das antike Volk seine Hauptstadt inmitten der Anden. Wer einmal in diesen aus riesigen Steinen millimetergenau zusammengefügten Mauern der Tempelanlagen steht, kann nur vor den Leistungen den Hut ziehen, mit denen die Inka solche Prachtbauten ohne jede nennenswerte Technik oder Tierkraft, inmitten eines Gebirges, zu errichten imstande waren.

Aber Cusco war nicht die einzige Inka-Attraktion, die wir bewundern durften. Einem Amerikaner, der den Peruanern ihre Inka-Memorabilia nicht einfach wegnahm, sondern dafür Geld zu zahlen bereit war, hatten die Eingeborenen zu Beginn des 20. Jahrhunderts gegen Zahlung der »astronomischen« Summe von tausend Dollar eine Inka-Siedlung gezeigt, die die Conquistadores während ihrer Raub- und Plünderzüge übersehen hatten. Machu Picchu nannten sie die Bergfestung mit terrassierten Gärten und eigener Wasserversorgung. Hoch gelegen und doch auch am Fuße eines Berges, von wo aus eine schier endlose Treppe auf ein Hochplateau führte, wo die Inka aus religiösen Gründen Koka angebaut hatten. Alles wirkte verlassen, unberührt, und es war faszinierend, wie man sich wirklich in ferne Jahrhunderte zurückversetzt fühlte. Ein Ort mit Magie für denjenigen, der dafür empfänglich ist. Das war ich, und Michael Conrad auch.

Es wäre sicher jetzt leicht glaubhaft zu vermitteln, dass mir Montezuma selbst, genau hier, die Idee zu meinem weltweit erfolgreichen Instrumentalprojekt Cusco eingegeben hat. So schön das auch klänge, es wäre leider nicht wahr. An Musik dachte ich in diesen Tagen praktisch überhaupt nicht. Ich war komplett eingenommen von den vielen so unterschiedlichen Erfahrungen und freute mich darauf, dass wir unsere Reise noch ein gutes Stück weiter fortsetzen würden.

Unsere nächste Etappe führte uns nach Ecuador, wo wir eine beeindruckende, unvergessliche Zugreise von Guayaquil nach Quito unternahmen. Wir stiegen in Guayaquil fünf Meter über Normalnull in einen Zug und sollten in

Quito nach zehn bis zwölf Stunden auf dreitausendzweihundert Meter über dem Meeresspiegel ankommen. Wir verließen unser Grandhotel in Guayaquil, von dem später noch einmal die Rede sein wird, bereits morgens um sechs, und trotzdem war der erste Zug des Tages bereits rappelvoll. Die Indios nutzten die Bahnverbindung nicht wie wir als touristische Attraktion, sondern als tägliches Transportmittel für ihre Waren. Da waren natürlich auch Ziegen dabei, Hühner und eine Menge anderes Getier, das für eine ziemlich dicke Luft in dem ohnehin schon mit viel zu vielen Menschen gefüllten Zugabteil sorgte. Dass es trotzdem eine unvergessliche Reise wurde, über die ich später sogar ein Lied schreiben sollte, verdankten wir der Entdeckung, dass einige, wohl schon erfahrenere Anden-Touristen sich auf dem Dach des Zuges niedergelassen hatten. Nach der zweiten Station wechselten Michael Conrad und ich darum unseren Sitzplatz ins Freie. Dort hatte sich eine kleine Gesellschaft zusammengefunden, bestehend aus ein paar Studenten und ein paar Einheimischen. Eine junge hübsche Amerikanerin verteilte Äpfel und gelbe Rüben. Das Zugdach war zur Hälfte mit Kästen, Säcken, Bananenstauden beladen und so zugezurrt, dass man darunterschlupfen und Halt an diesen Streben finden konnte. Wir ließen die Beine herunterbaumeln auf dem Zugdach. Es ging über den Urwald, über Täler, die uns sicher tausend Meter in die Tiefe blicken ließen, während der Zug auf der engen Strecke so überhing, dass man die Schienen nicht mehr sah.

Beim nächsten Halt in Cochabamba warnte uns die Amerikanerin: »Ihr seid ja viel zu dünn angezogen. Es wird kalt, wir gehen immer höher und höher.« Also kaufte ich einen Poncho aus Lamawolle. Der kostete überschaubare zwölf Dollar, und ich war durchaus skeptisch: Wozu brauchst du das, und was kann das wohl, das selbst gestrickte Wollteil?

Aber dann, wie's rasant nach oben ging, dachte ich: Halleluja, ja! Mit jedem Meter in die Höhe sank die Temperatur spürbar, und der dicke Poncho bewies seine Qualität gegen die zunehmende Kälte.

Gegen die Kopfschmerzen, die mich bei unserer Ankunft in Quito marterten, konnte er indes nichts ausrichten. Wie schon in Cusco, das auch sehr hoch liegt, bekam ich regelrechte Höhenkopfschmerzen. Dass ich nicht der Erste und Einzige war, der damit zu kämpfen hatte, bewiesen mir die vielen kleinen Indiojungen, die mit großen Flaschen und Tassen bewaffnet überall am Bahnhof umherliefen. Ihre Rezeptur gegen den Kopfschmerz war Kokatee. Der hatte keine berauschende Wirkung, sondern wurde aus dem Blatt gewonnen, und davon ging der Kopfschmerz weg. Ich habe zwei, drei von diesen Tassen getrunken und hatte danach keinerlei Probleme mehr. Das ist ja einer der Gründe, warum die Indios bei der Arbeit oben in den Anden Kokablätter kauen. Es macht unempfindlich gegenüber Kälte und Schmerz, insbesondere Kopfschmerz. Für mich sollte es indes die erste und letzte Begegnung mit Koka oder seinen Derivaten sein, und es gab nach der Rückkehr von dieser wundervollen Zugfahrt ja auch keinen Grund mehr, seinen Schmerz damit zu stillen.

Denn das Grandhotel in Guayaquil, in dem wir nun ein paar Tage verbrachten, trug seinen Namen nicht zu Unrecht. Neben der herrlichen Terrasse gab es einen riesigen Wasserfall und, wie soll man es sagen, eine Art gepflegte Dschungelbegrünung, Ein großartiges Hotel, mit einem Makel, für den das Management nichts konnte. Denn in Ecuador hatte die Regierung *»el año de la austeridad«* – »das Jahr der Sparsamkeit« ausgerufen. Was bedeutete, ein Steak suchte man auf der Restaurantkarte vergebens. Aber Hummer, den gab's satt. Steaks und überhaupt Rindfleisch musste man importieren, die Hummer aber stammten von den heimischen Küsten. Wir gönnten uns die riesigen Tiere gegrillt, mit den besten Soßen und Salat, und genossen sie zusammen mit dem einheimischen Wein. Ich mag eigentlich gar keinen Rebensaft, aber alles zusammen schmeckte hier so was von unglaublich gut! *El año de la austeridad*, wir können uns leider kein Steak mehr leisten, wir müssen mit Hummer vorliebnehmen. Es war also gerade noch so auszuhalten …

Sechs Monate waren inzwischen vergangen, und wir fingen an, über die Heimreise nachzudenken. Wir besuchten noch Haiti und wohnten dort in einem sehr schönen Club, waren dann aber auch einmal kurz in der Hauptstadt Port-au-Prince, wo alles sehr elend und traurig war. Keine Erinnerung, die wir die letzte unserer fulminanten Reise werden lassen wollten. Darum haben wir unseren Aufenthalt in Haiti schnell abgebrochen und flogen weiter nach Puerto Rico. Und da habe ich mir dann, nach fast sieben Monaten Südamerika, tatsächlich zum Finale noch einen Sonnenbrand geholt. Wir lagen den ganzen Tag am Hotelpool, der Seewind kam, eine brüllend heiße Sonne, die man wegen der steten Brise nicht merkte, und am Abend hatte ich einen Sonnenbrand, schlimmer konnte es nicht gehen. Ich konnte mich kaum hinlegen, weil alles wehtat. Und was fast noch schlimmer war: Meine tiefe, über Monate erworbene Urlaubsbräune begann gleich am nächsten Tag abzublättern. Wobei man erwähnen muss: Damals war Tiefbraunsein noch ein modisches Lebensziel: »Siehst aber gut aus, Alter, so knallbraun! Wie hast du das gemacht?«

So endete die längste und auch eindrucksvollste Reise meines Lebens leider ein wenig schmerzhaft und mit scheckiger Haut. Wir flogen über Caracas nach München zurück. Dort wartete mein tolles Haus, eine wundervolle Karriere, ein Stall voller lustiger Freunde und talentierter Kollegen mit den verblüffendsten Ideen auf mich. Sie waren Teil der einzig möglichen Antwort auf eine Frage, die ich mir natürlich während dieser langen Auszeit immer wieder selbst gestellt hatte: Machst du nach deiner Rückkehr dort weiter, wo du vor deiner Abreise aufgehört hast? Oder machst du vielleicht etwas völlig anderes? Wer weiß schon, wie die Aktien stehen, wenn du nach dieser langen Zeit wieder im Showgeschäft aufschlägst? Vielleicht ist es besser, einen Plan B zu haben, falls man doch komplett uncool geworden oder in Vergessenheit geraten ist? Und jedes Mal dachte ich mir, nein, Musik, das ist dein Teil! Singen und produzieren und schreiben und kreieren, das ist einfach dein Ding. Und mit diesem festen Entschluss kehrte ich im Herbst des Jahres 1978 wieder nach Deutschland in mein altes Leben zurück. Dachte ich zumindest. Der Plan war aber klar: Ich greife jetzt zum Mikrophon und mit der Stimme wieder an. Die Geschichte des Sängers Michael Holm, da war ich sicher, die ist noch lange nicht zu Ende erzählt!

Von heute aus betrachtet stand ich aber am Anfang des Endes einer großartigen Zeit auf den festen Schienen des Publikumserfolgs und am Beginn einer neuen Lebensphase, die mich persönlich und beruflich in kürzester Zeit komplett verändern würde. Doch dieser Wirbelsturm war am Horizont noch nicht zu sehen. Nichts schien dagegenzustehen, dass es die nächsten zehn Jahre so weitergehen würde, wie die letzten zehn vergangen waren.

Eine wahrlich einmalige Gelegenheit, die doch erheblichen Reisekosten meines XXL-Ausflugs in meiner Eigenschaft als Verleger gleich mehrfach wieder einzuspielen, war mir leider durch diese Reise indes wohl durch die Lappen gegangen. »Du warst ja nicht da, Michi, und die Jungs haben dringend Geld für die Produktion ihres ersten Albums gebraucht.« Die »Jungs« hatte mein Freund Olaf Kübler, seines Zeichens Saxophonist und als Mitglied von Amon Düül II und des Panik Orchesters einer der prägenden Köpfe des deutschen Underground-Rocks, bei einer Session in München mit dem Komponisten und Klang-Avantgardisten Eberhard Schoener kennengelernt. Es waren drei englische Jungs, die Andy Summers, Stewart Copeland und Gordon Sumner, besser bekannt als Sting, hießen und Geld für die Fertigstellung des ersten Albums ihrer Band The Police suchten. Fünfzigtausend Mark, und ich wäre zumindest Co-Verleger eines der größten Welterfolge der Rockgeschichte geworden! Eine verpasste Chance, die die Kosten meines großen Urlaubs aus heutiger Sicht noch einmal dramatisch steigerten. Aber man kann im Leben eben nicht alles haben. Damals konnte ohnehin keiner ahnen, welchen Weg dieses Trio schon bald nehmen würde. Ich trug's also mit überschaubarem Bedauern und nahm den Faden meines Lebens wieder dort auf, wo ich ihn im Frühling des Jahres niedergelegt hatte.

Eines der Projekte, auf das ich mich nun ausgeruht und voller Tatendrang stürzte, war die schon lange geplante und immer wieder aufgeschobene Gründung meines eigenen Verlages Autobahn. Der Name sollte nicht Programm sein, sondern war das Ergebnis der Suche nach einem Begriff aus der deutschen Sprache, den man auch im Ausland sofort verstand. »Autobahn« war da nicht nur sehr viel passender als Wörter wie »Blitzkrieg« oder »Kindergarten«, sondern ja auch durch den gleichnamigen US-Hit der Band Kraftwerk aktuell in guter, musikaffiner Erinnerung. Auch wenn ich mit Albatros bereits eine Verlagsbeteiligung hatte, schien es für die Zukunft schlüssiger und auch richtiger, eine entsprechende Firma auch mit meinem Partner Rainer Pietsch zu gründen, um auf dieser gemeinsamen Plattform unsere vielen Erfolgsarbeiten besser kontrollieren und auswerten zu können.

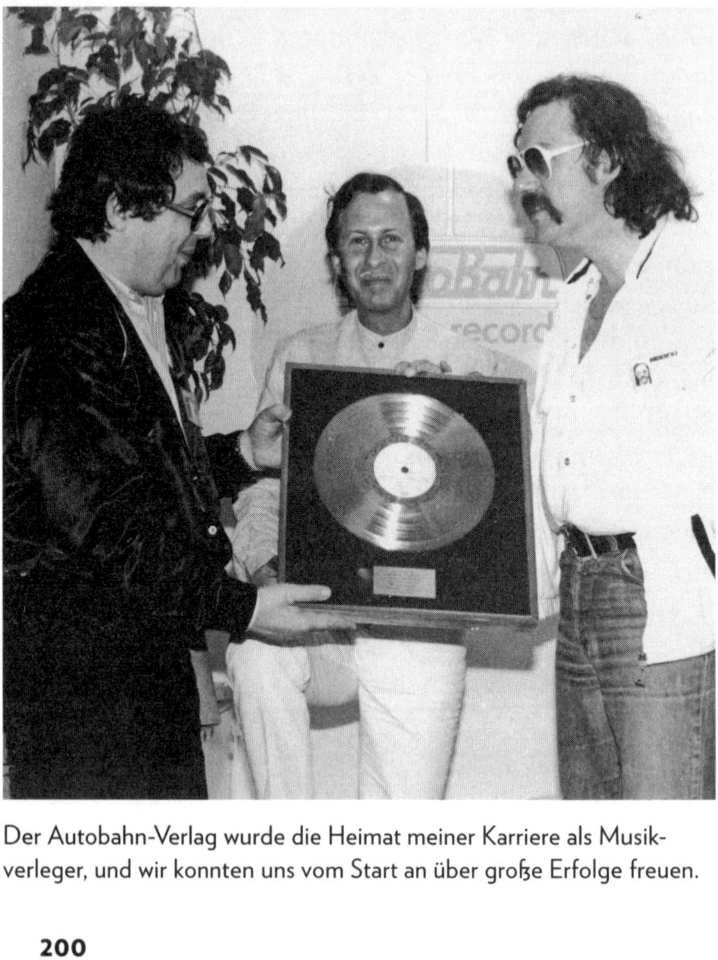

Der Autobahn-Verlag wurde die Heimat meiner Karriere als Musikverleger, und wir konnten uns vom Start an über große Erfolge freuen.

Musikverlage, von denen ich ja hier schon mehrfach erzählt habe, erfüllen eine wichtige Funktion im Musikgeschäft, denn sie bringen die Hits zu den Künstlern und umgekehrt. Seine Wurzeln hat dieses Geschäft im Notendruck, denn vor der Erfindung und Verbreitung von Schallplatten und der Entstehung des Rundfunks waren es die Klavierspieler, kleine Café-Orchester und so weiter, die eine Melodie verbreiten und bekannt machen konnten. Dafür brauchte man Noten für die Musiker, und man brauchte Menschen, die den Musikern das Spiel dieser Noten (eben dieses Stückes und keiner anderen Stücke) schmackhaft machten. Diese Aufgabe übernahmen die Verleger. Der Aufwand des Drucks und der Verteilung der Noten war groß, und darum teilten sich die Komponisten und Texter die Einkünfte aus den Verkäufen mit ihren Verlagen. Das taten sie auch weiterhin, als durch das Radio und die Jukebox die Musik »in der Luft« lag und für ihre Aufführung nicht noch einmal extra gesorgt werden musste. So kam es, dass Verlagshäuser an den Tantiemen der Autoren mitverdienten und bis heute mitverdienen. In den siebziger und achtziger Jahren war das auch nicht mehr als recht und billig. Ohne die Kontakte der Verleger, auch ihren Mut, neue Talente auf eigenes Risiko zu fördern, wie es die Meisels mit Künstlern wie Drafi Deutscher und Marianne Rosenberg und Autoren wie Joachim Haider und mir getan hatten, wäre mancher Riesenhit nie erschienen, manche Melodie unerkannt in der Schublade verschwunden und, last but not least, viele große Schüttelschecks nie ausgezahlt worden. Das Verlegen war also eine wichtige Tätigkeit und besonders geeignet für Menschen im Musikgeschäft mit einer Nase für Hits und Talente sowie einem ordentlichen Branchennetzwerk. Sprich für Leute wie Rainer Pietsch und mich!

Zusätzlich sollte ein eigenes Plattenlabel mit gleichem Namen Autobahn entstehen, denn meine Lehrmeister, die Meisels, machten gerade vor, wie viel Früchte des Erfolges im eigenen Haus geerntet werden können, wenn auf diesem Feld der richtige Baum wächst und gedeiht. Im Falle von Verlag Meisel / Hansa Records war das zu diesem Zeitpunkt Frank Farian mit seiner Schöpfung Boney M., die gerade weltweit die Charts stürmten und millionenfach Platten verkauften. Für einen solchen Erfolg wollten Rainer Pietsch und ich in Zukunft auch entsprechend vorbereitet sein. Dritter Mann im Bunde sollte, wie schon bei Albatros, meine juristische Skiunfallbekanntschaft Axel Meyer-Wölden werden. Leider hatte der junge Anwalt inzwischen viel Businessluft geschnuppert und zeigte sich für das Angebot, Teil unserer Unternehmung zu werden, nur zu wenig attraktiven Bedingungen bereit. Während Pietsch und ich alle Einnahmen des neuen Verlags sofort reinvestieren und in den Ausbau stecken wollten, forderte Meyer-Wölden für seine juristische Begleitung sofortige Auszahlung und trotzdem eine Beteiligung. Bei aller Liebe und allem Respekt, weder Rainer noch ich fanden, dass die Leistung des Anwalts mehr wert sein sollte als unsere kreative, die ja schließlich am Ende das Geld einspielte. Leider verhakten wir uns bei den Gesprächen darüber derart, dass es am Schluss auch für den gemeinsamen Verlag Albatros das Ende der Zusammenarbeit bedeutete und ich meinen Topanwalt verlor.

Wir gingen es also weiter zu zweit an, Rainer Pietsch und ich, und mieteten für unseren Verlag Räume in der Ortnitstraße an, ganz in der Nähe meines Hauses. Unsere erste Mannschaft bestand aus Weggefährten verschiedener Stationen meiner bisherigen Karriere. Alex Vaupel, der ehemalige Chauffeur von Christian Anders' goldenem Rolls-

Royce und späterer Roadie meiner Band, wie auch mein Schulfreund Klaus, der mir mit seinen Tonaufnahmen vor vielen Jahren die Tür ins Showgeschäft aufgestoßen hatte, sollten den Verlagsbetrieb für uns organisieren und erfolgreich machen. Eine Idee, die nur bedingt gut funktionierte. Besonders Klaus, den wir wegen seiner verwaltungstechnischen Berufsausbildung als den Kopf unseres Backoffice ausersehen hatten, hatte leider eine ganze Reihe menschlicher Schwächen, zu denen sich auch eine gewisse Neigung zu geistigen Getränken gesellte, die sich auf die Ordnung und das System unserer Vertragsauswertungen niederschlug. Das wäre bei einem kleinen Verlag mit einer überschaubaren Zahl von mehr oder wenigen großen Rechten sicher schon schlimm genug gewesen. Bei uns aber schlugen von Beginn an die Wellen riesiger Erfolge in dieses schwächelnde Auffangbecken, und ich habe Gott sei Dank nie wirklich herausfinden können, wie viel Geld ich deswegen tatsächlich verloren habe. All das war am Anfang nicht einmal zu erahnen, sonst wäre ich bei der Auswahl meines Verwaltungspersonals sicher gründlicher gewesen.

Ein besseres Händchen hatte ich, wie so oft in meinem Leben, bei der Auswahl von Titeln und Autoren. Gleich zu Beginn der Autobahn standen internationale Erfolge, die zum Teil sogar größer wurden als vieles, was meine eigenen Charts bis dahin aufzuweisen hatten, und spielten mir in einem Fall obendrein die für den Sänger Holm wichtige Comeback-Nummer für Radio und Fernsehen im Jahr 1979 ein. Schon zu Albatros-Zeiten, es muss 1973 oder 1974 gewesen sein, war mir ein Demo zweier Berliner Komponisten in die Hände gefallen, das *Hallo Bimmelbahn* hieß und im damals sehr beliebten »Bubblegum«-Sound die Reise einer Bimmelbahn imitierte: »Uuh-uhu-uhu-uh.« Ein witziges Stück, für das ich einen Text schrieb, das ich anschließend produzierte und meinem Kollegen Frank Farian anbot, der zu der Zeit einen jungen Künstler namens Benny produzierte. Benny hatte gerade mit *Amigo Charly Brown* 1976 einen Monsterhit gefeiert, und seine jugendliche, unbekümmerte Art schien mir extrem passend für diese Idee. Frank nahm den Vorschlag dankend an, und es geschah – nichts! Wie so oft in der Musikindustrie, wenn nicht das richtige Lied zur richtigen Zeit am richtigen Ort zum richtigen Sänger findet, verläuft die scheinbar beste Idee einfach im Sande.

Oder sie ruht im Verborgenen, bis sie an anderer Stelle umso strahlender eine Wiederauferstehung erlebt. So ging es meiner *Bimmelbahn*, denn kaum war ich aus Südamerika zurückgekehrt, klingelte das Telefon, und Frank Farian war am Apparat: »Alter, wir nehmen das Ding jetzt auf!«

»Welches Ding?«, fragte ich, denn den Titel hatte ich gerade so gar nicht auf dem Schirm.

»Na, die Bahn!«

»Welche Bahn?«

»Na, die *Bimmelbahn*!«

»Ach, mit Benny?«

»Nein, mit Boney!«

Frank hatte sich bei der Suche nach originellen Ideen für sein seinerzeit bestes Pferd im Stall, Boney M., dieses Songs erinnert und machte daraus dann den Superhit *Gotta Go Home*. Der in Deutschland allerdings nur als die B-Seite des Nummer-eins-Hits *El Lute* veröffentlicht wurde, für den ich mir dann wiederum gleich bei Farian die deutschen Bearbeitungsrechte sicherte. So bekam ich als Sänger mit meiner deutschen Version mein Rückfahrtticket in die Hitparaden. *El Lute* sollte mein letzter wirklich großer Erfolg als Interpret werden und mein Ausnahmejahrzehnt als Bühnenstar abschließen. So wie ich es ja eigentlich schon zehn Jahre zuvor geplant hatte, bevor mich Ariola 1969 zur Aufnahme von *Mendocino* und zu dieser Karriere, wenn man so will, »gezwungen« hatte. Der Mensch denkt, Gott lenkt, und auch mir war natürlich zu diesem Zeitpunkt nicht bewusst, wie sehr sich die musikalischen Zeiten insgesamt und mein Platz darin im Besonderen ändern würden. Die *Bimmelbahn* fuhr dann 2010 tatsächlich noch einmal in den Hitbahnhof ein, dieses Mal sogar weltweit als Sample des Spaßhits *Barbra Streisand*. Und auch wenn ich selbst daran keine Rechte mehr hielt, freut es einen natürlich trotzdem, immer wieder zu sehen, dass man die richtige Nase für eine tolle Idee hatte.

Aber auch bei der Akquise meiner Autoren lief es wie am Schnürchen. Die beiden ersten erfolgreichen Schreiberteams, die wir bei der Autobahn unter unsere Fittiche nahmen, waren Eigengewächse aus dem Hause Michael Holm. Sie entsprangen meiner Begleitband Love and Tears, für die es mangels eines aktiven Bookings und auch wegen vieler nickeliger Streitereien unter den Jungs keine wirkliche Zukunft mehr gab. Auch wenn die vier nicht mehr ein Herz und eine Seele waren, im Duett funktionierten sie als Teams Wolfgang Jass / Wolff-Eckehardt Stein und Bernd Dietrich / G. G. Anderson ganz ausgezeichnet. Dass ich die Kollegen über unsere gemeinsamen Bühnenjahre immer wieder dazu angehalten hatte, mir Songs anzubieten, sollte sich jetzt für alle mehr als auszahlen.

Gleich eines der ersten Stücke, das mir Jass und Stein für den Verlag anboten, sollte alle Erwartungen sprengen, die man in ein noch so unerfahrenes Newcomer-Team setzen konnte. Das Lied, das die beiden für eine Veröffentlichung vorschlugen, hieß *Sun of Jamaica*. Es hatte für meine Ohren eine schöne, einprägsame Melodie, für die sich sicher ein Sänger finden würde. Warum ich den Song nicht selbst aufgenommen, den Nummer-eins-Hit nicht für mich reserviert habe? Vielleicht war es die Nähe zu den Autoren, die ich ja als Musiker gut kannte und vielleicht als Schreiber noch unterschätzte? Ich weiß es nicht, und so bedauerlich es aus heutiger Sicht auch sein mag, dass ich mir diese Gelegenheit sehenden Auges entgehen ließ, für unser junges Verlagshaus war dieser Aufschlag von größter Wichtigkeit. So starteten wir nämlich mit durchgedrücktem Gaspedal auf unserer Autobahn. Dies auch dank dem Fleiß und der Hartnäckigkeit von Alex Vaupel, der den Titel bei verschiedenen Firmen angeboten hatte und dann schließlich bei Sikorski und deren Goombay Dance Band platzieren konnte. *Sun Of Jamaica* toppte 1980 neun Wochen die deutschen Charts und wurde lediglich einmal von dem Song *It's A Real Good Feeling* von Peter Kent abgelöst, der ebenfalls bei uns verlegt war. Mehr erster Aufschlag ging einfach nicht.

Ein Umstand, der uns dann sogar vor Gericht aus der Patsche helfen sollte, denn Pietsch und ich hatten, ohne uns irgendwas dabei zu denken, für unsere Autobahn naheliegenderweise das Autobahn-Piktogramm als Firmensignet gewählt. Dass dieses Piktogramm ein Hoheitszeichen ist und seine Verwendung unter Umständen strafbar sein kann, war uns nicht bewusst. Anhand unserer Notierungen in den Verkaufshitparaden konnte unser Anwalt Schenz die Bedenken des Richters zerstreuen, dass wir auf der Autobahn ein anderes Ziel als ausschließlich den Highway zur Spitze der Charts verfolgten. Stein und Jass waren keine Eintagsfliegen und lieferten stabil weitere Hits, von denen einer, der Song *Easy Come, Easy Go* mir kurze Zeit später eine völlig neue Tür für mein musikalisches Schaffen öffnen sollte. Aber auch ihre ehemaligen Bandkollegen Dietrich und G. G. Anderson hatten Ideen, aus denen sich große Hits machen ließen. Mit *Schachmatt* und *Lieb mich ein letztes Mal* lieferten die beiden elementare Bausteine für die fulminante Karriere meines lieben Kollegen Roland Kaiser. Auch hier griff ich nicht als Sänger zu. Es passierte aber auch so viel um mich herum, dass ich, gerade auch mit dem frischen Erfolg von *El Lute* im Rücken, zu dieser Zeit anderen Dingen mehr Aufmerksamkeit schenkte.

So war ich gerade vier Monate aus Südamerika zurück, da rief mich Herbert Köhler, der »Vergeber« vom Union Studio mit seinen drei wirklich ständig ausgebuchten Aufnahmeräumen an und sagte: »Du, Michael, mir hat eine Klassikproduktion abgesagt, fünf Tage sind frei, ich biete es dir als Erstem an. Sehr gute Zeiten, nachmittags von vierzehn Uhr, wie du es gerne hast, bis abends um zweiundzwanzig Uhr. Aber du musst dich sofort entscheiden.«

Ich sagte sofort: »Nehm ich!«, denn Studiozeit im Union Studio war schwerer zu bekommen als eine Audienz beim Papst, und selbst Stammkunden wie ich mussten schon mal vier, fünf Monate darauf warten. Ich habe aufgelegt und dachte mir nun, was machst du denn jetzt eigentlich da? Und da fiel mir ein: Mensch, ja, richtig, der Kristian Schultze und sein Synthie-Dings, das wolltest du doch sowieso mal ausprobieren. Eine Idee, die mir schon seit langem im Kopf herumging, war eine Art Pop-Instrumentalprojekt mit, wie soll man sagen, Naturgeräuschen oder mit Naturinstrumenten. Mit Instrumentalmusik hatte ich ja die besten Erfahrungen gemacht, denn schließlich hatte mir *So-*

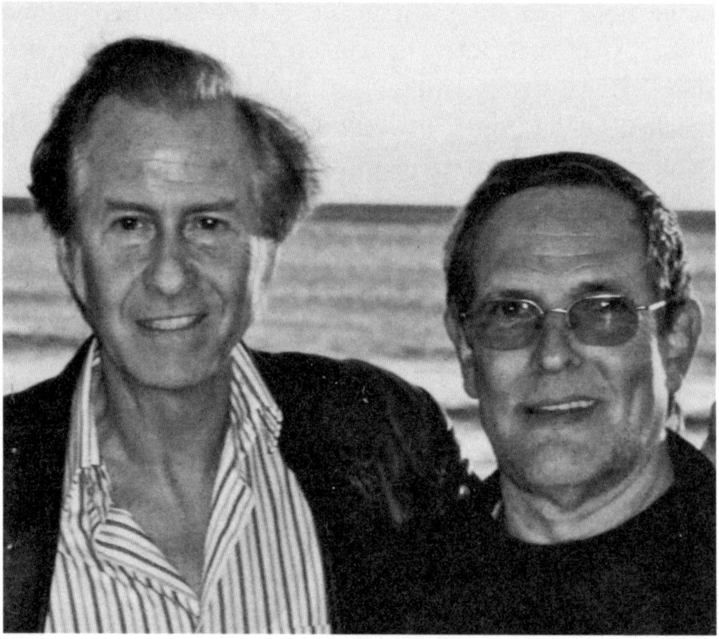

Mit dem deutschen Ausnahmemusiker Kristian Schultze gründete ich Cusco, ein Instrumentalprojekt, das bei uns in Deutschland praktisch unter dem Radar flog, aber in den Vereinigten Staaten für drei Grammy-Nominierungen gut war.

leado das Bett für meinen Riesenhit *Tränen lügen nicht* geliefert, und meine erste Eigenkomposition *Desert Island* war ja auch ein Instrumentalstück, dem ich meinen ersten Autorenvertrag bei Meisel verdankte. Unter dem Titel *Kungsleden* war die Melodie die Titelmusik eines populären Films und ein richtiger Hit in Japan geworden. Ein Umstand, der mir bald sehr zupasskommen sollte.

Die späten siebziger Jahre läuteten den Siegeszug des Synthesizers in der Musikproduktion ein und damit auch der Musiker, die sich damit auskannten und ihn mit Gefühl, Geschmack und technischem Know-how zu programmieren und zu bedienen wussten. Ein solcher Musiker war Kristian Schultze, der Sohn des *Lili Marleen*-Komponisten Norbert Schultze. Kristian war einer der besten Jazz-, Rock- und Cross-over-Pianisten Deutschlands, nein, ganz Europas, und Mitglied von ikonischen Jazz-Rock-Formationen wie Klaus Doldingers Passport. Aber er war ein Musikprofi durch und durch. Zwischen den verschiedenen Genres machte er keine geschmäcklerischen Unterschiede, wenn an der Musik mit der gebotenen Ernsthaftigkeit und Intensität gearbeitet wurde. Ich hatte ihn schon bei zig verschiedenen Musikproduktionen kennen- und schätzen gelernt, und er war einer der Ersten, die sich intensiv mit der neuen Synthesizer-Technologie auseinandergesetzt hatten. Darum bat ich ihn dann eines Tages bei einer Produktion, mir diese neuen »Synthies« einmal vorzuführen. Ich kannte ja ein paar urzeitliche Vorläufergeräte von Giorgio aus seinen Musicland-Studios. Monströse Maschinen, die ständig wegen der Gefahr der Überhitzung ausgeschaltet und auch immer wieder neu gestimmt werden mussten. Spannende Klangquellen, klar, aber aufwendig und sehr, sehr teuer. Die nächste Generation wie der Oberheim oder der Prophet 5 waren da deutlich vielseitiger und bedienungsfreundlicher. Ich war mächtig beeindruckt von der Klangfülle und auch den neuartigen Tönen, die sich diesen Maschinen entlocken ließen. Nach der Demonstration der neuen Möglichkeiten stand für mich fest, wenn du mal dieses Instrumentalding machst, dann mit diesen Synthesizern.

Darum bat ich Kristian, das unverhoffte »Geschenk« freier Studiozeit im Union Studio mit mir und seinen neuen Geräten zu verbringen. Neben *Desert Island* hatte ich eine Komposition von Stein und Jass, die sich *Lonely Leguan* nannte. Eine weitere Melodie namens *Galapagos* lag auch schon bereit, und wir begannen unser Experiment mit den synthetischen Klangsubstituten aus Kristians neuen Soundlaboren, die vornehmlich – es hängt in der Welt wohl alles mit allem zusammen – aus Japan stammten. Als führendes Melodieinstrument entschieden wir uns für die Flöte, da hatte ich noch aus Kindertagen eine Affinität, und deren Klang aus den Maschinen gefiel mir auch. Es gab auch einen ganz interessanten Gitarrenklang, wie man ihn mit einer richtigen Gitarre so kaum hätte herstellen können. Wo es mich klanglich nicht wirklich ansprach, konnte Kristian mit Soundfiltern nachsteuern. Und so wurden wir das Duo infernale, das später in den USA als Cusco dreimal für einen Grammy nominiert werden sollte.

Das war der Unschuld unserer ersten Gehversuche allerdings noch nicht anzuhören. Wir waren aber sehr zufrieden und angetan von unserem Ergebnis, denn unsere Arbeit konnte sich durchaus mit den Referenzen messen, die zu dieser Zeit die Messlatte für erfolgreiche, synthetische Instrumentalpopmusik waren, wie etwa Jean-Michel Jarres Epos *Oxygène IV.* Entsprechend begeistert waren alle, denen wir unsere Demos vorspielten. So beschlossen wir, ein Instrumentalalbum zu veröffentlichen. *Desert Island* erschien 1980 als erstes Album meines neuen Plattenlabels Autobahn. Damit öffnete die erste Komposition meines Lebens mir zum zweiten Mal die Tür zu einer außergewöhnlichen Karriere, an die ich so nie gedacht oder geglaubt hätte. Eine schöne Branchenweisheit bewahrheitete sich hier: keine neuen Hits, bevor die alten nicht wirklich aufgebraucht sind.

Dass wir das Projekt Cusco nannten, hatte indes keinen besonderen Hintergrund, der sich zwingend aus meinem Südamerikatrip ergeben hätte. Ich mochte natürlich die Mystik, für die die Inka-Kultur in jenen Tagen stand. Außerdem waren die Eindrücke der Reise noch frisch, und unsere

Musik wäre sicher ein toller Soundtrack für viele Stationen unseres Abenteuers gewesen, wenn es schon so etwas wie einen Walkman oder eine Spotify-Playlist gegeben hätte. Die Platte fand dann insbesondere im deutschen Rundfunk durchaus Anklang und war ein schöner Achtungserfolg, den ich aber vermutlich nicht fortgesetzt hätte, wenn nicht auf wundersame Weise wenig später die Sonne Nippons darüber aufgegangen wäre.

Die Arbeit an Cusco markierte auch an einer anderen Stelle einen echten Wendepunkt in meiner Karriere. Denn es war das erste große Projekt seit einigen Jahren, das ich musikalisch nicht mit meinem Dauerpartner Rainer Pietsch anging. Für Rainer waren die Zeiten insgesamt schwieriger geworden. Neben der Tatsache, dass ich mich, wenn auch nicht bewusst, aber doch erkennbar anderen Tätigkeiten als der Förderung meiner eigenen Sangeskarriere widmete, trat für ihn das Fehlen von Giorgio als Superproduzenten, in dessen Fahrwasser er ja für viele Weltbands arrangieren und produzieren konnte, nun immer schmerzlicher in den Vordergrund. Als reiner Arrangeur profitierte er auch nur marginal von den Urhebertantiemen, die die GEMA zum Beispiel regelmäßig und in einem schönen Umfang uns zukommen ließ und für die ich inzwischen als Vorsitzender des Wertungsausschusses auch an offizieller Stelle tätig war. Mit den vielen komplexen Aufgaben und Regelungen innerhalb der GEMA möchte ich hier niemanden langweilen. Es sei an dieser Stelle darum nur für die Nachwelt festgehalten, dass Organisationen wie die GEMA ein Segen für die Kreativen sind und es ohne diese wunderbare Vereinigung kaum möglich gewesen wäre, die Autoren vieler, vieler

Evergreens vernünftig an den Früchten ihrer Ideen zu beteiligen. In jedem Fall war die Autobahn auch finanziell für Rainer eine Auffahrt auf eine neue mehrspurige Verdienstschnellstrecke, denn Verlage teilen sich die GEMA-Einnahmen mit ihren Textern und Komponisten.

Mit unseren Superhits des Jahres 1980 und ein paar neuen vielversprechenden Werken von Stein und Jass machten Pietsch und ich uns dann zur MIDEM nach Cannes auf. Die MIDEM war und ist die größte Musikindustriemesse der Welt, und wer immer mit solchen Rechten handeln, sie platzieren und sie teilen will, muss dort seinen Stand aufschlagen. So taten wir es auch mit unserer Autobahn und hofften, die guten Erfolge im Rücken, auf einträgliche, gerne auch weltweite Geschäfte mit den neuen Werken unserer Autoren-Dreamteams. Aus welchem Grund auch immer, es fanden sich nur wenige interessierte Kollegen, die unseren Songs in ihren Ländern eine Erfolgschance einräumten. Einzig und allein der Titel *Easy Come, Easy Go,* den wir mit dem polnischen Erfolgstrio 2 plus 1 aufgenommen hatten, fand in Japan einige Liebhaber. Die üppige blonde Schönheit der Sängerin Elżbieta Dmoch mochte das ihre dazu beigetragen haben, jedenfalls fanden sich gleich fünf verschiedene japanische Plattenfirmen, die sich für die Veröffentlichung in ihrem Heimatland interessierten. Wie das dann ist, wenn man die Qual der Wahl hat, stellte sich die große Frage: Was machen wir? Wie findet man nun den Richtigen raus? Wer ist gut in Japan, wer nicht? Die salomonische Lösung unseres Luxusproblems war folgende: Wir packten 2 plus 1 mit unserem Cusco-Album in ein Paket. Wer so heiß auf unser polnisches Trio sein würde, dass er dafür eine unbekannte Instrumentalproduktion mit einkauft, der würde im Anschluss auch alles Erdenkliche tun, um den Dingen zum Erfolg zu verhelfen. So wurden aus fünf interessierten Companys dann plötzlich nur noch zwei. Beiden indes war der Titeltrack *Desert Island* ja noch als *Kungsleden* aus dem japanischen Fernsehen bekannt. Die Firma Jupiteru machte dann das Rennen. In den vereinbarten Konditionen war für Cusco die Pflicht eines zweiten Albums festgelegt, für den völlig hypothetischen Fall, dass dieses Album sich mehr als zehntausendmal im »Land des Lächelns« verkaufen sollte. Wie das Leben so spielt, hatten 2 plus 1 weit weniger Erfolg als erhofft und wurden nach nur 2 Singles plus 1 Album wieder vom Markt genommen. Aber Cusco lieferte, und die Japaner pochten darum auf den vereinbarten Nachfolgetonträger. Also mussten Kristian Schultze und ich wieder ran an die Synthesizer, Vertrag ist Vertrag. Und so kam dann, unverhofft ist eben oft, tatsächlich ein zweites Cusco-Album zustande. Das zweite von insgesamt dreiundzwanzig, die wir bis zum tragischen Tod von Kristian Schultze veröffentlichen sollten. Von solch einer Serie hätte 1981 indes noch niemand zu träumen gewagt.

Am Stand gleich nebenan wartete ein weiteres zukunftsweisendes Zusammentreffen mit einem Kollegen, mit dem ich eine atemberaubende Reise durch das amerikanische Musikgeschäft unternehmen sollte. Aus den Boxen seiner Repräsentation dröhnte ohne Unterlass ein Song der amerikanischen Singer-Songwriterin Chi Coltrane: *Shot To Despair*. Ein tolles Stück, eine tolle Stimme, und Rainer Pietsch und ich, ohnehin wegen des Raketenstarts unseres Verlages in feinster Champagnerlaune, feierten den Titel gerne kräftig mit. Das gefiel natürlich dem für diese Dauerbeschallung zuständigen »DJ« ausnehmend gut, und wir kamen

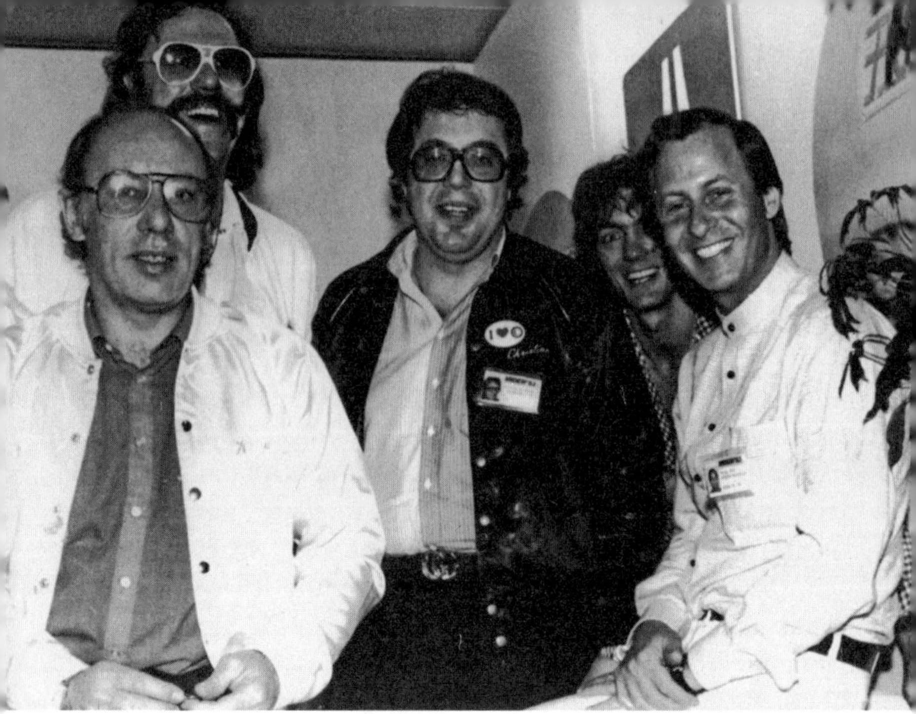

Christian De Walden (Mitte) wurde einer meiner wichtigsten Partner für meine Karriere in den achtziger Jahren. Zusammen konnten wir tolle Erfolge in den US-Countrycharts feiern.

schnell ins Gespräch. Christian De Walden, wie sich unser Kollege vorstellte, war ein italoamerikanischer Verleger und Produzent mit Sitz in Los Angeles. Wir trafen uns auf der MIDEM an der Côte d'Azur und hatten gleich viel Spaß miteinander. Wir merkten, dass wir in vielen Dingen auf einer Wellenlänge funkten, und fanden, wie es sich für eine Messe gehört, auch geschäftliche Themen, für die wir uns gegenseitig erwärmen wollten. Diesem Messetreffen verdankte ich später, neben einigen wundervollen Erfolgen, von denen ich noch berichten werde, das denkwürdigste Businessmeeting meiner gesamten Karriere.

ZWISCHENSTOPP: Nashville, Tennessee

»You can not go to Nashville.« Christian De Waldens Erwartungen an unsere Reise in das Mekka der Countrymusik tendierten stark gegen null. *»Everyone wants to be there. But, you have to LIVE there, for 10000 years or so, and it could be not enough.«* Weil aber nur wer wagt, etwas gewinnt, ließ ich nicht locker und erreichte zum Schluss, dass De Walden zum Ende meiner ersten Geschäftsreise durch die USA ein Treffen mit Jerry Crutchfield, dem mächtigen Labelchef von MCA Nashville, arrangierte. Zuvor gönnte ich mir aber ein Wochenende in Las Vegas, wo ich, gewandet in eine schicke Sportjacke, ins Visier eines offenkundig vermögenden Amerikaners geriet. Bei der Modeware, die ich trug, handelte es sich um eine Promojacke des Hauses Porsche, todschickes Teil, das ich mir damals für sündhaft teure achthundertfünfzig Mark hatte umarbeiten lassen. Eine geschmackssichere Investition, wie sich nun herausstellte. Denn der modebewusste US-Bürger, der mich in Vegas darauf ansprach, war bereit, schlappe fünftausend Dollar für meine Jacke hinzulegen, was zum damaligen Zeitpunkt gut und gerne zehntausend Mark entsprach. Ein hübsche Wertsteigerung, der nur derjenige zu widerstehen vermag, der es sich leisten kann, und Geld hatte ich zu diesem Zeitpunkt gerade mehr als genug. Blöd für den netten Interessenten, denn ich blieb standhaft und behielt das gute Stück, auch wenn ich mich am nächsten Tag kurz fragte, ob das nicht ein bisschen versnobt von mir gewesen war.

Am Ende war es dann doch ein großer Segen, denn in der Tasche der Porsche-Jacke befand sich nun eine Kassette mit einem Song des amerikanischen Songwriters Austin Roberts, der unter anderem das Original von *Rocky* geschrieben hatte. Der Song, mit dem wiederum Frank Farian mit seiner deutschen Version seine Karriere begann. Der Titel auf meiner Kassette hieß *I. O. U.* und war die erste Werkprobe unseres neuen Hitautors Roberts. Zehn Jahre später sollte ich den Song mit dem schwäbischen Countryduo Kerry & Ron aufnehmen und damit einen Smash-Hit in Südkorea landen. So viel zur Verrücktheit unserer Branche in diesen Jahren, in der kein Wahnsinn am Ende undenkbar war.

Wenig verwunderlich darum, dass ich einige Tage später, von keinerlei Selbstzweifel gebremst, die Gelegenheit des Treffens bei MCA nutzen wollte, um im Auge des Countrysturms unseren Austin-Roberts-Hit zu platzieren. Schon auf dem Weg in das Büro von Boss Crutchfield wurde mir allerdings mit jedem Schritt klarer, wie weit ich mich da aus dem Fenster gelehnt und in welch missliche Lage ich und mein Partner Christian möglicherweise andere gebracht hatten, die dieses Treffen für mich arrangiert hatten. Music-Business ist auch ein Geschäft mit Gefälligkeiten, und wer auch immer diesen Besuch eines deutschen Nobody an einem der wichtigsten Schreibtische Nashvilles eingetütet hatte, würde wohl als Preis dafür mindestens einen Sommer lang den Pool von Jerry Crutchfield mit der Zahnbürste reinigen müssen. Innerlich schon fast geschlagen, betrat ich, inzwischen ohne echte Hoffnung auf Erfolg, das Büro des mächtigen Plattenbosses, eines energiegeladenen Mannes mit der freundlichen, unverbindlichen Oberflächlichkeit, mit der viele Amerikaner gesegnet sind. Wir unterhielten uns beziehungsweise, seien wir ehrlich: Wir smalltalkten ein wenig, und nach knapp zehn Minuten betrat dann Jerrys Sekretärin das Büro und flüsterte ihrem Chef etwas ins Ohr. Der tat erstaunt, und diese Geste des überraschten Bedauerns, schon tausendmal geübt, wies mir sozusagen schon die Tür. Aber da fielen mir die vielen im Raum verteilten Löwen auf: Holz, Bronze, Plüsch, Fotos, Ölgemälde, wenige schön, die meisten grenzwertig kitschig, aber alles Löwen. Schon weil mich meine Mutter gelehrt hatte, beim Abschied eine Freundlichkeit zu hinterlassen, fragte ich Jerry im Aufstehen: *»Jerry, I can see all these lions in the room. Tell me, are you a Leo?«*

Es war eine Eingebung. Gott allein weiß, warum ich die Tierdarstellungen mit dem Sternzeichen im Hirnkasterl zusammengebracht hatte. Aber Jerry wechselte die Farbe und trat auf mich zu.

»Yes, I'm proud to say, that I'm born under the sign of Leo!«

»So, Jerry, you have to know, I'm a Leo, too!«

Das war der Moment, an dem mir mein Geburtstag ein zweites Leben schenkte.

»You are a Leo, too!« Jerry war nicht mehr zu halten. Wir verbrachten eine Stunde, vielleicht mehr, in einem angeregten Gespräch über die Gnade, im Zeichen des Löwen geboren zu sein. Die Sekretärin, die nun wohl auf wirkliche Termine hinweisen wollte, wurde angewiesen, für Ruhe zu sorgen. Ich wusste, das war die Chance auf ein weiteres Treffen, und dann böte sich sicher irgendwann die Gelegenheit, dem MCA-Boss meinen Countryhit zumindest einmal vorzuspielen. Doch auch diese Zukunftsperspektive änderte sich schlagartig, als ich mich ein weiteres Mal zum Abschied von meinem neuen »Friend Jerry« erhob und meine Porsche-Jacke überzog, die offenkundig auf den amerikanischen Geschmack maßgeschneidert war.

»What a wonderful jacket!«, befand Mr. Crutchfield und fragte, wo man die denn kaufen könne. Er war Porsche-Sammler und Mitglied eines Porsche-Sammler-Clubs, wo es nur wenig gab, mit dem man die gespickten Vereinsfreunde wirklich beeindrucken konnte.

»You can't buy it anymore«, sagte ich Jerry mit dem mir größtmöglichen Bedauern. *»It is one of a kind. But take it as a present for your hospitality.«*

Ich zog die Jacke aus und reichte sie ihm.

»No, I can't take it.«

»Please, you have to.«

»No, I would never find sleep anymore if i'd take it.«

»It's such a small thanks for your wonderful invitation …«

Und so weiter, bis das Tänzchen sein Ende fand und Jerry die Jacke nahm. Das war der Moment, in dem ich ihn hatte. Er musste mir nun einen Gefallen tun und, noch viel wichtiger, er wollte mir nun einen Gefallen tun.

»Tell me, Michael, what was the real reason for your visit, except making me happy with this wonderful jacket?«

»Oh, Jerry, indeed there is something I wanted to show you. A great song of my most talented writer. I just want to know your opinion about it.«

Jerry nahm das Tape, legte es ein, hörte die erste Minute und sagte: *»I love it. It will be perfect for my new shooting star, a sensational guy named Lee Greenwood.«* Lee Greenwood, ein ehemaliger Showact aus Las Vegas, der Jerry bei einem Casinobesuch mit seiner Nummer mit zwei Saxophonen aufgefallen war und den er seinerzeit vom Fleck weg engagierte, sollte mit eben dem Titel *I. O. U.* 1983 eine Nummer sechs in den amerikanischen Countrycharts erreichen. Das markierte dann den Beginn meiner Erfolgszeit als Verleger in Amerika. Kein schlechtes Ergebnis für einen Nachmittag in Nashville, Tennessee, und eine Promojacke von Porsche!

Mein neuer Freund und Partner De Walden war ein sehr umtriebiger und auch fleißiger Kerl, der vermutlich eine Einbauküche zum Singen gebracht hätte, wenn er sich davon einen Erfolg in den Charts und entsprechend gute Geschäfte versprochen hätte. Nach unserem Kennenlernen passierte trotzdem erst mal, wie leider so oft in meiner Branche, nur wenig bis gar nichts. Bis er dann, ungefähr zwei Jahre später, eines schönen Tages eine Künstlerin an Land zog, für deren Karriere(re)start als Sängerin er meine Expertise als Musikproduzent dringend brauchte. De Walden selbst kompensierte nämlich eigene Unsicherheit im Studio gerne schon einmal durch wüste Wutausbrüche gegenüber dem Künstler, der gerade das Unglück hatte, in diesem Moment Teil der Session zu sein. Eine Unart, der er bei der nun anstehenden Zusammenarbeit wohl erst gar keinen Raum bieten wollte. So flog ich als Produzent nach L.A., einer der Hotspots der Popbranche in den achtziger Jahren. Ein Ritterschlag für jeden Musikschaffenden in dieser Zeit. Der Name der Dame war Sally Kellerman, die in dem Welterfolg *M.A.S.H.* eine oscarnominierte Hauptrolle gespielt hatte. Nun lag der Erfolg von *M.A.S.H.* schon einige Zeit zurück, und es war sicher eine gute Idee, der Künstlerin Kellerman mit einem Musikalbum eine neue Tür in der Unterhaltungsindustrie zu öffnen. De Walden und ich mühten uns nach Kräften, und weil Sally eine durchaus talentierte und vor allem disziplinierte Sängerin war, hatten wir recht schnell ein sehr ordentliches Album im Geist der Zeit zusammen.

So glaubten wir es zumindest. Aber während wir noch in den wohltönenden Klangwolken von The Eagles, Fleetwood Mac und den Doobie Brothers tickten und planten, hatte die Musikwelt gerade einen radikalen Schnitt gemacht und deklarierte auf einmal alles Große, Bombastische, Eklektische, das die Popmusik für so viele Jahre geprägt und bestimmt hatte, zu »Yesterdays News«. So wie unser wunderbares Sally-Kellerman-Popalbum von den New Yorker Plattenfirmen nun plötzlich als »Countryproduktion« deklariert wurde und man uns, Gott sei Dank, auf den Weg nach Nashville schickte (wo ich, wie erwähnt, Jerry Crutchfield meine Porsche-Jacke schenken und unseren Start als Countrymusik-Verleger ermöglichen konnte), so hatte sich auch in Deutschland quasi über Nacht der Musikgeschmack geändert. Die Neue Deutsche Welle brach über den Musikmarkt herein, und nichts sollte danach wieder so werden, wie es noch ein Jahr zuvor unumstößlich schien. Wie aus dem Nichts tauchten an allen Ecken des Landes schrill gekleidete, minimalistisch musizierende, textlich oft hart am Rand des Dadaismus agierende Künstler auf und eroberten die Radios, die Fernsehsendungen, die Herzen der Plattenkäufer im Sturm. Auch wenn es für mich als Sänger alles andere als schön war, plötzlich zum »Establishment«, ja gar zum »alten Eisen« gezählt zu werden, für das es nun keinen Bedarf mehr gab, so faszinierte mich die kreative Innovation von Bands wie Trio, Joachim Witt, Nena und vielen anderen doch ungeheuer. Nur: Ein Teil davon, das konnte ich nicht sein.

Dieser Erdrutsch in der Hörergunst war auch meinem Team bei Ariola nicht entgangen. Für eine Verlängerung meines auslaufenden Vertrags fanden wir keinen gemeinsamen Nenner mehr. Ich ging mit Bedauern, aber mehr als zufrieden ob der gemeinsamen Erfolge und heuerte nun bei RCA an, wo mir 1981 mit dem bezeichnenden Titel *Leb wohl* meine letzte Notierung in den Top 20 der deutschen Verkaufscharts gelang. Ein Abschied, den ich kaum zur Kenntnis nahm, denn in meinem Leben entstand gerade etwas, was ich über die vergangenen Jahre nicht erlebt und eigentlich auch nicht vermisst hatte, mich dafür aber nun umso heftiger traf: Ich hatte mich, das erste Mal seit Petra Stradals Abschied, wieder ernsthaft in eine Frau verliebt.

Die größte und nachhaltigste Erfolgsstory meines Lebens begann an einem Winterabend 1981 in der Münchner Nobeldiskothek Charly M., wo mir meine Begleitung eine junge Dame vorstellte, wie sie reizender nicht hätte sein können. Beate Gränitz, die alle nur »Bimbi« nannten und bis heute so nennen, war ein gerade mal zwanzigjähriges Fotomodell und fixer Bestandteil der Münchner Schickeria-Clique. Sie arbeitete unter anderem als Wäschemodel für den damaligen Markenprimus Triumph. Ihr Vater war der Metzgermeister des renommierten Hotels Bayrischer Hof und sie damit ein Münchner Madel wie aus dem Bilderbuch. Bimbi war eine echte Erscheinung. Blond, schlank,

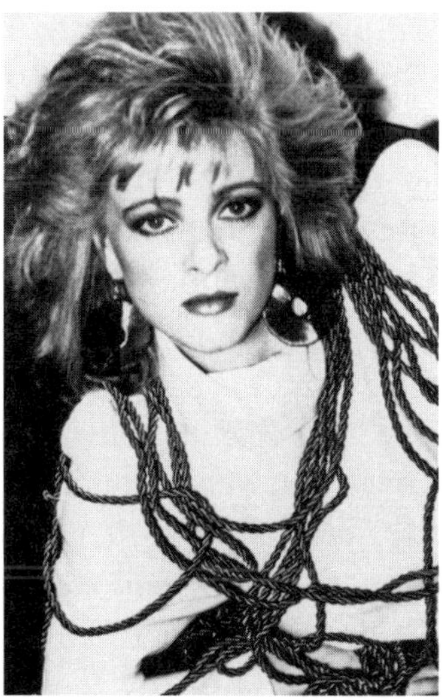

Beate »Bimbi« Gränitz war nicht nur ein gefragtes Model und eine der schönsten jungen Frauen, die München seinerzeit zu bieten hatte, sondern ist bis heute der herzlichste und beste Mensch, den man sich vorstellen kann. Ich bin stolz und froh, sie meine Ehefrau und Mutter meiner Kinder nennen zu dürfen.

mit jeder Menge Sex-Appeal. Kurzum, gleich vom ersten Eindruck her eine echte Traumfrau.

Allerdings, davon gab es in der Münchner In-Crowd ziemlich viele, und auch wenn es nie von Dauer oder etwas Ernstes war, hatte auch ich über die Jahre immer wieder Beziehungen und kleine Affären. Das Angebot an Schönheiten in den Partytempeln der Isarmetropole war einfach zu groß, um wirklich allen Avancen ständig widerstehen zu können. Und um ehrlich zu sein, oft genug galt auch für mich, halb stieß man ihn, halb fiel er hin. Was ich allerdings auch hatte lernen müssen, war, dass nicht jede Liebesbekundung der letzten Jahre dem Menschen Lothar Walter, sondern eher dem Star Michael Holm und vermutlich auch seinem Bankkonto gegolten hatte. Entsprechend reserviert und vorsichtig konnte ich darum mit weiblichem Liebreiz umgehen, auch wenn er noch so betörend und verführerisch daherkam wie in Bimbis Fall. Was mich an der jungen Dame viel mehr reizte, war ihre offenkundige Schlagfertigkeit, ihr selbstbewusstes, beinahe schon burschikoses Auftreten, das einen wundervollen Kontrast zu ihrem elegant-sportlichen Äußeren schuf. Ich war also mehr als nur interessiert, und als wir uns bei einer weiteren Gelegenheit kurz darauf wieder über den Weg liefen, es war bei einer Filmpremiere, bat ich eine gemeinsame Freundin, eine Schauspielerin namens Heidi Stroh, mir doch die Telefonnummer vom Fräulein Gränitz zu besorgen. Was ich nicht wusste, war, dass Bimbi die gleiche Bitte an dieselbe Bekannte geäußert hatte.

Bimbi kannte keinerlei Scheu, diese Nummer dann auch zu nutzen, und hinterließ, gerne spätabends oder eher mitten in der Nacht, kleine Nachrichten, wo sie aktuell zu finden sei. Und an einem dieser Abende, es war an Fasching, und ich kam gerade aus dem Studio nach Hause, da dachte ich mir: Jetzt fährste halt mal dahin und lernst das Mädel einfach kennen! Gedacht, getan, und um zwei Uhr dreißig begann in einem Münchner Edelclub der wohl wichtigste Longplayer in meinem Leben, auch wenn das diesem ersten Treffen noch nicht so sicher anzumerken war. Bimbi begleitete mich zwar in derselben Nacht schon in die Mauerkircherstraße, übernachtete aber im Gästezimmer. Auch die nächsten Wochen waren mehr von einem eher unverbindlichen Kennenlernen als von den Schwüren ewiger Liebe bestimmt, was Bimbi für mich immer spannender und begehrenswerter machte. Ihre Unabhängigkeit, ihr Freiheitswille und ihre Bodenständigkeit inmitten der »Bussi-Bussi«-Kreise, in denen sie sich bewegte, das machte sie mit jedem Tag ein bisschen unwiderstehlicher für mich. Als wir dann entdeckten, dass das Reiten unsere gemeinsame Leidenschaft war, und wir begannen, miteinander auszureiten, war es endgültig um mich geschehen. Eine Frau, zierlich und schön wie aus einem Zaubermärchen, die mit und ohne Sattel reiten konnte wie ein Don Kosak und sich für keine Mühe mit den Pferden im Dreck oder im Stall zu schade war, das war einfach zu viel für mich. Wir wurden ein festes Paar, und schon recht bald beschlossen wir, dass Bimbi in mein Zuhause einziehen würde. Mein Singleleben hatte ein Ende.

Viel Zeit verbrachten wir indes nicht in der gemeinsamen Häuslichkeit, denn mit dieser wundervollen neuen Partnerin an meiner Seite nahm mein Privat- und hier insbesondere mein Partyleben wieder einen Stellenwert ein, wie ich es zuletzt Ende der sechziger Jahre mit Petra in Berlin erleben durfte. Wo wir Gelegenheit fanden, ließen wir es krachen und hatten so viel Spaß, wie man ihn wohl nur in München der achtziger Jahre haben konnte. Die freien Wochenenden indes gehörten den Ausritten in die schöne

Natur Oberbayerns. Das Reiten, das ich schon in Erlangen geliebt und in Berlin als eines meiner wenigen Hobbys gepflegt hatte, kehrte nun als fester Bestandteil meines Lebens zurück. Da der Tsunami der Neuen Deutschen Welle meinen Aktionsradius als Interpret spürbar eingeschränkt hatte, war dafür glücklicherweise nun auch endlich einmal mehr Zeit in meinem Leben. Meine neuen Berufe als Verleger und Instrumentalkomponist sorgten dafür, dass ich weiß Gott nicht darben musste, und so genoss ich diesen neuen, entspannten und freien Lebensabschnitt an der Seite der Frau, die etwas später die Mutter meiner beiden wundervollen Kinder werden würde, die dann mit uns auf dem Schörghof groß werden sollten. Diesen Umstand verdankten wir vier letztlich Bimbis und meiner Leidenschaft für das Reiten. Das Glück dieser Erde liegt auf dem Rücken der Pferde, weiß der Volksmund so schön zu dichten, und in unserem speziellen Fall sollte sich das auf eine ganz wundersame Art und Weise bewahrheiten.

Es begann mit einem Bekannten, einem gewissen Helmut Pütlers-Manteuffel. Der hatte einen kleinen, nicht besonders ansehnlichen Hof in Oberbayern, den Hemmeter Hof in der Nähe von Seeshaupt, entdeckt. Den nutzte mein Bekannter als Start- und Zielpunkt für seine regelmäßigen Reitausflüge, und er lud uns ein, sein Gast zu sein. Da haben wir angefangen, an den Wochenenden unserer Freude und Sehnsucht zu frönen, den Pferden nah zu sein. Das Anwesen der Hemmeters war wirklich kein touristisches Kleinod und vogelwild, aber den Tieren ging es gut. Die hatten große Koppeln, wo sie reichlich Auslauf fanden. Die Pferde rannten auf ihre Koppel, und wenn unser Gastgeber pfiff, wussten die Tiere, da kommt etwas Leckeres. Es war ein natürliches Idyll, von dem wir beide nicht genug bekommen konnten.

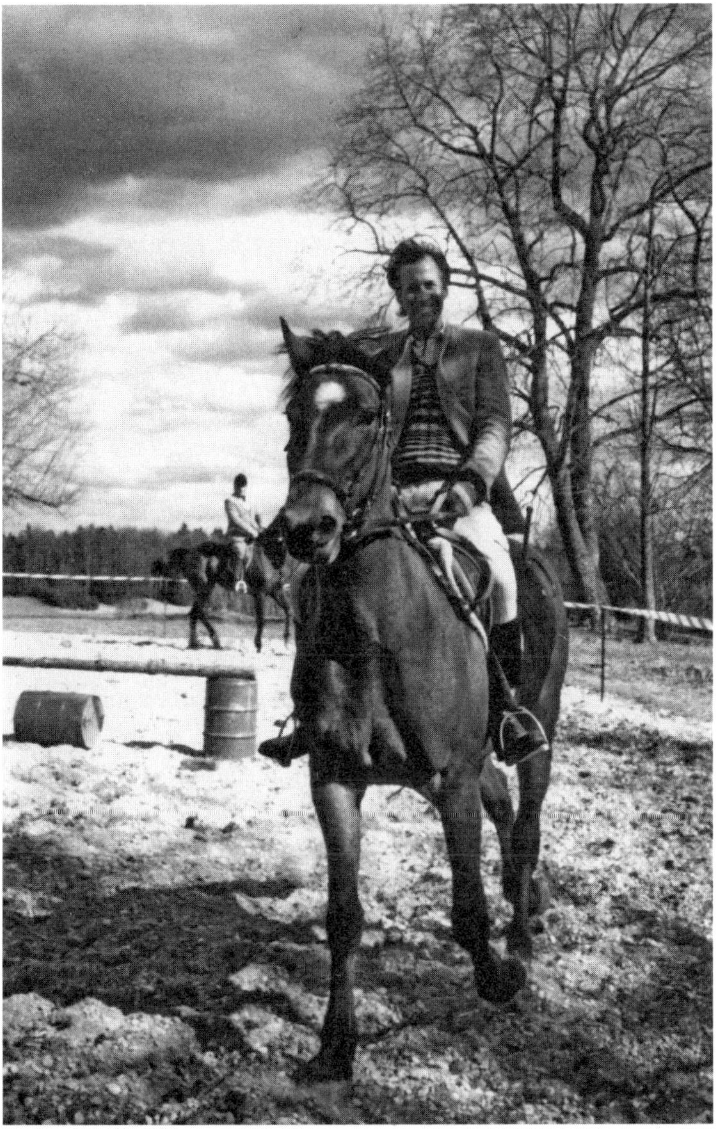

Alles Glück dieser Erde liegt auf dem Rücken der Pferde. Das Reiten war von früher Jugend an mein liebstes Hobby, dem ich viele Jahrzehnte treu geblieben bin.

Und so fingen wir an zu spinnen. Ein eigener kleiner Wochenendhof sollte her. Ein Ort, an dem wir unsere Pferde betreut unter der Woche unterstellen könnten und wohin wir am Wochenende ohne ziemlichen Aufwand einfach rausfahren könnten. Arbeitsleben in der Stadt, Seelenleben auf dem Land. Es war ein richtig guter Plan mit einem völlig unerwarteten Ende. Zunächst aber verbrachten wir ein paar Jahre damit, uns nach möglichen Immobilien umzusehen. Vierzig, fünfzig Höfe werden wir in den achtziger Jahren besichtigt haben. Mal zu zweit, mal jeder in einer anderen Richtung unterwegs. Mal nur von außen, mal ganz offiziell mit Termin und Führung. Es wollte sich nichts Gescheites finden. Einmal bot man uns ein Riesenareal aus dem Besitz des Opus Dei an. Ein vierzig Hektar großer, ehemaliger Landwirtschaftsbetrieb. Für läppische elf Millionen Mark. Wir winkten ab. Erst mal. Und suchten weiter, ohne Ergebnis. Das lag sicher nicht zuletzt auch daran, dass es an Stringenz bei der Suche mangelte. Eine Folge der Tatsache, dass sich meine gerade frisch gewonnenen Zeitpolster wieder mit Aufgaben zu füllen begannen, die mich zwangen, mehr Energie in meine Arbeit zu investieren.

Der erfreuliche Teil davon sollte mich bald regelmäßig um den halben Globus führen. Vorher hieß es aber einige unerfreuliche Veränderungen zu moderieren und einen Neuanfang zu wagen. Denn während ich mich gerade verliebte, sich privat und auch beruflich neue Dinge auftaten und das Glück von einer völlig neuen Seite in mein Leben trat, lief es bei meinem Kompagnon Rainer Pietsch leider nicht so glatt. Es war 1983, als mich mein langjähriger Begleiter, der Supermusikus und Schöpfer von wundervollen Arrangements, auch bei zahlreichen meiner größten Hits, nicht zuletzt mein Geschäftspartner in der gerade durchstartenden Verlagsgründung Autobahn – als mich der große und auch gerne schon mal großspurige Rainer Pietsch ganz kleinlaut um eine Unterredung bat. Rainer hatte Steuerschulden. In einer Höhe, die er nicht ausgleichen konnte und die ihn vermutlich am Ende ins Gefängnis gebracht hätten. Ich war schockiert! Rainer war einer der bestbezahlten Arrangeure dieser Zeit, man ließ ihn nach Paris und London einschweben. Zwanzigtausend Mark für seine Dienste waren kein unübliches Honorar. Dazu noch die nicht unerheblichen Einnahmen, die unser gemeinsamer Katalog einbrachte. Wie konnte das nur passieren? Es gibt nun mal gar nicht so viel Geld, dass man es nicht ausgeben kann, und so wie es später auch einem Michael Jackson oder einem David Crosby erging, so war es auch meinem lebensfrohen Weggefährten ergangen. Mehr auszugeben, als gerade da war, in der trügerischen Hoffnung, dass es morgen durch den nächsten Erfolg wieder ausgeglichen, ja vermutlich sogar noch einmal mehr werden würde, das ist leider eine verbreitete Berufskrankheit in der Musikbranche. Rainer neigte zudem zu riskanten Spielwetten beim Billard, das er zwar exzellent beherrschte, wo er aber eben dann auch schon mal seinen Meister fand. Bei fünfstelligen Wetteinsätzen ein oft zu mutiges Spiel.

Wir riefen sofort eine kleine Notsitzung zusammen. Rainer, seine Frau, der Anwalt Schenz und ich überlegten, wie wir unserem Freund und Kollegen aus der Misere helfen könnten. Der Anwalt stellte klar, es gab gegenüber dem Schuldner Finanzamt keinen Spielraum mehr. Geld musste her, sonst hätte es weitgreifende Konsequenzen für Rainer gehabt. Unser Gesellschaftervertrag von Autobahn sah für einen Fall wie diesen vor, dass der Anteil von Pietsch ohne Ausgleich an mich zu übertragen war. Das war mir nun, wo den Worten hätten Taten folgen müssen, doch zu starker Tobak. Ich löste Rainer aus dem Vertrag aus, übernahm seine Hälfte des Verlags und zahlte ihm das Geld, das er brauchte, um zumindest seine offiziellen Schulden zu bezahlen. Er verließ den Verlag als gebrochener Mann. Es war mir ein Rätsel, warum man mich nicht auf den schleichenden finanziellen Niedergang meines wichtigen Weggefährten aufmerksam gemacht hatte. Mir gegenüber hatte er sich stets bester Dinge und völlig entspannt gegeben. Auch wenn mir aufgefallen war, dass er abgenommen hatte, übernächtigt wirkte, fahrig geworden war. Ich schob das auf die schwieriger werdende berufliche Situation, ohne die ganz großen Produktionen und mit dem neuen Konkurrenten Synthesizer im Nacken und auf die dadurch nötige Mehrarbeit. Außer mir indes wusste im Verlag offenbar jeder Bescheid. Und das brachte dann das Fass bei mir zum Überlaufen. Dass es mit der Ordnung der Unterlagen nicht aufs beste bestellt war, das ahnte ich zwar, aber es störte mich nicht über Gebühr. Geld floss regelmäßig und reichlich, für das Rechnen hinter dem Komma schien im Moment kein Grund gegeben zu sein. Dass aber keiner den Mut oder eher die Loyalität besaß, mich über Rainer Pietschs Probleme aufzuklären, erschütterte mein Vertrauen in den Grundfesten. Was würde als Nächstes hinter meinem Rücken geschehen? Was würde vertuscht, versteckt, manipuliert werden? Ich entschloss mich, die Sache bei der Wurzel zu packen und kündigte nach dem Ausscheiden von Rainer der gesamten Belegschaft. Wo das für größere Probleme zu sorgen schien, bemühte ich mich um eine Anschlussbeschäftigung. Mein ehemaliger Schulfreund Klaus und auch Alex Vaupel wechselten zu Ralph Siegel.

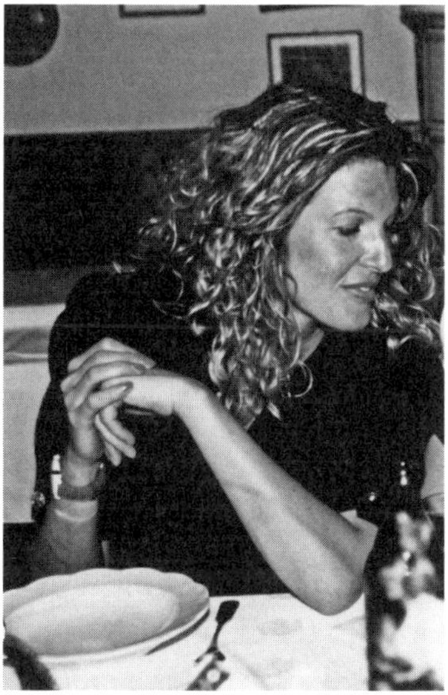

Die zweite Frau meines (Berufs-)Lebens wurde Barbara Krämer, durch deren Fleiß und Talent sich der, bis zu ihrem Eintritt, von ihren Vorgängern weniger gut geführte Autobahn-Musikverlag in ein echtes Vorzeigeunternehmen der Branche verwandelte. Jeder Chef ist so gut wie seine Mitarbeiter. Ich zählte darum dank Barbara nun zu den Besten!

Ich allerdings stand nun alleine da und brauchte dringend fachliche, faire, engagierte Unterstützung. Denn so gerne ich Verleger bin, so wenig gerne bin ich Verwalter. In diese Misere hinein erwies mir das Schicksal einen erneuten Gnadenbeweis und sandte mir eine Nixe, die gerade auf dem Trockenen saß und dringend Wasser unter den Kahn bringen wollte, um schnell wieder regelmäßig auf Tauchgang zu gehen. Barbara Krämer war eine Tauchlehrerin, die gerade von ihrem Geschäftspartner furchtbar über den Tisch gezogen worden war, durch die Insolvenz der gemeinsamen Tauchschule auf einem ziemlichen Berg fremder Schulden saß und nun alles daransetzen wollte, aus dieser misslichen Situation so schnell wie möglich herauszukommen. Wer nun denkt, ich wäre lernresistent und hätte trotz gerade erst gemachter Erfahrungen mit verlegerisch unbeflecktem Personal halt gleich wieder irgendwen eingestellt, dem sei gesagt, man täusche sich nicht.

Barbara Krämers Einstellung lag eine Verwechslungskomödie zugrunde, wie sie aus einem Volkstheaterstück hätte stammen können. Den Anfang nahm die Geschichte, als ich mein Leid einer Bekannten klagte und diese Bekannte mir einen Hoffnungsschimmer wies:

»Ich habe eine Freundin, die war jetzt sieben Jahre bei einem Freund von mir. Er Anwalt, sie war Sekretärin. Jetzt hatten die ein Techtelmechtel und haben sich wohl so verkracht, die will unbedingt weg, die braucht sofort einen Job.«

Da war ich natürlich gleich hochinteressiert. »Wie heißt die Dame denn?«

»Das ist die Barbara.« Mehr an Namen gab es nicht, war ja auch egal, weil es eine persönliche Empfehlung war. Ich fragte meine Bekannte, ob sie die Barbara bald mal bei mir vorbeischicken könnte. Und was geschah? Diese Barbara vom Anwalt, die hatte eine Freundin, die Barbara Krämer hieß und wie berichtet mit ihrer Tauchschule in Italien auf Grund gelaufen war. Sie brauchte ganz schnell einen Job und musste ganz schnell Geld verdienen. Diese Barbara und die andere Barbara, die kannten sich gut, und am Vorabend unseres Vorstellungstreffens sagte die Anwalts-Barbara zur Tauch-Barbara:

»Du, ich habe mich gemeldet bei dem Michael Holm, der sucht jemanden für seinen Verlag. Ich hatte mich ja verkracht mit meinem Erich, aber wir haben uns wieder versöhnt. Und jetzt will ich auf gar keinen Fall mehr bei ihm weg. Aber du! Du suchst doch dringend einen Job. Dann geh doch du dahin!«

»Ja, aber ich habe doch gar keine Ahnung«, gab wohl die Tauch-Barbara zu bedenken.

»Das musst du doch nicht sagen.«

So kam dann Barbara und stellte sich vor als die Barbara, die sich um die Stelle bewerben wollte. Ich sah eine moderne junge Frau, selbstbewusst, die auf eigenen Beinen und mitten im Leben stand. Und weil ich ja der festen Überzeugung war, dass die Dame aus einer Anwaltskanzlei mit jahrelanger Berufserfahrung kam, habe ich gleich ja gesagt. Ohne groß nach Papieren oder Zeugnissen zu fragen. Eine Schlampigkeit, die sich als großer Segen für mich erwies. Denn wenn sie mir gesagt hätte, ich bin Tauchlehrerin, hätte ich sie nie und nimmer in mein Büro gelassen, nach all dem Ärger, den ich gerade ausgestanden hatte.

Nach einer Woche Probearbeit wusste ich, die hat keine Ahnung von dem, was sie da tut. Aber ich wusste auch, die ist trotzdem dreimal so gut wie alle anderen mit ihren Diplomen, Zeugnissen und was es da an Qualifikationsnachweisen so gibt. Papier ist geduldig. Ich nicht! Und weil ich gleich merkte, mit der Frau geht es vorwärts, legten wir miteinander los, um den »Stall des Augias« auszumisten, den wir von ihren Vorgängern geerbt hatten. Täglich von neun bis um fünf kämpften wir uns monatelang durch ein Chaos von Ablagefehlern und völliger Systemlosigkeit. Ich hatte meine Mitarbeiter nie kontrolliert und zahlte nun einen hübschen Preis für meine Naivität. Ein Verlag, das ist leider kein Tonstudio, wo man seine Vorstellungen erklärt und gleich ein Ergebnis zu hören bekommt. Verlagsgeschäft ist Handel und Verwaltung von Rechten und Subrechten. Enorm kompliziert, und es bedarf einer ständigen mikroskopischen Aufmerksamkeit. Als Beispiel seien unsere Subverlagsrechte an den Hits der Gibson Brothers genannt, die wir für einen französischen Verlag in Deutschland auswerten sollten. Rechte an Riesenerfolgen wie *Cuba* oder *Que será mi vida* lagen verstreut in Dutzenden Ablageordnern, die völlig unabhängig voneinander gewuchert waren. Ein Krebsgeschwür, das Barbara Krämer mit chirurgischer Genauigkeit entfernte und so aus dem Chaosclub Autobahn einen Vorzeigeverlag machte. Mit ihr hatte ich nach Bimbi, der Frau fürs Leben, nun auch eine Frau für das Berufsleben gefunden, die mich über zwanzig Jahre auf diesem Weg begleiten und die wertvollste Stütze in meiner gesamten Karriere werden sollte.

Der Michael Holm des Jahres 1984 hätte sich von seinem Vorläufermodell aus den siebziger Jahren kaum deutlicher unterscheiden können. Der erfolgreiche Sänger, der endlos im Studio produzierende, nie nach Tag oder Nacht, Wochenende oder Feiertagen fragende Musikschaffende und Single Michael war nun der in fester Beziehung lebende Verlagsinhaber Herr Holm mit (meist) geregelten Arbeits- und Bürozeiten, festen Wochenendritualen und regelmäßigem Jahresurlaub geworden. Tempora mutantur, wie der Lateiner weiß. Die Zeiten ändern sich! Diesen Jahresurlaub verbrachte ich mit meiner nun Dauerfreundin Bimbi und einer entzückenden Clique auf Ibiza. Denn auch wenn ich nun die Seiten des Schreibtischs gewechselt hatte und von der Künstler- zur Administrationsseite gegangen war, gegen etwas Glamour und High Life hatte ich nach wie vor nix einzuwenden.

Schon bei unserem ersten Urlaub dort lernte ich einen Mann kennen, der schnell mein bester Freund jenseits der Musikbranche werden sollte. Mit einer kleinen Gruppe hatten wir einen Bootsausflug unternommen und beschlossen zum Abschluss, in der Hafenbar des damals noch recht kleinen und auch einzigen Bootshafens von Ibiza einen Sundowner zu nehmen. Ein Boot in einen gut belegten Hafen zu manövrieren, braucht allerdings ein wenig Kenntnis und Erfahrung. Dinge, über die wir zu diesem Zeitpunkt kaum bis gar nicht verfügten. So töpperten und schipperten wir, zum Vergnügen der anderen Bootsbesatzungen, mehr schlecht als recht im Hafen zu einer freien Anlegestelle und versuchten, irgendwie an Land angekommen, trotzdem so lässig wie möglich unseren Drink einzunehmen. Einer der anderen Gäste amüsierte sich besonders lange und ausdauernd über unsere Ungeschicklichkeit. So lange, bis Bimbi ihn schließlich ansprach. Ein Glück, denn der Mann mit dem herzlichen Lachen entpuppte sich als ein Pfundskerl, ein Menschenfreund mit einem Herz aus Gold. Eines der wenigen Exemplare, die auf dieser Erde zu finden sind. Sein Name war Ernst Lucas, aber alle nannten ihn »Ernstl«. Ernstl war ein Unternehmer aus Bremen, der mit dem Import von Werkzeugen aus China für die aufkommenden Baumärkte ein Vermögen gemacht hatte und dessen Früchte er nun auf seinem wunderbaren Holzboot genoss. Schnell entstand zwischen ihm und mir eine besondere Beziehung, und besonders die Aufenthalte auf Ibiza wären ohne ihn nicht halb so spaßig und unterhaltsam gewesen. Ernstl war sozusagen das Herzstück unserer Clique, der sich dann auch andere sehr außergewöhnliche Personen anschlossen.

ZWISCHENSTOPP: **Ibiza**

Roman Polanski, dem weltberühmten und damals auch noch völlig unbescholtenen Weltregisseur, ging es nicht gut. Und schuld daran war meine Freundin Bimbi und ihre Bohnensuppe. Ächzend und leidend saß Polanski auf dem Sofa, ein Häufchen Elend, und irgendwie haben ihm das alle

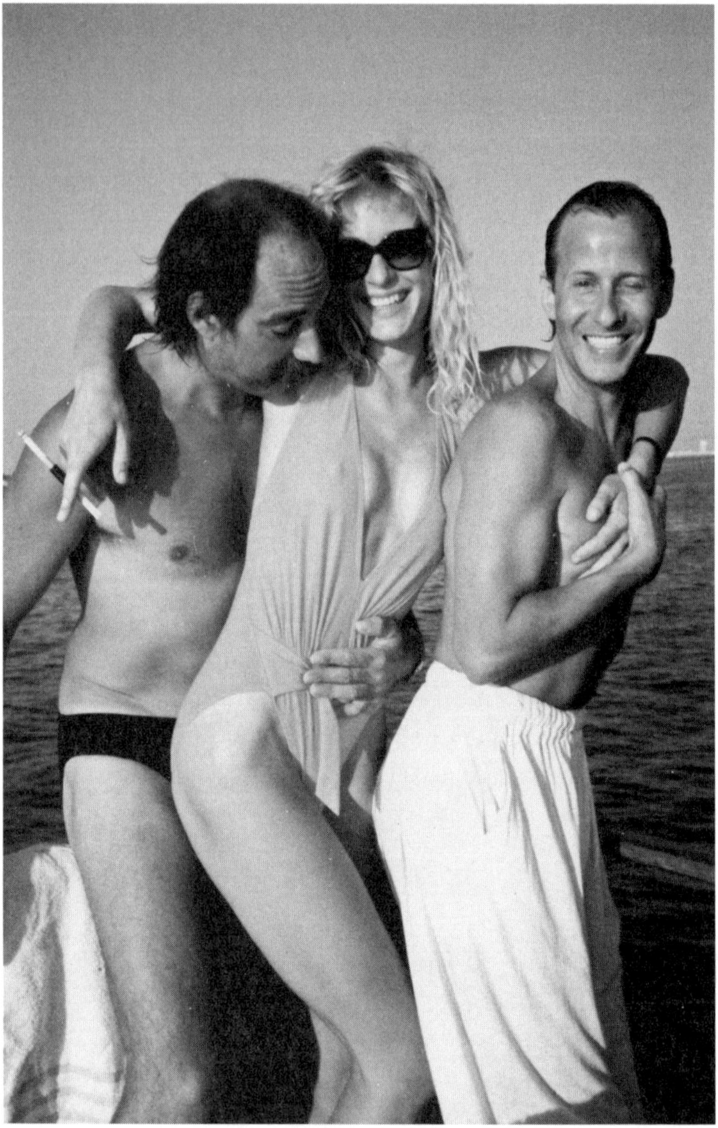

Das Leben von seiner schönsten Seite. Mit Bimbi und meinem besten Freund Ernst »Ernstl« machten die Jetset-Urlaube auf Ibiza gleich noch mal so viel Spaß.

auch ein bisschen gegönnt. Denn Polanksi war einer Todsünde aufgesessen, der Völlerei. Er hatte die Bohnensuppe, die eigentlich als kleiner Snack für unsere gesamte Feriengruppe von zwölf Personen gedacht war, komplett allein vertilgt. Wer einmal Bimbis Suppen verkosten durfte, weiß, wie es zu diesem Malheur kommen konnte. Nun saß er da, matt und übersättigt bei uns in der Villa Madurga, die wir mit sechs Pärchen gemeinsam für unseren ersten Ibiza-Urlaub gemietet hatten, eine Riesenvilla auf einem Riesengrundstück, ein wunderschönes Herrenhaus im spanischen Stil. Ibiza war zu dieser Zeit der totale In-Crowd-Tipp. Ein guter Bekannter, Hans Möllinger, ein Österreicher aus Kitzbühel und ehemaliger Skilehrer des Schahs von Persien, brachte uns auf den Gedanken. Wir könnten doch mal alle nach Ibiza, das soll so eine tolle Insel sein, da soll also richtig die Post abgehen, das ist mal was ganz was Neues. So fanden wir die Villa Madurga und stellten eine Reisegruppe zusammen, die sich die beträchtlichen Mietkosten für diesen Prunkbau leisten mochte. Wir waren keine zwei Tage da, schon standen die Fotografen des *Playboy* vor der Türe. Die Anlage verfügte nämlich, natürlich, über einen riesigen Swimmingpool, und man fragte, ob man bei uns drehen und Fotos machen dürfte. Da wir die ein oder andere junge Dame in unseren Reihen hatten, die selber schon als Playgirl und Centerfold gemodelt hatten, gab es da keine Berührungsängste, und wo viele schöne Frauen sind, ist auch interessierte Prominenz nicht fern. So fand Polanski zu unserer Reisegruppe, und es wurde ein Urlaub der besonderen Art mit einem Hauptdarsteller: Roman Polanski!

Der Regisseur war ein unheimlich witziger Zeitgenosse mit der Neigung, sich durchaus nach vorne zu drängen. Wo Polanski war, hatte kein anderer eine Chance. Ein Alleinunterhalter par excellence. Niemand sonst kam noch zu

Wort, aber es war wahnsinnig unterhaltend. Mit uns als seinem Publikum schien er auch recht zufrieden gewesen zu sein, denn wir sahen Roman nun häufiger in unserem Feriendomizil. Alle kamen sich näher, man hatte Spaß miteinander, fuhr abends zusammen in die Disco und genoss das gemeinsame Jetset-Leben auf dem allerfeinsten Niveau.

Dass Geld nicht etwas war, worüber sich ein Polanski Gedanken machte, bewies er uns mit einer wundervollen Anekdote. *»You know what I have seen yesterday?«*, fragte er eines Vormittags in die Runde und erzählte uns von Motorbooten, an die man sich mit einem Gleitschirm dranhängen konnte und so durch die Luft flog wie beim Drachenfliegen. Ganz was Neues. Also, *let's do it.* Alle waren begeistert, bis auf meinen Freund Hans Möllinger, der als Skilehrer sicher nicht über die gleichen Mittel verfügte wie der Schöpfer des *Tanz der Vampire*. Im Gegenteil, er war auch auf diesem Luxustrip durchaus auf die Mark bedacht. »Aber das kostet doch sicher dreihundert, vierhundert Mark die Stunde«, gab Möllinger zu bedenken, worauf ihm Roman Polanski völlig irritiert antwortete: *»For what we are Millionaires?«* Eine gute Frage, die wir uns nun während jeder kleinen Verschwendung stellten. Mit so viel Selbsterkenntnis im Rücken konnten die nächsten Abenteuer also kommen.

Weil der singende Prophet im eigenen Land im Moment nicht viel galt beziehungsweise die Nachfrage nach deutschsprachiger Musik nach dem Abflauen der Neuen Deutschen Welle für meinen Geschmack entweder zu seicht oder für mich und mein Image zu rockig ausfiel, musste ich nun weitere Reisen unternehmen, um in meinem Metier als Musiker weiter erfolgreich zu sein. Unverhofft kommt oft, und Jupiteru, meine japanische Plattenfirma für mein Instrumentalprojekt Cusco, ließ einfach nicht locker. Auf *Desert Island* folgte *Cusco II* und ein weiteres Album und noch ein weiteres Album. 1985 war es dann so weit: Jupiteru lud mich zu einer Promotionreise nach Japan ein.

Ich war gespannt auf Nippon, das Land, in dem ich nun schon seit fast fünf Jahren mit einem Musikprojekt Platten verkaufte, das sonst nirgends in der Welt bisher Widerhall gefunden hatte. Das ließ mich allerdings auch ein wenig skeptisch werden. Weil ich schon einige eher suboptimale Erfahrungen mit Promotouren in Deutschland gemacht hatte, mit Tagen, angefüllt mit zwei traurigen Terminen und sonst viel Leerlauf, die man dann im Hotel absitzt. Das galt es zu vermeiden. *Time is money!* Mir lag darum daran, in jedem Fall im Vorfeld klarzumachen, dass ich etwas für Cusco tun wollte, wenn ich schon in Japan war. Denn ich fragte mich natürlich, wen sollte meine Anwesenheit dort wirklich interessieren? Klar, wir hatten unsere Erfolge, aber welcher Fernsehsender, welche Zeitschrift würde darüber berichten wollen? Ich bat darum Barbara Krämer, die längst meine linke und rechte Hand geworden war, den Kollegen von Jupiteru zu schreiben, dass ich ein Full Schedule, also einen vollen Terminkalender haben möchte. Die Antwort war nur: *»No problem, Mr. Holm will have a very packed schedule.«*

Und so war es: Von morgens neun bis abends um zehn, täglich, vierzehn Tage lang, gaben sich die Reporter die Klinke in die Hand. Ich hatte einen eigenen Fahrer und einen Übersetzer namens Tak, der in Los Angeles aufgewachsen war und deswegen perfekt Englisch, aber natürlich auch perfekt Japanisch sprach. Der Zeitplan war so eng gestrickt, dass wir sogar auf der Fahrt in die Fernseh- oder

Rundfunkhäuser im Auto Interviews gaben. Ein Journalist stieg ein, sein eigener Wagen folgte uns, und nach dem Ende des Gesprächs stieg er aus unserem Wagen aus und fuhr mit seinem Wagen in die Redaktion. Und da waren immer zwei, drei Wagen, die so hinter uns herfuhren. Ich war auf eine völlig neue, mir bisher unbekannte Weise eine Art Star in Japan. Ein Star, der nicht auftrat, der nicht sang oder vorspielte, sondern lediglich über seine Arbeit redete. Es war faszinierend! Besonders aufregend waren die Einladungen in TV-Shows. Das japanische Fernsehen in den achtziger Jahren unterschied sich doch sehr von den eher gemächlichen, man möchte fast sagen bräsigen Formaten, die man aus Deutschland kannte. Es war bunt, schrill und schnell, was wir erst später durch Sendungen wie *Tutti Frutti* kennenlernen sollten. Es hat einen irren Spaß gemacht.

Nach zehn Tagen harter, aber auch inspirativer Arbeit lud Jupiteru zu Ehren meines Besuchs zur »Formal Night« ein, die das offizielle Begrüßungsritual enthielt. Rituale sind in Japan enorm wichtig und scheinen oft recht widersprüchlich zu sein. Zur »Formal Night« warfen sich alle Mitarbeiter und Gäste zunächst erwartungsgemäß in Smoking und Abendkleid, und wir gingen in ein Lokal, wo die Preise gar nicht auf der Karte stehen, weil die so unverschämt hoch sind, dass keiner wissen soll, wie teuer es dort ist. Es gab Shabu Shabu, das traditionelle Brühe-Fondue mit Fleisch vom Kobe-Rind. Es war einfach nur Flamme empor! Und dazu floss in rauen Mengen der Reiswein. Ich war schon immer ein mäßiger Trinker – und bin es noch – und habe einen gehörigen Respekt vor allen hochprozentigen Spirituosen. Ich habe darum ein kleines Magenleiden ersonnen und um Verständnis und ein Bier gebeten. Eine Strategie, die mich ein paar Jahre später in Moskau vor den schlimmen Folgen des Alkohols bewahren sollte. Vor dem

Essen gab mir Herr Shoda, der Geschäftsführer von Jupiteru, mit einer knapp zwanzigminütigen Rede die Ehre, die ich, das hatte ich von Tak gelernt, in gleicher Länge und mit ein paar Ausflügen in die japanische Geschichte erwiderte. Herr Shoda war zu Tränen gerührt. Entsprechend gut war nun die Atmosphäre. Man hat gegessen und vor allem getrunken, getrunken, getrunken. Und schon nach kurzer Zeit zeigte sich das zweite Gesicht der förmlichen Japaner. Es war schon erstaunlich. Die ganzen Tage über gab man sich nicht die Hand, achtete auf körperliche Distanz, und zum Ende der »Formal Night« hingen sie rechts und links sturzbetrunken an meinen Schultern. Und mittendrin: Mike Sober, der nüchterne Michael.

Am nächsten Morgen war von diesen Auswüchsen natürlich keine Rede mehr. Es gab eine Konferenz mit Herrn Shoda. Alle waren wieder ganz seriös, und man stellte sich die insbesondere für mich sehr spannende Frage, was man alles machen könnte, um Cusco in Japan noch populärer zu machen. Interessant war die Zusammensetzung dieses Meetings. Denn so hierarchiebewusst die Japaner waren, bei diesem Brainstorming saßen dann alle zusammen, die mit mir in Japan in Kontakt gekommen waren. Also wirklich alle, der Übersetzer, der A&R-Mann, der Vertriebsmann, der Begrüßungsdirektor, ja sogar mein Fahrer saß mit am Tisch und wurde gehört. Besonders gespannt war die Runde aber natürlich darauf, ob ich denn dazu auch neue Ideen hätte. Kristian und ich hatten uns natürlich vorbereitet. »Unser ganz, ganz großer Wunsch: Weil wir eine Musik machen, finde ich, die sehr visuell ist, die Bilder in einem entstehen lässt, würden wir gerne die Musik machen zu einem Film, am liebsten zu einem japanischen.«

Und wie das Schicksal es wollte, gab es bei Jupiteru nicht nur gerade ein Projekt mit einem Filmemacher namens No-

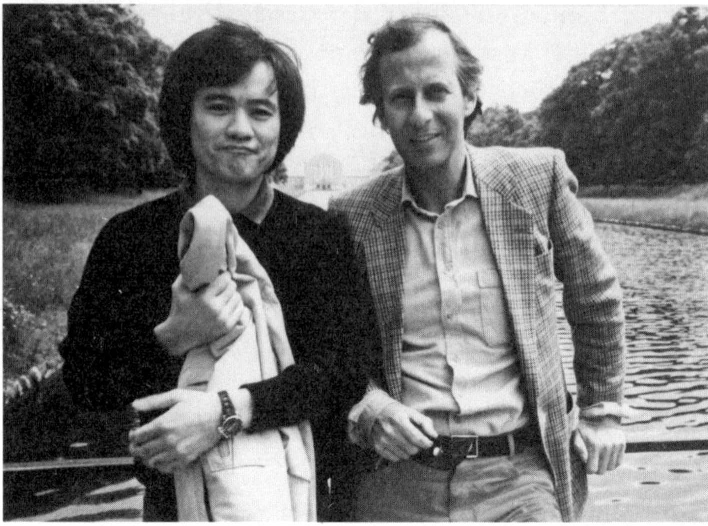

Kashiwagi und ich. Durch die Zusammenarbeit mit dem japanischen Regisseur eröffneten sich für Cusco neue musikalische Wege und dadurch schlussendlich auch die Tür auf den amerikanischen Musikmarkt. Domo arigato, Kashiwagi-san.

boru Kashiwagi, sondern sein Thema war die Mystik der Inka! Eine 6 aus 49 für eine Musikgruppe mit dem Namen Cusco. Wenige Monate später kam Kashiwagi für drei Monate als mein Gast nach München und brachte seinen Film mit, ohne Ton, ohne alles. Das haben wir uns mehrfach gemeinsam angeschaut und dazu die Musik geschrieben. Musik, die sich von bisherigen Cusco-Veröffentlichungen doch stark unterschied. Denn während wir auf den ersten Alben bemüht waren, instrumentalen Pop zu produzieren, dachten wir nun für diesen Film anders. Ein Movie-Soundtrack zu einem Streifen über die Kultur der Inka, das klang für uns nach südamerikanischer Folklore oder das, was Kristian und ich noch davon im Ohr zu haben glaubten. Denn nicht nur ich war einmal auf diesem Kontinent gewesen.

Kristian hatte sogar nach dem Krieg als Kind in Rio de Janeiro gelebt. Wir hatten also eine Idee und eine Vision, aber keine Vorgaben, an die wir uns glaubten sklavisch halten zu müssen. Diese Änderung im Stil wurde später entscheidend für unseren Erfolg jenseits der Grenzen Japans. Aber das wussten wir natürlich noch nicht. Wir schrieben so, dass unser Regisseur Kashiwagi mit uns zufrieden war. Und das war er.

Wir haben dann auch gleich in München aufgenommen, und er hat die fertigen Bänder mitgenommen. Der Titel des Films lautete *Apurimac,* was in der Inka-Sprache »Das Wispern der Götter« bedeutet. Darum nannten Kristian Schultze und ich das dazugehörige Cusco-Album *Apurimac – Whispers Of The Goddess* und trafen damit, ohne es zu ahnen, den Nerv eines gerade in Amerika aufflammenden Lifestyles. Der nannte sich »New Age« und war zwingend von entspannter Instrumentalmusik begleitet. Wie über Nacht gab es auf einmal ein paar Hundert und dann später sogar ein paar Tausend Radiostationen, die den ganzen Tag so was spielen sollten und wollten, und da brauchten die Material. Jean-Michel Jarre, Mike Oldfield, Vangelis, Kitaro, Yanni und eben Cusco. Aber auch hier sollte später ein glücklicher Zufall helfen, um uns aus der Nische des Geheimtipps in das Blickfeld der Grammy-Award-Jury zu bringen. Als es dann so weit war, traf es mich zu einem günstigen Zeitpunkt, an dem ich ohnehin regelmäßig in den USA beruflich zu tun hatte, denn meine Partnerschaft mit Christian De Walden begann, weitere Früchte zu tragen.

Da unser erster Erfolg mit dem Austin-Roberts-Song *I. O. U.* unter dem günstigen Sternzeichen des Löwen stand, hatten wir, gemeinsam mit meinem Tierkreiszeichenbruder Jerry Crutchfield und seinem Label MCA, gleich einen Topdrei-Erfolg in den wichtigen Billboard-Countrycharts errungen. Darum schlossen wir einen Verlagsdeal mit MCA, der ihnen eine First Option auf unsere neuen Titelangebote sicherte. So hatten wir nun das stets offene Ohr einer Countrymusic-Major-Company. Das wiederum machte uns attraktiv für die zahllosen Autoren in Nashville, die sich nichts anderes wünschten, als dass jemand ihre Arbeit zu den großen Plattenfirmen und ihren Künstlern bringen möge.

So fischte Christian De Walden aus dem riesigen Stoß der nun ständig einlaufenden Demobänder eines schönen Tages das Angebot eines jungen Schreibers heraus. Sein Name war Todd Cerney. Er sollte sich bald als Komponist von Rocksongs einen Namen machen, was ihm den Nickname »The Rock-Doc« eintrug. Jetzt aber war Todd noch ein weitgehend unbeschriebenes Blatt in der Szene, auch wenn er gerade mit einem für The Kendalls geschriebenen Song einen ersten Achtungserfolg in den Countrycharts erzielt hatte. Er bot uns einen Song mit dem Titel *I'll Still Be Loving You* an. Eine herzzerreißende Ballade, die in der Version von Restless Heart die Nummer eins der Countrycharts stürmte und uns den Billboard-Award Country Song of the Year 1987 einbrachte. Was für eine Ehre für einen deutschen Musikverleger!

Spätestens ab jetzt waren De Walden und ich eine Topadresse für die gesamte Szene, und wir durften uns über Angebote der besten Schreiber und in der Folge insgesamt über zwölf oder dreizehn US-Nummer-eins-Hits in diesem wichtigen Segment freuen. Unser erster »Einsen-Schreiber« Todd Cerney entdeckte ja obendrein sein Faible für den amerikanischen Rocksound und beglückte unseren Verlag

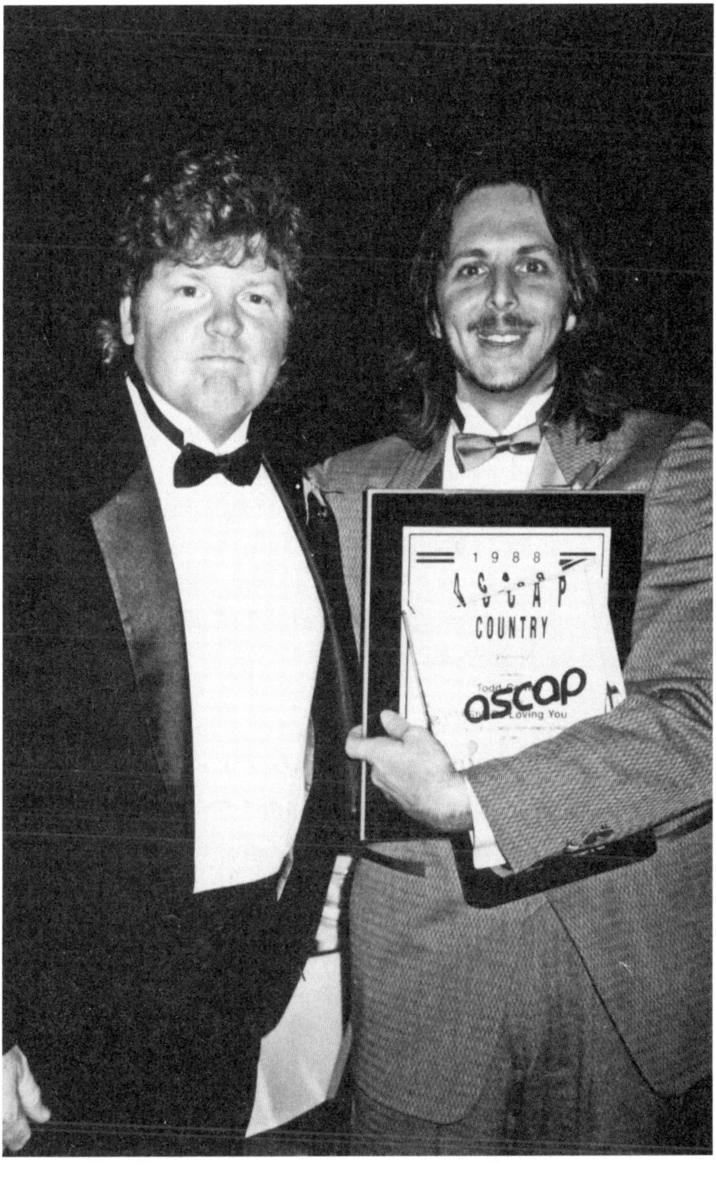

Austin Roberts und Todd Cerney bei der Verleihung des Country Song of the Year.

mit Beteiligungen an Songs von Cheap Trick, Eddy Money und Loverboy, für die er den Hit *Notorious* zusammen mit Jon Bon Jovi und Richie Sambora schrieb. Die Beletage der Rockmusik, und De Walden und ich mittendrin. Mehr konnte man sich kaum vorstellen oder wünschen, und als Ergebnis einer Standbekanntschaft auf der MIDEM waren diese Erfolge fast schon surreal. Jetzt stand ich mit einem Fuß fest auf dem größten Musikmarkt der Welt und konnte mir eine Agentin in L. A. anheuern, die sich um meine Belange in den USA in meiner Abwesenheit kümmerte. Ihr Name war Deborah Holland, eine entzückende irischstämmige Amerikanerin mit durchaus eigenen musikalischen Ambitionen und auch reichlich Talent. Ich war in ihrem Fall jedoch erst einmal froh um ihre organisatorische Hilfe, vor allem weil auch bei Cusco die Dinge immer mehr in Bewegung gerieten. New Age und Chill-out waren besonders an der amerikanischen Ostküste auf dem Weg, ein Massenphänomen zu werden.

Eine erste Ahnung davon bekam ich allerdings nicht etwa in einem hippen Club in L. A. oder San Francisco, sondern vor meiner eigenen Haustür. Vor der stand nämlich irgendwann Mitte der achtziger Jahre ein kahl geschorener Mann mittleren Alters, mit rotem Punkt auf der Stirn und in orangefarbener Kleidung. Ein Sannyasin, ein Bhagwan-Jünger, wie sie zu dieser Zeit gerade in München immer häufiger zu sehen waren.

Ich erklärte dem spontanen Besucher: »Alter, ich bin schon evangelisch und ganz zufrieden mit meinem Ich. Maximal wechsle ich rüber zu den Katholiken, aber nicht zu euch.«

Da schaute mich der fromme Fremde entgeistert an und sagte: »Mensch, Daddy, aber das bin doch ich!«

Es war niemand anders als mein Bruder Johannes. Wir hatten uns drei oder vier Jahre nicht gesehen, von meinen Eltern wusste ich, dass er irgendwie auf Sinnsuche nach Indien aufgebrochen war, und nun stand er vor meiner Tür. Johannes war von seiner langen Selbstfindungsreise aus Asien nach Deutschland zurückgekehrt und brauchte nun erst mal eine Bleibe, die Bimbi und ich ihm natürlich gerne gewährten. So trat mein Bruder für ein Jahr zurück in meinen Alltag, und ich kam über Johannes zum ersten Mal in meinem Leben in Kontakt mit esoterischen und spirituellen Lebensweisen, Übungen und Meditationstechniken. Ich muss gestehen: *not my cup of tea*, wie die Engländer es so zurückhaltend zu formulieren wissen. Gemeinsam mit meinem Bruder versuchte ich zum Beispiel »Breathing«, also eine Art Atemtechnik, die, kontrolliert unter Anleitung, einem irgendwelche ganz tollen Gefühle schenken sollte. Dafür muss man wahrscheinlich gebaut sein und auch an den Erfolg glauben. Ich muss sagen, ich halte alles für möglich. Ich glaube an gar nichts, aber grundsätzlich kann ich mir alles vorstellen. Die Erde kann möglicherweise aus einem eindimensionalen Blickwinkel eine Scheibe sein, aber ich glaube nicht dran. Ich glaube auch nicht, dass wir nach dem Tod in den Himmel kommen oder in die Hölle. Weder noch. Aber, es kann schon sein. Ich war noch nie tot, deswegen weiß ich das nicht, und alle, die tot sind, können es mir auch nicht mehr sagen. Aber Johannes war jemand, der da viel offener und empfänglicher für solche Dinge war und sich in diese Sache reingearbeitet hat. Und dann fing es eben in diesen esoterisch-religiösen Kreisen an mit New-Age-Musik. Schon in seiner Zeit bei den Bhagwan-Jüngern spielten Klänge eine wichtige spirituelle Rolle. Man denke nur an die Tonteppiche von Tablas und Sitarmusik, die einem ja automatisch bei Gedanken an einen Ashram oder eine Meditationsgruppe in den Sinn kommen. Unter diesen Eindrücken entdeckte Johannes meine Arbeiten mit Cusco, und er bat mich, Teile davon für Meditationsanleitungen nutzen zu dürfen. Klar habe ich sofort ja gesagt. Zum einen wollte ich ihm natürlich helfen, an irgendeiner Stelle wieder auf die eigenen Beine zu kommen, zum anderen konnte ich nicht sehen, wo solche Aufnahmen irgendeine erkennbare und für meine Geschäfte möglicherweise hinderliche Aufmerksamkeit erhalten sollten. Sogar eingesprochen habe ich ihm seine meditativen Texte, die er dann auf Musikkassetten verkaufte, die er »Musikmantras« nannte, mit Zielvorgaben wie »Lass deine Angst los« oder »Endlich gut schlafen«.

»Jetzt wird dein Arm ganz warm … und schwer …«, trug ich den Text mit der sonorestmöglichen Stimmlage vor.

»Viel zu schnell«, korrigierte mich Johannes. »Du musst das langsam sprechen.«

»Jetzt … wird … dein … Arm …« Ich las es so langsam, dass ich es schon fast unter Zeitverschwendung verbuchte. Vor meinem innersten Auge, dem Kaufmannsauge, sah ich das Schicksal dieser Kassetten glasklar. Nie im Leben würde er zwanzig Stück von diesen Teilen an den Mann oder die Frau bekommen.

Dass auch ich mich einmal richtig täuschen kann, zeigten mir dann die Abrechnungen, die ich ein Jahr später bekam. Johannes hatte es geschafft, seine Meditationskassetten beim Katalogversand des Bauer Verlags unterzubringen, und verkaufte über diesen Weg im ersten Jahr via Mailorder fünfundzwanzigtausend bis dreißigtausend Stück, jede für fünfunddreißig Mark. Da wurde mir klar, bei Cusco ist vielleicht doch noch mehr als der schöne Erfolg in Japan drin. Aber dieser Erfolg musste zu mir kommen. Ganz esoterisch. Mit dem Flow. Ich musste nichts tun, als einen Anruf anzunehmen.

Dieser Anruf erreichte mich natürlich in München, wo das Leben bis dahin in sich weiter ordnenden Bahnen verlief. Ich sang nun immer seltener bis kaum noch, Einladungen zu TV-Sendungen galten immer häufiger dem Promi als dem Künstler Michael Holm, der Verlag lief dank meiner wunderbaren Barbara geräuschlos und effektiv wie ein Elektromotor, und privat hatte ich mein Glück auch endgültig gefunden. Bimbi, die nach ein paar weiteren Jahren als Fotomodell von dieser Arbeit genug hatte, eröffnete ein wunderbares kleines Lokal in unserer Nähe, das auch »Bimbi's« hieß und schon sehr bald ein Hotspot der Münchner Schickeria wurde. Es lag auf dem Weg zu den TV-Studios in Unterföhring, und für meinen Freund Dieter Thomas Heck, der inzwischen eine Moderatorenlegende war und mit einigen Unterhaltungsformaten zeitgleich im Fernsehen gastierte, war es Ehrensache, dass er dort nach seinen Aufzeichnungen mit seinen Gästen und seiner Crew die After-Show-Party feierte. So wurden die Hecks (denn Hilde Heck war immer an der Seite ihres Mannes) eines der engsten Freundespaare, und wir unternahmen gerne miteinander schöne Urlaubsreisen oder besuchten Dieter und Hilde in ihrer schlossartigen Niederlassung bei Baden-Baden.

Als Bimbi nach einiger Zeit genug von dem Leben einer Gastronomin hatte, weil sie abends einfach lieber selber ausging und Gast auf Partys war, als auf ihnen zu arbeiten, sattelte sie um und arbeitete in der Benimm- und Therapieschule für Tiere von Walter Simbeck mit. Hier zeigte sich ihre besondere Gabe, mit Tieren und speziell mit Hunden unglaublich gut umgehen zu können. Ihr Herzensthema sind seitdem die Hunde, für die sie noch heute alles gibt und bei verschiedenen Vereinen hilft, für misshandelte Tiere aus Ost- und Südeuropa ein gutes Zuhause zu vermitteln. Die Wochenenden blieben, so oft es eben ging, weiter dem Ausritt reserviert, und Bimbi begann nun auch auf dem Hemmeter Hof mit anzupacken. Ein perfektes Traineeprogramm für die Zeiten, von denen wir noch gar nicht wussten, dass sie schon bald kommen würden. Denn wenn zwei so freiheitsorientierte Menschen wie Bimbi und ich immer enger miteinander werden, sträubt sich der innere Rebell und will vielleicht den sich am Horizont abzeichnenden Hafen nicht wahrhaben. Die Ehe. Vielleicht Kinder. Ein festes Leben in geregelten Bahnen. Es war nicht leicht für uns beide, und inmitten meiner immer häufigeren Amerikareisen und der immer noch laufenden Suche nach einem Wochenendbauernhof kamen wir in eine Art On-off-Phase unserer Beziehung. Eine Form des temporären Miteinanders, die mir bis dahin völlig fremd gewesen war. Im Innersten wussten wir beide längst, dass wir den Weg gemeinsam bis zum Ende gehen wollen, aber wahrhaben wollten wir es noch nicht.

In dieser auch für meine Verhältnisse durchaus turbulenten Zeit erreichte mich eines Nachts der erwähnte Anruf aus Amerika. Genauer gesagt, aus L. A.

»*This is Scott Bergstein from Higher Octave and I want to talk to Michael Holm.*« Am anderen Ende der Leitung war der Vertriebschef eines kleinen Labels aus den Hollywood Hills, wie ich später herausfinden sollte.

»*You talk to the man*«, erwiderte ich, eben noch verschlafen und verärgert ob der nächtlichen Störung, jetzt aber hellwach und ganz gespannt, welcher Countrystar wohl dieses Mal an Titeln aus der Sammlung von Holm und De Walden interessiert sein könnte. Zu meinem größten Erstaunen erfuhr ich, dass Higher Octave sich für eine Vertriebsvereinbarung für Cusco in den USA interessierten, ob man sich darüber einmal unterhalten könnte?

Und ob man das konnte! »Ja, in vier Wochen bin ich sowieso in Los Angeles, dann besuche ich euch, schickt mir die Adresse.« Per Telegramm ging das damals noch an meine Agentin Deborah.

New Age war der neueste und heißeste Trend an der schon immer leicht hippielastigen Westküste Amerikas. Ein Leben abseits des täglichen Rat Race, mit Blick ins Innere. Balance, Gelassenheit. Das, was heute unter Work-Life-Balance und Resilienz firmiert, war in den achtziger Jahren eben New Age. Und weil es damals zu jeder Modebewegung auch einen Soundtrack brauchte, hatten immer mehr Radiosender Bedarf an entspannter instrumentaler Musik. Speziell in der Bay Area gab es eine große Radiostation, die um die fünfzehn Millionen Zuhörer hatte. Die hatten sich, mangels Auswahl an verschiedenen Interpreten, auch aus Japan Platten kommen lassen und spielten nun Cusco hoch und runter. Da merkten auch zwei Plattenläden in San Francisco, dass es wohl Zuhörer für diese Musik und damit auch Käufer dafür gab. Sie haben dann einfach aus Japan ein paar Tausend Cusco-Platten importiert, insbesondere unser aktuelles Album *Apurimac – Whispers Of The Goddess*. Und das war unser großes Glück! Denn diese Platte, eigentlich ja Filmmusik für eine Doku über die Inka, hatte alle Zutaten, die eine anständige New-Age-Platte zu dieser Zeit enthalten musste: indianisch anmutende Folklore und eine epische melodische Breite. Die Cusco-Alben vorher waren allesamt eher poplastig, ausgerichtet auf den japanischen

Markt. Das hätte die Amerikaner wahrscheinlich nicht so berührt. Die Direktimporte gingen in den beiden Stores der Bay Area für teuerstes Geld über die Ladentheke. Siebzig bis achtzig Dollar das Stück. Eine richtige Stange Geld, wenn man bedenkt, dass der Wechselkurs von einem Dollar zu dieser Zeit bei knapp drei Mark lag. Das wiederum fiel dann Matt Marshall und Dan Selene, Gründern und Geschäftsführern von Higher Octave, bei der regelmäßigen Sortimentkontrolle in den einschlägigen Record-Stores auf.

Die beiden Neuplattenbosse sahen die astronomischen Preisaufkleber an den Cusco-Platten und fragten den Verkäufer: *»How much do you sell of it?«*

»Oh, sevenhundred, eighthundred. The people LOVE Cusco!«

Higher Octave war eine Labelgründung, die ganz auf die New-Age-Welle zugeschnitten war, aber möglicherweise ihrer Zeit den verteufelten einen Schritt zu weit voraus. Es gab bereits eine Handvoll Veröffentlichungen unter ihrem Zeichen, doch nichts zündete richtig, und Geld beziehungsweise fehlendes Geld, wurde dort wohl immer häufiger ein Thema. Aber auch wenn ihnen der goldene Griff bei der Auswahl des richtigen Künstlers noch nicht gelungen war, rechnen konnten die beiden Inhaber schon. Die einfache kaufmännische Frage lautete für sie: Wenn zwei Plattenläden siebenhundert bis achthundert Alben für siebzig oder achtzig Dollar verkaufen können, vielleicht können wir dann an der gesamten Westküste zwanzigtausend Alben für siebzehn Dollar verkaufen?

Um das herauszufinden, luden sie mich ein paar Wochen später in ihren Firmensitz in den Hollywood Hills ein. Ein schönes Grundstück, so um die tausend Quadratmeter, mittenmang eine weiße Villa. Wobei alles andere auch weiß war, weiße Möbel, weiße Vorhänge. Der Wind schwebte durch die weißen Räume und kühlte die flirrende Mittagshitze. Sogar weiß angezogen waren alle irgendwie. Weiß und wallend das Interieur und seine Bewohner. Gerüche durchzogen die Luft, die ich mehr oder weniger schnell definieren konnte. Nicht in unserem Konferenzraum, aber aus den anliegenden Büros, denn natürlich war alles offen. So zogen diese Düfte durch, der süßliche Geruch von Acapulco Gold, und da dachte ich, das sind die Richtigen. Genau die verstehen das.

Und dann habe ich mich erstmals und einmalig darauf eingelassen, eine Produktion ohne Vorschuss wegzugeben. Auch weil Higher Octave das vermutlich zu diesem Zeitpunkt ohnehin nicht hätte leisten können. Aber ich wusste, mit diesem Label und diesen Leuten hat Cusco in Amerika eine Chance. Dann kam das Ding raus und marschierte nach vorne. Über die Jahre haben wir an die dreihunderttausend Verkäufe in den USA mit *Apurimac* gehabt, allein im ersten Jahr waren es hundertfünfzigtausend Alben. Das war für mich eine schöne Sache. Und für Higher Octave auch. *»Michael saved Higher Octave from bankruptcy«*, erzählten die Geschäftsführer bei jeder offiziellen Gelegenheit. Dass gleich unser erstes gemeinsames Album für einen Grammy nominiert worden war, erzählten sie mir leider nicht. Vielleicht waren solche irdischen Weihen ihnen dann doch zu profan. Ich erfuhr erst durch Zufall bei der dritten Nominierung zu *Apurimac III* von den beiden anderen Malen und war darum auch nur einmal bei der Zeremonie anwesend.

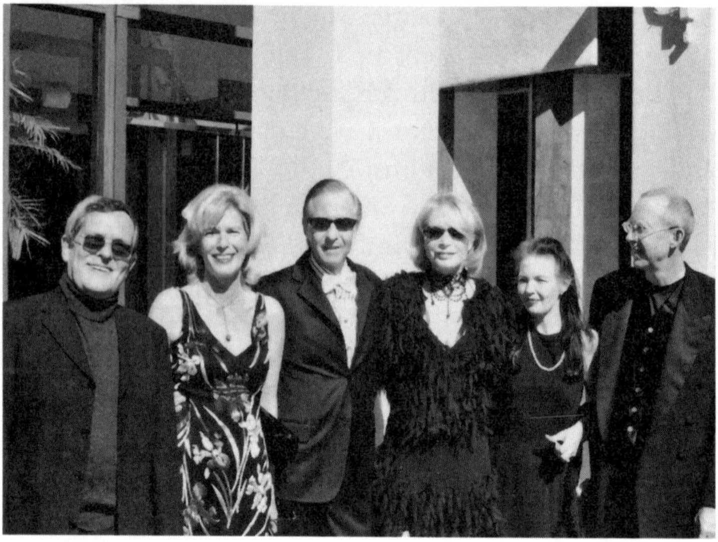

Meine Grammy-Crew 2004 vor der Verleihungszeremonie. Kristian Schultze, Barbara Krämer, Christiane Wagner, Deborah Holland, Dan Selene (von links) und natürlich meine Wenigkeit wurden standesgemäß von einer Stretchlimo am Hotel abgeholt und auf dem roten Teppich in ein Blitzlichtgewitter getaucht. Weil niemand den Ausgang der Preisverleihung und die Sieger kannte, genossen alle Nominees zu Beginn die gleiche Aufmerksamkeit der Medien.

ZWISCHENSTOPP:
Los Angeles, Grammy Awards

Dass sich die Binsenwahrheit »There's no business like showbusiness« bei einer Grammy-Verleihung auf das wunderbarste bestätigen würde, damit hatte ich durchaus gerechnet. Dass dies im gleichen Maß für den Allgemeinplatz »Wer schön sein will, muss leiden« gelten könnte, allerdings nicht. Es traf auch nicht so sehr mich selbst als vielmehr meine Begleiterin Barbara Krämer, die sich mit mir an diesem Abend in einem todschicken, aber auch sehr luftigen Kleid aufgemacht hatte, um dieses größte Spektakel der Popmusik mit uns als nominierte Künstler in der Kategorie »Best New Age Album« mitzuerleben. Niemand hatte uns darauf hingewiesen, dass der Zuschauerraum, um Bilder von verschwitzten Gesichtern zu vermeiden, während der kompletten mehrstündigen Zeremonie konstant auf sechzehn Grad heruntergekühlt wurde. Ein Albtraum für die Ladys wie Barbara, die diese Tortur aber stoisch lächelnd durchstand. Auch wenn Kristian und ich in unseren Smokings nicht völlig optimal für diese Raumtemperaturen eingekleidet waren, war es ein Klacks gegen das, was die armen Frauen für den schönen Schein im Fernsehen erdulden mussten.

Zum dritten Mal war Cusco bereits für diesen Award nominiert, und nachdem mich meine leicht vergeistigten Freunde vom Higher-Octave-Label dieses Mal endlich auch einmal davon in Kenntnis gesetzt hatten, buchte ich für mein kleines Cusco-Team Flüge und Hotels, um wenigstens einmal dieses Schauspiel erleben zu dürfen. Bei unseren letzten beiden Nominierungen hatte in unserer Kategorie ein Künstler namens Yanni den Sieg davongetragen, und er war auch diesmal wieder nominiert. Ich dachte mir, besser die Erwartungen nicht allzu sehr hochschrauben, gilt doch bei einer Preisverleihung der Größenordnung Grammy Awards der Leitspruch: »Dabei sein ist alles.«

Nicht ganz so entspannt sahen es meine Sitznachbarn, eine Gruppe unwirsch dreinschauender schwarzer Musiker, mit denen ich ins Gespräch kam. Ich stellte mich vor und verkündete den Kollegen stolz, bereits zum dritten Mal für einen Award nominiert zu sein – und dass ich die leise Hoffnung hätte, dieses Jahr vielleicht sogar zu gewinnen. Einer aus der Gruppe schnaubte verächtlich: *»Look, man. We* *are nominated for the 8th time, Category Urban Soul. We never won. It's all scam. They check the winner in their own circles. We are only here to pretend that it is all fine.«*

Alles nur Lug und Trug? Schieberei und Gemauschel bei den Grammys? Auch in der Kategorie New Age gab es augenscheinlich einen Seriensieger, dennoch war ich sicher, er war nicht der Nutznießer irgendwelcher Klüngeleien. Oder zumindest wollte ich es mir nicht vorstellen. Darum wartete ich nun mit einiger Spannung darauf, wie meine nominierten Sitznachbarn dieses Mal wohl abschneiden und welche Verschwörungstheorie sie für eine weitere Nichtberücksichtigung ins Feld führen würden. Dann kam die Bekanntgabe des Siegers in der Kategorie Urban Soul, und es gewannen – meine Nachbarn!

Was nun geschah, zeigte mir die ganze Schönheit des amerikanischen Traums in einem kleinen bewegenden Moment. Als die Gruppe mit dem Award vom Podium auf ihre Sitzplätze zurückgekehrt war, wandte sich mein eben noch verbitterter Kollege mit Tränen in den Augen an mich und offenbarte mir: *»Look, man. This is America. Everybody has the chance to make it and to win finally. Just work hard. Then it's all in your hands. God bless them. God bless America.«*

Ich war amüsiert, gerührt, verwirrt und nun noch gespannter, welches Wunder Amerika, das Land der unbegrenzten Möglichkeiten, vielleicht nun auch für mich bereithalten würde. Leider keines. Yanni gewann wieder einmal. Ich trug es mit Fassung, hatte ich doch zumindest auf Armlänge erleben dürfen, welche Träume beim Grammy in Erfüllung gehen konnten.

Durch die Vertriebsvereinbarung mit Higher Octave war ich nun ein All American Musician geworden, dem das seltene Glück zuteilwurde, sowohl in der Grand Ole Opry in Nashville wie in den Chill-out-Bars der Westküste gespielt zu werden. Amerika war meine neue künstlerische Heimat geworden, und ich verbrachte nun viel Zeit in diesem wundervollen riesigen Land der Möglichkeiten und der Gegensätze. So viel Zeit, dass ich auch endlich eine Reise nachholen konnte, von der ich zu Beginn meiner Karriere so eindrücklich und erfolgreich gesungen hatte.

ZWISCHENSTOPP: **Mendocino**

»How interesting …« Der ältere Hippie, der sich gerade zu mir an den Tresen gesellt hatte, schien wenig beeindruckt von dem Umstand, Mr. Mendocino of Germany persönlich in seinem Heimatort zu treffen.

»Do you remember, this song about your little village. I did it in German!«

»How interesting …«

Ein Code im Amerikanischen für »Behalt deinen Blödsinn doch einfach für dich!«. Das war jetzt nicht die Form von Enthusiasmus, den ich mir von meinem Gegenüber erwünscht hatte. Immerhin saßen wir mitten in der City dieser kleinen Stadt. Ein tolles, entzückendes, aber auch unbedeutendes Fleckchen insofern, als da nichts los war. Aber hübsche Häuser und vor allem: sehr angenehme Leute. Und diese unheimliche Landschaft. Die Bucht von Mendocino, eine Steilküste, da geht es vierzig, fünfzig Meter runter, und da habe ich an meinem ersten Abend alleine meinen Hit gesungen: *»Mendocino, Mendocino …«* Wie im

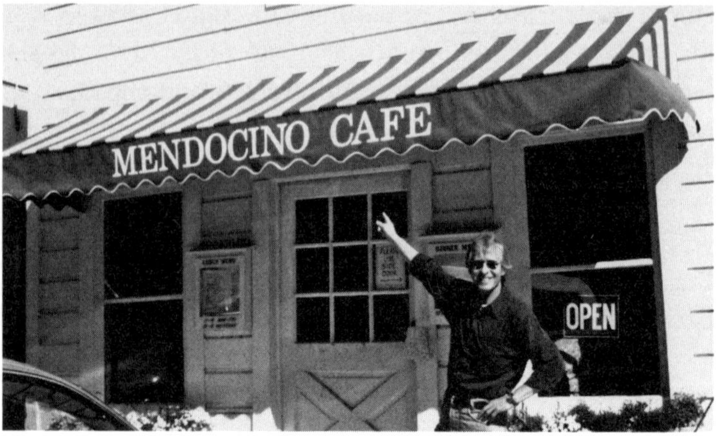

Rückkehr nach Mendocino.

Kino, getanzt und gesungen, ganz allein in der Dunkelheit, nachts um zehn.

Am nächsten Abend nahm ich dann in der Bar einen Whiskey und spürte, es schaut mich wer an. Leider war es nicht die Frau mit den herrlichsten Augen, wie ich es in meinem Lied *Lucille* schon mal erträumt hatte. Das wäre in einer Bar in Mendocino vermutlich auch des Zufalls zu viel gewesen. Sondern es war eben nur der ältere Hippie, der mir gerade nonchalant zu verstehen gab, ich möge ihm nicht auf die Nerven gehen.

»So nicht«, dachte ich mir, und leicht angetörnt vom Whiskey, wie ich es war, fing ich an zu singen: *»Mendocino, Mendocino …«*

Und was soll ich sagen: Plötzlich stieg mein Thekennachbar mit ein. Zum Schluss sangen wir den tollen Song richtig laut auf der Straße. Er in Englisch, ich in Deutsch. Und alle in der Bar und davor hatten ihren Spaß und haben geklatscht. *Mendocino* ist nun mal ein Hit, dem keiner widerstehen kann, schon gar nicht in einer Bar in Mendocino.

REISE
V

WEILHEIM, WOLPERATH UND EINMAL UM DIE WELT

Die Ernte und ich

Ein Jahrzehnt des Wandels ging nun langsam dem Ende entgegen. Die Neue Deutsche Welle hatte die Musikwelt endgültig in Schlager und Rock zertrennt, und es gab keine Brücken mehr zwischen diesen Lagern, wie es noch in den siebziger Jahren normal gewesen war. Erst rocken zu Deep Purple, dann schmusen zu Roy Black, diese unschuldige Haltung zur Musik war nun nicht mehr da. Ich selbst hatte zur rechten Zeit die rechten Ideen und mir mit dem rechten Fleiß eine neue Existenz in der Showbranche aufgebaut, was leider nicht allen Kollegen gelungen war. Jetzt, auf dem Weg in mein fünftes Lebensjahrzehnt, fehlte eigentlich nur noch die eigene Familie, um ein glückliches und gesegnetes Leben komplett zu machen. Leider war es mit der von mir dazu Auserwählten gerade nicht so leicht. Aber in meinem Innersten spürte ich, es wird gut werden.

Und das muss der unbewusste Impuls gewesen sein, ausgerechnet in einer der gerade immer wieder aufkommenden Beziehungspausen mit meiner Bimbi den Schörghof zu kaufen. Ein auf den ersten Blick völlig verrücktes Unterfangen. Der Schörghof war der ehemalige Landsitz des Großindustriellen Schörg. Ein erzkatholischer Mann, der seine Ländereien in der Nähe von Weilheim hielt und diese

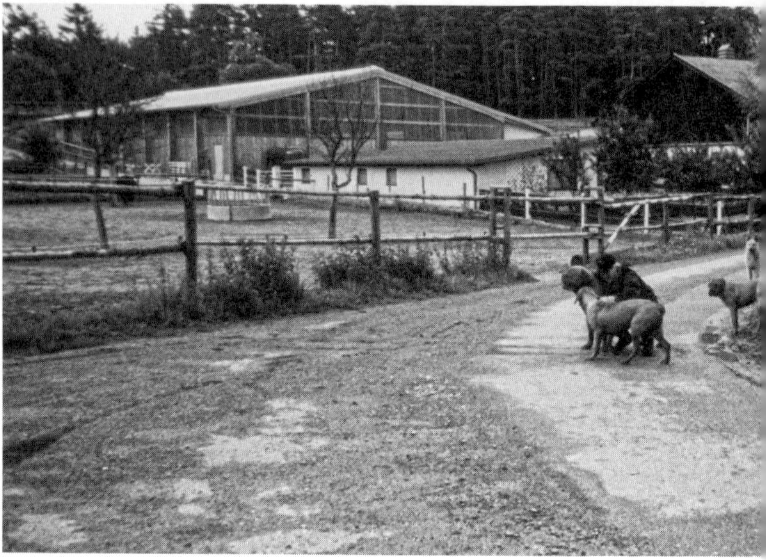

nach seinem Tod samt und sonders der Kirche vermacht hatte. Weil er der Nachwelt wohl noch ein letztes Zeichen hinterlassen wollte, wie stockkonservativ-katholisch er zu Lebzeiten war, ging dieses riesige Landgut an den Opus Dei. Die Immobilie war uns ja nicht gänzlich unbekannt. Man hatte sie uns schon ein paar Jahre zuvor einmal für die astronomische Summe von elf Millionen Mark ans Herz gelegt. Und nun war er auf einmal wieder da, der große Hof. Allerdings nun um einige Felder verkleinert und im Preis auf runde drei Millionen »reduziert«. Immer noch kein Einkauf aus der Portokasse, aber ich dachte, da kann man sich das ja mal anschauen.

Ich fuhr raus auf dieses irrsinnig große, inmitten von Wäldern und Feldern stehende Gehöft, und ich war begeistert, nein, ich muss sagen, ich war euphorisiert. Vierhunderttausend Quadratmeter Land. Das Haupthaus, riesengroß. Dazu die Nebengebäude. Boxen. Stallungen. Garagen,

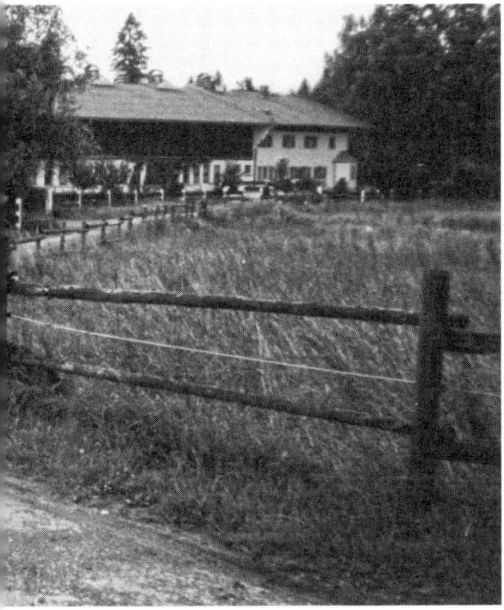

Der Schörghof. Ein Lebensprojekt, dem Bimbi und ich viele Jahre lang praktisch unsere gesamte Zeit und Energie widmeten. Zu dem Haupthaus und den Stallungen gesellte sich später auch noch eine Reithalle.

Heulager. Ein riesiger Kuhstall, der dann später umgebaut die neue Heimat des Autobahn-Musikverlags werden sollte. Es war einfach ein Traum. Und so ging ich es an.

Insgesamt drei Makler waren an dem Verkauf beteiligt, und ein gewisser Pater Wegener SJ, Ökonomierat der oberdeutschen Provinz, vertrat die Verkäufer des erzklerikalen Opus Dei, die aber bei den im Raum stehenden Summen nicht nach meiner Konfession fragten. Wir fanden relativ schnell zueinander, und ich schlug ein. So ging der Schörghof an einen agnostischen Protestanten. Der alte Schörg hätte sich im Grabe herumgedreht! Meiner gerade mal wieder auf Eis liegenden Liebe Bimbi erzählte ich dann, dass ich den Hof gekauft hätte, den wir schon so lange gesucht hatten. Sie war natürlich sehr angetan und dann umso mehr vom Donner gerührt, als sie die Liegenschaft zum ersten Mal sah. *»Das nennst du einen Wochenendhof?«*, fragte sie entgeistert, wohl wissend, dass mit diesem Schritt auch

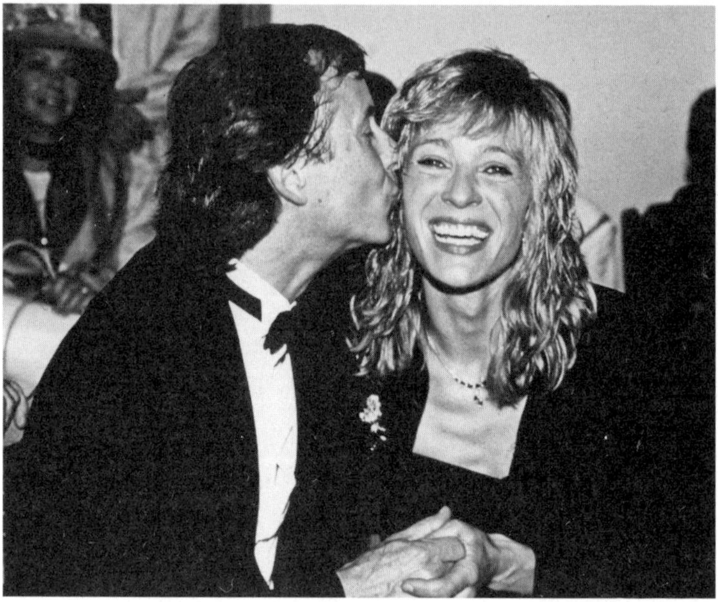

In meinem an besonderen und erfreulichen Momenten nicht mangelnden Leben war die Hochzeit mit Bimbi sicher der bis dahin glücklichste. Lediglich eingeholt von der Geburt unserer beiden Kinder Max und Anna.

für unsere Beziehung der Grundstein für die Familiengründung gelegt war. Wir begruben die kleinlichen Differenzen, die uns die letzten Monate immer wieder einmal für kurze Zeit auseinanderdividiert hatten, verkauften meine geliebte Villa in der Mauerkircherstraße und zogen 1989 gemeinsam aus der pulsierenden Großstadt aufs Land.

Was folgte, waren Monate der Improvisation. Der Schörghof war ja nicht nur seit Jahren stillgelegt, sondern auch seit Jahrzehnten nicht mehr modernisiert worden. Sanitäre Anlagen, Küche, die komplette Elektrizität stammten aus den zwanziger und dreißiger Jahren und benötigten eine komplette Grundsanierung, Wir nahmen von unserem neuen Lebensraum schon im Umbau Besitz und lebten fast ein Jahr auf einer Baustelle. In einem fertig renovierten Raum legten wir zum Schlafen Matratzen auf den Boden und nahmen das nächste Zimmer in Angriff. Es war ein einziges Stehgreifstück. Zu Beginn hatten wir nicht einmal warmes Wasser. Wir haben uns also die Haare im Keller mit kaltem Wasser gewaschen, zwischen den Spinnen und dem anderen Getier, das da bereits wohnte. Der Riesenhof im Dornröschenschlaf musste eben erst wachgeküsst werden. Wir betrieben dieses »Room Hopping« für ein knappes Dreivierteljahr, bis zumindest im Wohnbereich alles so war, wie wir es uns vorgestellt hatten. Es waren Prüfungen, deren erfolgreicher Abschluss nur ein Ende kennen konnte: das Happy End am Traualtar.

Bimbi und ich gaben uns 1990 im Beisein unserer Trauzeugen Dieter Thomas Heck und Bimbis erster großer Liebe Pieter Kunheim auf dem Standesamt der Gemeinde Wielenbach das Jawort. Da der Hof noch nicht komplett renoviert war, verschoben wir die Hochzeitsfeier auf das kommende Jahr und ließen es dafür 1991 mit fast vierhundert Gästen umso heftiger krachen. Eine neue Ära meines Lebens sollte nun beginnen, und wieder verlief vieles nicht so, wie es ursprünglich geplant war.

Sowie wir vom Schörghof Besitz genommen hatten, griff der Hof nun auch nach unserem Leben. Ein landwirtschaftliches Betriebsgelände wie dieses sollte und konnte auch nicht ausschließlich dem privaten Wohlbefinden dienen. Wir hatten mit dem Umzug aufs Land gleich eine Reihe von Plänen, wie wir das neue Umfeld für uns sinnvoll besetzen könnten. Zuerst kam die Autobahn via Landstraße auf das

Gehöft. Die ehemaligen Kuhstallungen wurden dafür ausgeräumt, Wände gezogen, Böden, Heizung und sanitäre Anlagen montiert, verlegt und gestrichen. Klingt aufwendig, war aber eine der relativ einfachen Umbauten in unserem neuen Domizil.

Ein neuer Geschäftszweig von Bimbi sollte der Aufbau einer Pferdepension werden. Wir begannen mit unseren eigenen fünf Pferden, und es kamen schnell zahlreiche Pensionstiere von Bekannten und deren Freunden hinzu. Später sollten wir sogar eine eigene Reithalle bauen. Für den Moment war erst einmal die Belegung der Stallungen und die Pflege der Tiere wichtig. Auch ich stellte mir nun die Frage, was ich mit mir in dieser neuen Heimat anfangen würde. Schon nach den ersten Monaten in der neuen ländlichen Umgebung stand für mich fest: Ich werde Biobauer! Denn eines war mir völlig klar. Wenn ich jetzt schon auf einem Bauernhof lebe, dann gehört ein neues berufliches Projekt dieser Richtung zu der neuen Lebensphase auch dazu. Also, ökologischer Landbau. Ein echtes Nischenthema in den frühen neunziger Jahren. Im konservativen Weilheimer Land mit reichlich Misstrauen beäugt, wurde ich als Landwirt Mitglied des Naturland-Verbandes und hielt sogar, nach ein paar Jahren, vor der versammelten Bauernschaft des Umkreises einen Vortrag über den Anbau von Biodinkel.

Aber wenn ich ehrlich bin, ohne Bimbi hätte es niemals funktioniert. Sie ging zu meinem, zu unser aller Glück völlig in dem Landleben auf. Ihre Liebe zu Tieren, ihre sympathische, aber auch burschikose Art, die mir von der ersten Sekunde an so sehr gefallen und imponiert hatte, das waren ihre Trümpfe, die sie zur unbestrittenen Königin des Schörghofs machten. Ohne Bimbi, ihre Leidenschaft und Leistungsbereitschaft wäre dieses gewaltige Unterfangen kaum zu stemmen gewesen. Denn auch wenn meine eigenen landwirtschaftlichen Ambitionen viel mehr waren als nur ein romantischer Traum, forderte das »Butterbrot-Geschäft« in der Musikbranche weiterhin viel Zeit und Aufmerksamkeit. Erfreulicherweise, denn die Nachfrage nach Cusco in den USA blieb ungebrochen hoch, und meine erste Einschätzung, dass die Jungs von Higher Octave die richtigen Partner für dieses Projekt sein würden, bewahrheitete sich komplett. Album an Album reihte sich erfolgreich aneinander und machte Kristian Schultze nach Giorgio Moroder und Rainer Pietsch zu meinem dritten musikalischen Dauererfolgspartner.

Der Erfolg von Cusco war so groß, dass er auch den amerikanischen Mainstream und dessen Basisprodukte erreichte. In unserem Falle war es die Firma Budweiser, die gerade eine neue Werbekampagne plante. Der Regisseur war wohl ein richtiger Cusco-Fan, er wollte unbedingt einen Titel unseres gerade erschienenen Albums *Apurimac II*. Ein Song, der *Montezuma* hieß und der mit dem Pfiff beginnt, mit dem ich seinerzeit meine Hunde bei unseren langen Märschen durch die Natur rund um den Schörghof zu mir zurückrief. Der Regisseur bestand darauf, es musste dieser Sound, dieser Song, es musste für seine Vision von Budweiser Beer unbedingt Cusco sein. Vielleicht um bei mir erst gar nicht das Gefühl aufkommen zu lassen, dass ich darum unantastbar sei und die Vereinbarungen nach meinem Gusto würde diktieren können, gab man mir vonseiten Budweisers Folgendes zu verstehen: »Wir wollen das unbedingt haben. Und wenn wir das nicht kriegen, machen wir einen eigenen Titel. Kein Plagiat. Eine ähnliche Melodie, denselben Sound, denselben Groove. Das ist nicht zu schützen. Nur die Melodie wird ein bisschen anders sein. Es wird also besser für dich sein, auf unser Angebot einzugehen.«

Eine unverhohlene Drohung und Grund für einen jahrelangen Rechtsstreit? Nein, denn ich hatte da ohnehin keine Probleme. Das Angebot war toll, zudem würde Cusco-Musik während der Kampagnendauer in ganz Amerika die Werbung für Budweiser Beer untermalen, eines der beliebtesten All-American-Biere überhaupt. Was will ein Autor und Verleger mehr? Ich packte also gleich die Friedenspfeife aus: »Große Freude, große Ehre. Meine Agentin wohnt in Amerika, und ich werde ihr schon mal Bescheid sagen. Ihr könnt inzwischen drüber reden, und ich komme dann noch mal dazu.«

Dann hat die Deborah, die bei Intersong in Amerika zuständig für die Vergebung der Rechte an Filme und Werbelinks und damit genau in ihrem Thema war, die Geschichte schnell, unkompliziert und profitabel eingetütet, und ich freute mich schon, in jeder Werbepause im ganzen Land dem Pfiff nach meinen Hunden in der Budweiser-Werbung lauschen zu dürfen. Entsprechend erfreut und auf Gegenfreude setzend, erzählte ich meinen Vertriebspartnern von Higher Octave von dieser grandiosen Chance, Cusco in Amerika noch bekannter und beliebter zu machen. Da hatte ich allerdings die Rechnung ohne meine Freunde aus der »Mitte des inneren Ichs« gemacht.

Matt Marshall und Dan Selene, die Chefs von Higher Octave, waren *not amused*: *»Cusco and Beer? That is not compatible. We say no to Budweiser and Cusco.«*

Ich war halb erstaunt, halb amüsiert: *»I say yes, you have to know, I'm not doing it for free.«*

Denn bei allem, was Higher Octave sicher für Cusco geleistet hatte, finanziert, und das ohne jeden Vorschuss, hatte jedes Album nun einmal ich. So konnte ich verhindern, dass Higher Octave weiteren gemeinsamen Erfolg verhinderte, wofür man mir dann auch sehr dankbar war, denn die Budweiser-Werbung führte unsere Verkäufe auf nicht gekannte Höhen. Wofür ein Bierchen alles gut sein kann!

Auch mein Country-&-Western-Standbein tanzte weiter Squaredance. Bei einem Treffen mit den Verlegern des Countrysuperstars Garth Brooks gelang es mir, die Subverlagsrechte Europa für dessen Song *Friends in Low Places* von seinem Megaalbum *No Fences* zu ergattern. Und sogar in Deutschland regte sich langsam wieder etwas um den Künstler Michael Holm. Nach zehn Jahren weitgehender Abstinenz vom hiesigen Musikalltag entdeckten nun erste junge Künstler meine Hits der siebziger Jahre wieder neu. Den Anfang machte 1991 die Punkrocklegende Rocko Schamoni, der mich zu einem wundervollen, energiegeladenen Duett zu *Mendocino* in eine Produktion von Bela B. von den Ärzten einlud. Ein weiterer Musiker der nächsten Generation war der Techno-DJ Mark 'Oh, der meinen Hit *Tränen lügen nicht* dann 1995 in gleich fünf europäischen Ländern noch mal auf Platz eins der Charts katapultierte. Mehr als zwanzig Jahre, nachdem mir das selbst nur in Deutschland gelungen war.

All das waren hocherfreuliche Neuigkeiten und Entwicklungen, die aber zunächst in meiner Wahrnehmung noch hinter den Veränderungen rangierten, die der Schörghof mit sich brachte. Zu den Pferden hatten sich zwischenzeitlich Hühner, ein paar Schweine, drei Bordeauxdoggen, von denen eine Sedlmayer hieß, und ein Landseer mit dem Rufnamen Waigel gesellt. Alles war bereit und wartete förmlich auf die Geburt unserer wundervollen Kinder Maximilian und Anna Franziska, die 1994 und 1995 zur Welt kamen. Wir hatten ein nahezu perfektes Leben mit diesen herrlichen Geschöpfen gekrönt, lebten in freier Natur von der Musik und von der Landwirtschaft. Es gab mehr als hundert gute Gründe, aus tiefstem Herzen froh und dankbar zu sein, und insgeheim stellte ich mir ein ums andere Mal die Frage: Was soll das Schicksal jetzt noch für jemanden wie mich bereithalten?

Dass dort noch eine gewaltige Überraschung auf mich warten sollte, hätte sich möglicherweise an den stetig steigenden GEMA-Ausschüttungen für die Aufführungen meiner Werke als Texter, Komponist und Verleger herausorakeln lassen. Einen echten Grund dafür konnte man indes noch nicht erkennen. Songs wie *Fiesta Mexicana* bekamen plötzlich neuen Rückenwind und steigerten rätselhafterweise Jahr um Jahr ihren Marktwert. Es gab kein nennenswertes Comeback von Rex Gildo in dieser Zeit, lediglich der wunderbare Kollege Roy Black hatte als Schauspieler in der Serie *Ein Schloss am Wörthersee* eine Rückkehr in die Wahrnehmung der breiten Öffentlichkeit geschafft, bis er dann 1991 so tragisch verstarb. Auch andere Lieder wie *Nachts scheint die Sonne*, *Barfuß im Regen* oder *Nur ein Kuß, Maddalena* nahmen unversehens wieder Fahrt auf. Der gerade startende Schlager-Revival-Boom, der sich in den Studentenclubs in der ganzen Republik zusammenbraute, hatte es eben noch nicht als Schlagzeile ins *Weilheimer Tagblatt* geschafft.

Ich nahm's also ohne tieferes Wissen, aber mit umso mehr Freude und Gelassenheit, überließ die Mehrarbeit an Abrechnungen meinem Büro, das um die junge, tüchtige Katrin Kretschmer erweitert worden war, und widmete mich meinen laufenden Geschäften. Wie etwa 1995, als ich als Promi bei einer Rateshow von und mit Fritz Egner eingeladen war. Ich bereitete mich in meiner Garderobe nichts ahnend auf die Sendung vor, als die Tür aufflog und ein riesiger, zotteliger Kerl in den Raum stürmte, mich packte, durch die Luft wirbelte und immer etwas rief, das irgendwie nach »Schlagergott! Mein Lieblingssänger!« klang. Ich war mehr als verwirrt, hoffte zunächst, es nicht mit einem verrückten Fan oder dergleichen zu tun zu haben, bis sich der Eindringling beruhigt hatte. Sein Name war Guildo Horn. Mit seiner Band die Orthopädischen Strümpfe war er Teil des Schlagerwunders, das ich gerade in meinen Abrechnungen bewundern durfte.

Richtig wahrgenommen hatte ich die jungen Kollegen bisher allerdings noch nicht. Ihre Single *Ich find' Schlager toll*, eine deutsche Version des Joan-Jett-Klassikers *I Love Rock 'n' Roll* war mir schon mal untergekommen, und das fand ich irgendwie ganz gut. Nein, ich fand es sogar so rich-

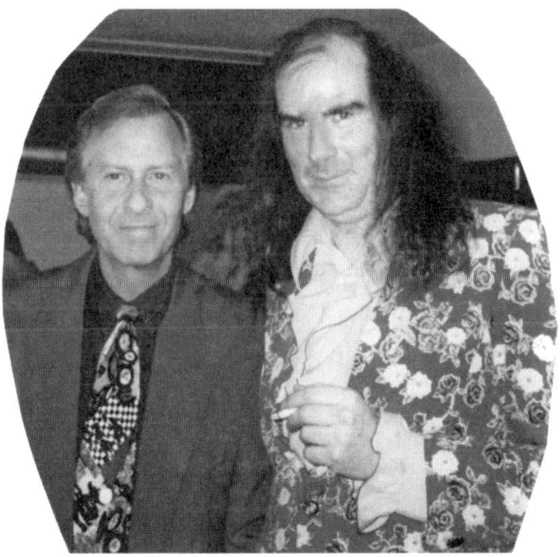

Der Meister und ich. Das Schlager-Revival, das Horn und seine Band ins Rollen gebracht hatten, sprengte jede Vorstellungskraft. Es waren Szenen wie bei den Beatles, und es war außergewöhnlich, diese Mania erst als ihr Gast und später als ihr Produzent erleben zu dürfen.

tig amtlich. Toll gemacht, der Text war toll gelöst. Entsprechend neugierig war ich, und der »Meister« ließ seiner Begeisterung freien Lauf: »Weißt du, wie mein erstes Album hieß? *Rückkehr nach Mendocino!* Weißt du, was das bedeutet?«

»Na, ich kann's mir vorstellen. Du mochtest wohl meinen Titel *Mendocino*.«

Und so flachsten wir noch eine Weile in meiner Garderobe, bis wir dran waren und unseren Auftritt als Rateteam hatten. Da merkte ich, ein paar wirklich witzige Geschichten kamen von ihm. Gerade als Zwischenrufer konnte er sehr originell sein. Wir drehten an dem Tag insgesamt drei Sendungen ab, und als wir so um neun oder zehn Uhr abends fertig waren, beschlossen wir, noch zusammen essen zu gehen. Wir lachten, plauderten und philosophierten über Schlagermusik, und Guildo lud mich gefühlt alle zehn Minuten zu einem seiner Konzerte ein. Nein, er bedrängte mich förmlich, seine Überzeugung von den Darbietungen seiner Combo war geradezu missionarisch. Es sei außergewöhnlich und mit Worten schwer zu beschreiben. Nun gut, welcher Künstler würde anderes über seine Liveperformance sagen wollen, aber ich fand diesen Guildo wirklich nett, witzig, sympathisch. Ein »positiver Verrückter«, wie man im Fußball sagen würde. Ich gab ihm meine Karte und sagte: »Alter, wenn du das nächste Mal in der Nähe von München bist, dann ruf an. Ich komm rum und schau's mir an!«

Zurück auf dem Schörghof erzählte ich Barbara ganz begeistert von meiner neuen Bekanntschaft. Guildo, Strümpfe, ein Schlager-Revival. Barbara nahm's gelassen. Sie war nun einmal die leitende Angestellte eines Künstlers und kannte meine Neigung, mich schnell mitreißen zu lassen. Kurze Zeit später klingelte dann tatsächlich das Telefon. Der

»Kreuzzug der Zärtlichkeit«, wie sich die Tournee der Band nannte, machte in München Station, und Guildo ließ es sich nicht nehmen, mich an mein Versprechen zu erinnern, seine Show endlich einmal zu besuchen. Wie es dann im Leben so spielt, hatte ich ausgerechnet an diesem Abend einen anderen Termin, unverrückbar, unaufschiebbar. Es war mir total unangenehm, und schade fand ich es außerdem, denn meine Neugier und mein Interesse an diesem bunten Vogel war durchaus geweckt. Darum habe ich die Barbara gebeten und gab ihr die Botschaft mit: »Sag dem Guildo bitte, ich bin hier als Michaels Vertretung, der Michael ist leider unterwegs und sagt, das nächste Mal kommt er dann auf jeden Fall.«

Barbara war alles andere als begeistert. Als Lebensgefährtin der deutschen Musikmanagerlegende Heinz-Gerd Lütticke wurde ihr Bedarf an Liveevents regelmäßig auf einem deutlich höheren Niveau gedeckt, als es ein Schlagerkonzert in einem Münchner Studentenclub jemals schaffen würde. Aber ich war unerbittlich. Zum einen, weil der Kollege mich so bestürmt hatte, zum anderen war da auch ein Bauchgefühl, dass da vielleicht mehr sein könnte als eine drollig-verrückte Schlagerrevue.

Barbara ging also augenrollend ins Konzert und kam völlig aufgelöst zurück. »Michael, du glaubst es nicht. Hunderte von Studenten, das Backstage komplett ausverkauft. Das ist der Wahnsinn, diese Band! Erst wirkte alles ein bisschen versponnen. Die Klamotten, alles so ein bisschen siebziger Jahre, erst denkt man an Fasching oder so was. Aber dann, die werden abgefeiert, die Leute schreien stundenlang: ›Meister, Meister‹, und lassen die gar nicht mehr von der Bühne. Überhaupt, dieser Guildo, das ist wirklich eine Ausnahmeerscheinung. Das hätte ich nie gedacht. Es war der totale Wahnsinn!«

Meine Barbara Krämer derart enthusiasmiert zu sehen, das erstaunte mich nun doch sehr. Barbara kannte das Geschäft, hatte weiß Gott schon mehr als eine Weltproduktion live gesehen und war selbst mit sehr guten Shows nur schwer aus der Reserve zu locken. Jetzt war mir endgültig klar, den Typen musst du dir wirklich einmal selbst ansehen.

Und wie es der Zufall wollte, waren die »Strümpfe« und ihr »Meister« schon wenige Wochen später wieder an der schönen Isar zu Gast. Ich hielt mich seitlich bescheiden am Rande des Publikums, denn ich hatte wirklich keine Idee, was mich erwarten würde. Die Band kam auf die Bühne, ein ziemlich vogelwilder Haufen in einer Garderobe, die aus einem »Worst of 70s«-Kostümshop zu stammen schien. Es ging mit einem Intro los, und es war gleich klar, die Truppe versteht ihr Handwerk. Ein volles Brett stampfender Rhythmen und griffiger Sounds kam von der Bühne geflogen, und da war ich gleich ganz angetan. Zumindest eine gute Band würde ich heute Abend zu hören bekommen. Dann kam der Meister selber, und es ging richtig die Post ab. Guildo verfügte über eine Körpersprache, so etwas hatte ich noch nie zuvor gesehen. Mit der Präsenz eines James Brown, eines Elvis Presley oder Mick Jagger, aber eben komplett anders. Wie eine lebendige Antithese zu allen Rockstarklischees, ohne deswegen weniger einnehmend oder charismatisch zu sein. Und am Ende der zwei Stunden war ich Fan. Ich fand die Jungs absolut geil. Natürlich bin ich gleich backstage gegangen, habe meine Glückwünsche und meinen Respekt zum Ausdruck gebracht und mich mit diesen urkomischen, leicht schrägen Kollegen unterhalten.

Wo sich dann in den nächsten Monaten eine Gelegenheit bot, bin ich wieder hin. Drei-, viermal habe ich die Show gesehen und war von Mal zu Mal mehr begeistert. Bis dann an einem dieser Abende der »Meister« auf mich zukam und fragte, ob ich das nächste Musikalbum der Orthopädischen Strümpfe würde produzieren wollen. Das kam für mich nun doch ein wenig überraschend. Klar, ich hatte meine Meriten als Musikproduzent, und ich liebte diese Aufgabe wie fast keine andere in meinem Berufsleben. Aber auf die Idee, eine Platte mit Guildo Horn aufzunehmen, wäre ich von selber nicht gekommen. Warum auch. Die Gruppe hatte einen Plattenvertrag in Köln bei EMI und wurde von Helmuth Rüßmann als Produzenten betreut, dem Mann, der Erfolge wie BAP oder gerade Wolfgang Petry verantwortete. Aber irgendwie schien die Chemie zwischen Rüßmann und der Band nicht zu stimmen. Die EMI, die den rasant ansteigenden Liveerfolg der Gruppe natürlich registrierte, verlangte nach einem Tonträger, um ihren Teil des Rahms abschöpfen zu können. Aus dem Blickwinkel der Band war die Idee Michael Holm völlig logisch. Es passte einfach genau zu ihrer Konzeption, »Schlager« wieder als das erscheinen zu lassen, als was sie in ihren Entstehungstagen wahrgenommen wurden: als tolle Popsongs mit deutscher Sprache. Es war auch diese Authentizität, die Guildo Horn & die Orthopädischen Strümpfe vom Rest des Schlager-Revivals abhob. Während der andere große Protagonist dieser Welle, Dieter Thomas Kuhn, einen revueartigen Klamauk daraus machte, hatten die Kollegen aus Trier an der Mosel eine ernste, sehr musikalische Herangehensweise auch an mein Œuvre. Das gefiel mir natürlich. Ich hatte die Etikettierungen im Pop, hier »Schlager«, dort »Deutschrock« oder »Deutschpop« nie ganz verstanden.

Da Guildo aber nicht nur mit Sendungs-, sondern auch mit mehr als ausreichend Selbstbewusstsein ausgestattet war, zog ich bei dem Thema Produktion gleich bei den ersten Gesprächen strikte Grenzen: »Eins, lieber Guildo, musst du dir gleich abschminken. Im Studio entscheiden werde ganz allein ich! Bei jeder Produktion ist der Produzent der große Idiot, wenn es danebengeht, und der Heilige, wenn es gut geht. Und ich bin gern der Heilige oder der Idiot, aber nur, wenn ich alles selbst entschieden habe und darum auch verantworten kann.«

So richtig schmecken wollte dem Meister dieser Kontrollverlust anfangs nicht, aber die Band redete auf ihn ein, und weil auch die Plattenfirma weiter Druck machte, willigte der Meister zu meinen Bedingungen ein. »Wenn ich es gut finde, ist es gut. Und wenn ich es nicht gut finde, ist es nicht gut.« Das war der Deal.

Und dann ging alles auf einmal sehr schnell. Wir buchten Connys Studio, das legendäre Tonstudio von Conny Plank in Wolperath in der Nähe von Köln, in dem schon Welterfolge der Eurythmics, von Kraftwerk oder Ultravox entstanden waren. Vorher probten wir miteinander eine Woche im Presswerk der EMI. Es stellte sich heraus, dass es praktisch kein eigenes Material gab, das die Band hätte aufnehmen können. Auf Zuruf, *on the fly*, wie die Amerikaner sagen, entstanden in wenigen Wochen ein paar tolle Titel. Es war eine irrsinnig kreative Atmosphäre. Meine Idee für die Platte war, sie sollte »live« klingen. Den rauen Charme der Band wollte ich auf Tonband einfangen, das es, trotz der gerade wild aufkommenden Digitalisierung in der Musikproduktion, bei Conny noch immer gab. Perfekt dafür eingespielt war die Truppe ja durch ihren nun schon seit Jahren währenden »Kreuzzug der Zärtlichkeit«. Es sollte eine Arbeit werden, wie wir sie in den siebziger Jahren im Studio angegangen waren und wie ich sie in Nashville gerade wiedererlebt hatte. Dort hatte ich Anfang des Jahrzehnts zwei Alben mit meinem schwäbischen Countryduo Kerry & Ron aufgenommen. Alle Musiker in Nashville spielten gleichzeitig ein, und es gab keine Aufnahme, ohne dass

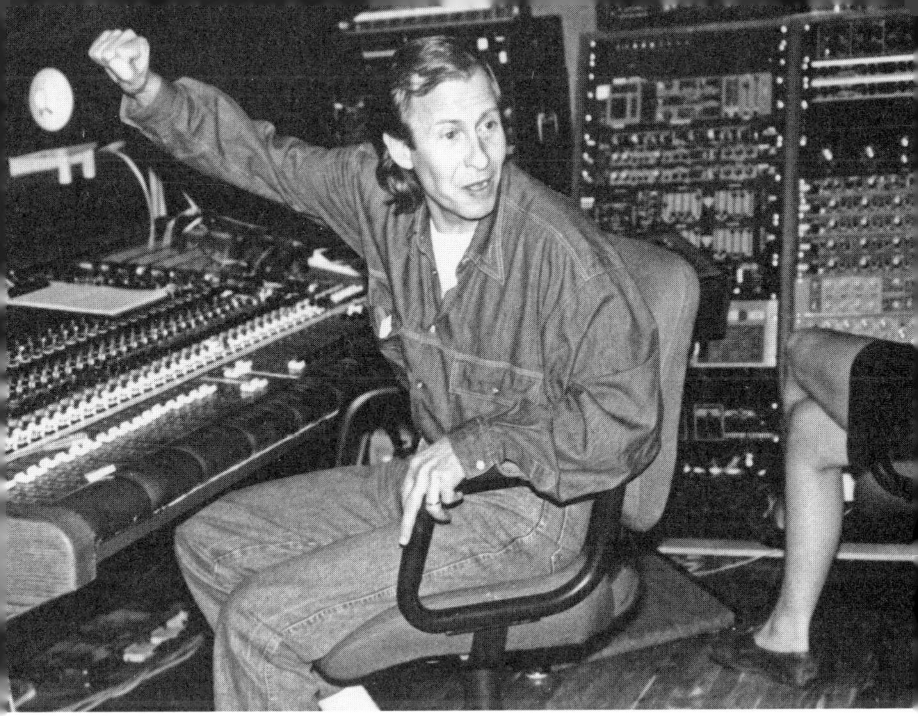

Flamme empor. Die Arbeit am Album *Danke!* von Guildo Horn und den Orthopädischen Strümpfen war eines der intensivsten Projekte, die ich in meiner langen Karriere umgesetzt habe. Aber all die Kraft und Mühe haben sich gelohnt!

jemand dabei mitgesungen hätte. War der Sänger krank oder zu Mittag, musste auch schon mal der Produzent mit seiner Stimme einspringen. Denn die Uhr läuft, und Studiomusiker in der Hauptstadt der Countrymusik sind eine gute, aber auch teure Investition. Diese lebendige, dynamische, musikalische Vorgehensweise im Studio schien mir für die Orthopädischen Strümpfe die einzig denkbare zu sein. Live sollte es eben sein. So live wie möglich. Mein Entscheidungsparameter für jeden Song lautete: Gänsehaut. Gänsehaut ja, dann cool. Keine Gänsehaut, nicht cool.

Vier Wochen arbeiteten wir Tag und Nacht an dem Album. Höhepunkt war ein All-Star-Recording des Titels *Das schönste Lied kennt Guildo Horn*, einer deutschen Version von *Up Where We Belong* mit vielen, vielen Kollegen aus der großen Zeit der *ZDF-Hitparade*. Cindy und Bert, Jürgen Drews, Peter Rubin, Martin Mann, Joy Fleming oder mein alter Weggefährte Christian Anders, der sich nun Lanoo nannte und eine Art Guru geworden war, krönten diese musikalische Zeitreise mit ihren stimmlichen Beiträgen, die 1998 unter dem Titel *Danke!* über dreihunderttausendmal verkauft und mit Gold ausgezeichnet werden würde. Bis dahin war es aber noch ein weiter Weg. Das Album erschien 1997 und schlug sich eher medioker in den Charts. Es platzierte sich beim Erscheinen in den Top 50, blieb aber weit hinter dem Album des direkten Konkurrenten Dieter Thomas Kuhn zurück, der seinen Longplayer gleich dreist *Gold* getauft hatte und alle entsprechenden Ehrungen mit der Veröffentlichung vorwegnahm.

Ich zog mich nach der Produktion, die sehr intensiv, kräftezehrend und auch nicht ohne Reibungen gewesen war, ein Stück von der Band zurück und nahm mein eigentliches Leben auf dem Schörghof und im Autobahn-Verlag wieder auf, als mich im Herbst desselben Jahres ein Anruf erreichte. EMI wollte Guildo Horn und die Strümpfe als deutschen Vertreter zum Eurovision Song Contest schicken. Ein Ziel, das die Gruppe von jeher für sich ausgeschrieben hatte und das durch eine Änderung der Meldemöglichkeiten nun in greifbare Nähe geriet. Der deutsche Vorentscheid des Song Contest sollte entstaubt werden, moderner, farbiger, unterhaltsamer werden. Eine Aufgabe, wie auf den Meister und seine Truppe zugeschnitten. Mit Guildo Horn trat dort nun ein Künstler an, der landesweit über eine riesige Fangemeinde verfügte. Der wie kein anderer für das Schlager-Revival stand, das gerade auf seinen Höhepunkt zusteuerte. Es wäre wohl auch trotz der erheblichen Konkurrenz wie

Rosenstolz und Die drei jungen Tenöre sicher auf ein Ticket des Meisters nach Birmingham hinausgelaufen. Aber EMI und insbesondere Labelchef Peter Burtz wollten mehr. Es kam zu einer Kooperation mit der *BILD-Zeitung*, in deren Verlauf Guildo eine Woche lang jeden Tag das Titelblatt der auflagenstärksten deutschen Tageszeitung zierte. Die Kampagne »Soll dieser Mann für Deutschland singen?« löste eine Art Guildo-Mania aus, wie ich sie in meiner gesamten Karriere noch nie hautnah miterleben durfte. Auch bei Roy Black oder bei Ted Herold gab es wilde, begeisterte Fans. Es war aber kein Vergleich zu dem Tornado, der sich rund um die Teilnahme Horns am ESC entwickeln würde. Der Song für den Wettbewerb, *Guildo hat euch lieb*, stammte aus der Feder von Stefan Raab, der sich ironisch-lakonisch als »Alf Igel« in die Urheber-Credits eintragen ließ. Mit diesem Hit zog auch unser Album dann endlich ungebremst in die Charts und erreichte einen dritten Platz, nur überholt von Herbert Grönemeyer und dem ersten Reunion-Release von Modern Talking.

Ich fuhr natürlich mit nach Bremen zum Vorentscheid und nach Birmingham zum ESC, wo wir einen soliden siebten Platz belegten. Wo wir aber hinkamen, warteten deutsche Fans im Ausnahmezustand auf uns, »Meister, Meister« rufend, und für meine Wenigkeit erklang bald der schöne Schlachtruf »Altmeister, Altmeister«. Es war ein Trubel wie im Irrenhaus und vermutlich für den ein oder anderen Kopf dieses Selfmade-Wunders ein bisschen viel Aufmerksamkeit auf einmal. Schon in Birmingham waren die ersten schweren Risse in dieser Gruppe zu erkennen, die ich als unteilbare verschworene Truppe kennen- und schätzen gelernt hatte. Den Trubel des Jahres 1998 sollte die Maschine, die ich als Guildo Horn & die Orthopädischen Strümpfe kennengelernt hatte, nicht überstehen. Die Band trennte sich von Guildo, der füllte die Reihen mit anderen Musikern auf, und es ist bis heute eine sehr sehenswerte, originelle Show. Es ist aber eben nicht mehr dasselbe. Auch für mich wurde der Zugang zum großen Meister immer schwieriger. Horn, der bis zum ESC manchmal täglich anrief, war für mich kaum mehr zu erreichen. Das schmerzt kurz, ist aber Teil des Geschäfts, und ich bin für jede Minute dankbar, die ich mit diesem Wahnsinn habe verbringen dürfen. Denn neben allen anderen Begleiterscheinungen waren es die Guildos dieser Welt, die meine Autorentantiemen in die Größenordnung meiner Hoch-Zeiten der siebziger Jahre zurückbeamten.

Danke! war mein letzter wirklich großer Albumerfolg. Denn für die Musikwelt, in der ich beruflich groß geworden war, standen nun Veränderungen vor der Tür, die meine Branche bis in ihre Grundfesten erschüttern sollten und eine Karriere, wie ich sie erleben durfte, bis heute beinahe undenkbar machen. Die Entwicklung der MP3 und der mit ihr einsetzende Prozess der Digitalisierung haben die professionelle Musiklandschaft komplett verändert. Ein Smartphone hat kein Schubfach für eine CD. Einige Romantiker kaufen weiter oder wieder öfter Vinylschallplatten, aber in der Summe ist Musik ein allgegenwärtiger und oft auch praktisch kostenfreier Soundtrack für unser Leben geworden. Alle Lieder dieser Welt stecken in unserer Hosentasche, und der Zugriff darauf ist quasi umsonst. Auch wenn die nächste Generation Musiker schon gelernt hat, mit diesen neuen Rahmenbedingungen zu leben und ohne Tonträgerverkauf ihren Lebensunterhalt zu sichern, sogar eine Karriere aufzubauen – ich wollte mich nicht mehr in diese Richtung mitentwickeln und bin froh, dass meine Fans mir und den alten Gewohnheiten wie dem Kauf einer CD treu geblieben sind. Darauf aber in Zukunft bauen, das wollte ich einfach nicht. Gott sei Dank öffneten mir die Jahre 1997 und 1998 erneut eine Tür, die ich eigentlich für immer für fest verschlossen gehalten hatte.

Es begann mit ein paar Auftritten, zu denen ich auf dem Gipfel des Schlager-Revivals Guildo und die Strümpfe als Gast begleitete. Die Band füllte inzwischen die größten Hallen und Plätze des Landes. Menschenmengen, so weit das Auge reichte. Ich stand so seitlich am Rande der Bühne und freute mich an diesem unfassbaren, fast beatleesken Irrsinn, der vor meinen Augen tobte, als ich auf einmal Guildos Stimme gewahr wurde: »Wisst ihr, wer hier ist? Mr. Mendocino! Professor Doktor Tränen lügen nicht! Wollt ihr mit ihm singen?«

Ein ohrenbetäubender Jubel brandete auf die Bühne, und Guildo schob mich auf die Rampe. Die Band intonierte das Intro von *Baby, du bist nicht alleine*. Ich war so perplex und irgendwie auch der Bühne entwöhnt, dass ich den Text vergessen habe und einen der Musiker bitten musste, mir schnell mit der ersten Zeile weiterzuhelfen. Aber das merkte keiner, und es hätte wohl auch keinen gestört. Die Leute feierten mich wie ihren »Meister«, sangen jede Zeile mit und ließen mich auf eine Art hochleben, wie ich sie selbst in meinen größten Erfolgszeiten nicht gekannt hatte. Das schmeckte natürlich nach mehr, und wo es sich ergab, trat ich gerne als Stargast bei Guildo auf.

Nach einem dieser Auftritte trat ein Herr an mich heran: »Wissen Sie, ich mache immer so eine Schlagerparty am Samstag in einer Großdisco, das sind zweitausendfünfhundert Leute. Und könnte man Sie da mal engagieren? Denn da würden wir Sie gerne hören.«

»Könnten Sie schon. Kostet halt viel Geld«, antwortete ich, um den ungebetenen und vielleicht einfach auch nur so daherredenden Zeitgenossen schnell loszuwerden.

»Das macht doch nichts.«

Da dachte ich, aha, das macht nichts. Wenn er wirklich ein Veranstalter ist und dir sagt, viel Geld ist kein Problem, dann musst du ja irgendwie erst mal ja sagen. Ich griff also gleich ganz oben ins Regal und nannte eine stolze Summe, für die ich dann vier Wochen später in einer Großraumdisco auf der Bühne stand. Und der Saal rastete aus. Auch ohne Guildo. Da habe ich dann wieder Blut geleckt. Das Singen vor Publikum war für mich immer die feinste aller Disziplinen, und nun kehrte diese wundervolle Aufgabe erneut zu mir zurück!

Allerdings fehlte es mir inzwischen an jeder Infrastruktur. Ich hatte ein Topverlagsbüro, aber das Verhandeln von Gastspielverträgen war nun einmal ein völlig anderes Geschäft als das Aushandeln von Beteiligungen an Musikproduktionen. Barbara und Katrin winkten ab. Mit den Veranstaltern wollten und konnten sie nicht reden. Darum fragte ich eine Bekannte, der ich das zutraute, die aus dem Plattenverkauf kam, sehr viel Repertoirekenntnis und dergleichen hatte, aber leider keine Ahnung vom Managen eines Bühnenkünstlers. Durch den Sänger Matu, dessen großer Hit *You Never Walk Alone* bei uns administriert wurde, kam ich dann eines schönen Tages im Jahre 1999 nach Wallau-Massenheim und zum Jahresfest des dortigen Handballbundesligisten. Ich übernachtete im Schwarzen Bock in Wiesbaden. Ein sehr schönes Hotel, in dem ich gerade inmitten einer kleinen Blase Sportjournalisten saß und mich unterhielt, als eine sehr schick gekleidete Clique aus Düsseldorf die Lobby betrat. Mittendrin eine sehr elegante, schöne Frau. Und die strahlte mich an. Ich strahlte zurück, und irgendwann kam sie zum Tisch und sagte:

»Übrigens nebenbei gesagt, wir kennen uns.«

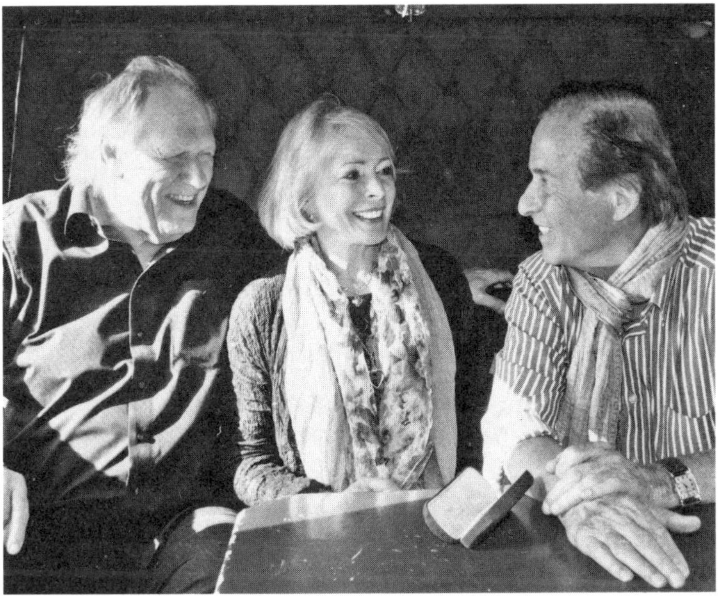

Christiane Wagner (hier mit meinem lieben Kollegen Gunter Gabriel) begleitete meine nun dritte Karriere als Sänger und Bühnenkünstler und schickte mich via Schiff auf Welttournee.

»Aha, wir kennen uns? So eine schöne Frau kennt man gerne von überall. Ich kann mich nur nicht erinnern.«

»Ich sage nur Petra.«

»Woher kennen Sie denn die Petra?«

»Ja, ich sage nur Betty Barclay.«

Wenn Petra in München mir ihren Kolleginnen modelte, hatte ich die Damen immer alle eingeladen. Sie kam dann mit irgendwie vier Grazien eingeschwebt bei Käfer, und alle dort anwesenden Männer haben mich dafür gehasst. Ein kleiner Egoshooter, harmlos und immer ein großer Spaß. Jedenfalls wusste ich nun, woher ich die schöne Frau kannte, und fragte sie, was sie denn hier in Wiesbaden zu tun habe. Es stellte sich heraus, dass sie eine lange Zeit als

Bookerin, also Maklerin, für die Auftritte von Wim Thoelke zuständig gewesen war, aus dieser Zeit eine Menge Kontakte in das lukrative Geschäft der Bälle und Galas hatte und nun dort sehr erfolgreich mit der Gestaltung von Bühnenprogramm unterwegs war. Und von dieser Arbeit sollte ich nun immens profitieren. Christiane Wagner, das war der Name dieser schönen und tüchtigen Dame, versorgte mich nun regelmäßig mit gut bezahlten, tollen Jobs. Und als im Jahr 2000 meine Bekannte eine gesamte Tournee für eine unterirdische Gage für mich buchte, hatte ich genug und wechselte die Pferde.

Christiane wurde meine Managerin, und mit ihrer Hilfe fand ich den Weg zurück auf die Bretter, die die Welt bedeuten. Auf Feste, auf Schlagertourneen, aber auch auf die Events der Reichen und Superreichen. Der Sänger Michael Holm war wieder da, und er hatte seinen Preis, den Christiane sukzessive immer weiter nach oben zu korrigieren wusste. Durch ihre Arbeit bereiste ich bald die ganze Welt mit dem Schiff. Die MS Deutschland, die MS Europa waren nun für wochenlange Kreuzfahrten meine schwimmende Konzerthalle, und ich wurde behandelt wie ein Fürst. Eine Erste-Klasse-Kabine mit eigener Terrasse und Einladungen meiner betuchten Fans zu Dinner und Champagnerabenden. Denn auch wenn an Bord dieser Schiffe überwiegend sehr reiche und erfolgreiche Menschen zu finden sind, an einer Stelle sind wir letztlich alle gleich, nämlich wenn etwas unser Herz berührt. Und das hatte ich immer wieder mit Musik geschafft. Mit Musik, es war mein gesamtes Leben so gewesen, kann man etwas reißen.

Auch wenn das jenseits der Welt der Kapitänsdinner und Südseekreuzfahrten immer schwerer wurde. Die MP3 kam auf und zerstörte den Musikmarkt, den ich kennengelernt hatte. Trotzdem unternahm ich immer wieder Versuche, neue Songs mit tollen Produktionen zu verbinden. Mit Joy Fleming nahm ich 2002 noch einmal bei einem Vorentscheid für den ESC teil, und 2005 produzierte ich zusammen mit den Orthopädischen Strümpfen und dem Seeed-Keyboarder Guido Craveiro mit *Liebt Euch!* ein tolles Comeback-Album, das leider nicht die nötige und verdiente Aufmerksamkeit fand.

Wegen der Umsatzverluste durch die MP3 verkaufte Higher Octave das wundervolle Independent-Label an eine große Firma, die das Thema New Age weder verstand noch sich ernsthaft dafür interessierte. Auch wenn wir noch wirklich tolle Arbeiten wie die Musik für den Film *Sielmann 2000* liefern konnten, die Verkäufe gingen kontinuierlich zurück, und mit dem Tod meines wunderbaren Partners Kristian Schultze starb auch Cusco endgültig. Meine Zusammenarbeit mit De Walden endete, als dieser sich von unserem Kooperationspartner MCA hatte bequatschen lassen, fünfzig Prozent unserer Anteile zukünftig bei MCA zu lassen, gegen die Hoffnung, dass die Firma nun Tag und Nacht schuften würde, um unsere Erfolge zu verzigfachen. Es kam, wie es kommen musste. Nichts geschah, außer dass man dort mehr »Money For Nothing« einnahm und sich unsere Arbeit wegen der teuren Vorproduktionen und der von uns bezahlten Promotionteams für den Einsatz unserer fertig produzierten Songs in den Radiostationen schlicht nicht mehr lohnte.

Meine Erfolgsjahre in Amerika gingen zu Ende, ebenso wie meine Zeit auf dem wunderbaren Schörghof, für den sich unter den beiden Kindern kein Nachfolger finden wollte. Ich war inzwischen fünfundsechzig Jahre alt und fragte mich bei aller körperlichen und geistigen Fitness, derer ich mich mein Leben lang bis heute erfreuen durfte, welche Steine ich denn nun noch stemmen wollte. Es war klar abzusehen, das Verlagsgeschäft würde an der rasend fortschreitenden Digitalisierung schwer zu leiden haben. Der Hof war und blieb riesig, und die Arbeit daran wurde mit keinem Tag kleiner. So entschloss ich mich, einen völligen Schlussstrich unter die Dinge zu ziehen, die mir in den letzten dreißig, vierzig Jahren so viel Freude und Erfolg, aber eben auch Verantwortungen und Risiken geschenkt hatten. Ich löste den Autobahn-Verlag auf. Meine Verlagsleiterin Barbara ging zu Bavaria und führte ihre erfolgreiche Karriere als Verlegerin fort. Katrin ging zu Warner Music und leitet dort heute die Abrechnungsabteilung. Bimbi und ich verkauften den Schörghof und zogen nach Weilheim, wo wir heute noch in einer wundervollen Vorstadtvilla leben. Von dort starte ich regelmäßig meine Reisen zu meinen Fans, um mit ihnen die Lieder meines Lebens zu singen. Egal ob ich, wie jetzt gerade, ein neues Album mit vielen Weggefährten meiner Karriere aufnehme oder mit dem Chronisten dieses Buches an einem Musical zum Thema »Hitparade« arbeite, eine Weisheit ist mir auf diesem langen, bunten und hoffentlich noch viele Erlebnisse bringenden Weg immer wieder begegnet: Mit Musik kann man was reißen, wenn man es von Herzen will!

DANKSAGUNG

Dank an:
Heike Kalusche für Transkriptionen
Heiko »Hucky« Weber für das begleitende Testlesen
Beate Walter und Barbara Krämer für die Fotos
Lothar Weiß für die Diskographie
Anke Beuth für viel Geduld

BILDNACHWEISE

Sämtliche Fotos im Text stammen aus dem Privatarchiv der Familie Holm, mit Ausnahme der Seiten:

45 © ETH-Bibliothek Zürich, Bildarchiv / Fotograf: Metzger, Jack / Com_L15-0057-0109 / CC BY-SA 4.0
71 © Express / Freier Fotograf / Hulton Archive via Getty Images
84 © ullstein bild / ARTCO-Berlin
109, 139, 147, 171 © Didi Zill
116 © United Archives / Kontributor / Hulton Archive via Getty Images

Sämtliche Fotos im Bildteil stammen aus dem Privatarchiv der Familie Holm, mit Ausnahme der Seiten:

1 bis 7 © Didi Zill

Trotz intensiver Bemühungen ist es nicht gelungen, die Rechteinhaber sämtlicher Bilder ausfindig zu machen. Nachweisbar berechtigte Ansprüche bitten wir an den Verlag zu richten.

MICHAEL HOLM

Diskographie

1961 die missouris (michael holm & bert berger)

Single **Ich will dich immer wieder küssen / Nur für Verliebte**
D – Telefunken U 55320

Single **Texas Jimmy / Heute Abend (Texas Jimmy – Siegertitel der Deutschen Schlagerfestspiele 1961)**
D – Telefunken U 55 323

Single **Sag mir nie goodbye / Bin so allein**
D – Telefunken U 55 368

1962 michael holm

Single **Das Lied von der Liebe / Denk nicht mehr daran, o Cowboy**
D – Telefunken U 55 338

Single **Bald wirst du wieder glücklich sein / Darum bleib ich bei dir**
D – Telefunken U 55376

Single **Happy Birthday, Josefin / Einmal werden wir uns wiedersehen**
D – Telefunken U 55 419

Single **Lauter schöne Worte / Leider … leider**
D – Telefunken U 55 446

Single **Kannst du tanzen (& Susie Becker) / Küß mich mal (Sur le pont d'Avignon)**
D – Telefunken U 55 456

1962 die missouris (michael holm & bert berger)

Single **Zwei Gitarren am Meer (Gitarren-Serenade) / Gitarren spielt auf!**
D – Telefunken U 55 415

Single **Grüß mir meine Texasbraut / Golden Hill … (und die Sonne brannte heiß)**
D – Telefunken U 55 455

Single **Der King (King of the whole wide world) / Wer hält das aus**
D – Telefunken U 55 480

EP **A: andere Künstler / B: Tiger Twist – Der King**
D – Telefunken A 148

1963 michael holm

Single **Die junge Liebe ist süß (Just tell her Jim said hallo) / Ja, das wird schön sein**
D – Telefunken U 55 471

Single **Baby Doll (Baby-Face) / Liebe mich und geh mit mir**
D – Telefunken U 55 493

Single **Alles Geld dieser Welt / So jung und verliebt (I'm walking the blues)**
D – Telefunken U 55 717

Single **Das muß die Liebe sein / Es kommt der Tag**
D – Telefunken U 55 737

Single **Das kannst du mir nicht verbieten / Crazy Daisy**
D – Telefunken U 55 760

1963 die missouris (michael holm & bert berger)

Single **Hello Boys (Sie ist arm, er ist reich) / Bossa Nova Baby**
D – Telefunken U 55 702

Single **Komm in das Tal am Colorado (Hillbilly Fox) / Die Trudie mit dem treuen Blick**
D – Telefunken 55 729

Single **Komm, wir schau'n noch mal zu Jonny rein / Sandy Sandy**
D – Telefunken U 55 758

1964 michael holm

Single **Ciribiribin (Twist) / Du gehst an mir vorbei**
D – Telefunken U 55 775

1964 mike & joe

Single **Blue Beat Baby / Hallo du, hör mal zu!**
D – Telefunken U 55 799

Single **Wie geht's? / Ich möchte wissen, was du denkst**
D Vogue DV 14151

Single **Clap hands Polka / Das kann nicht sein**
D – Telefunken U 55 829

1965 michael holm

Single **Alle Wünsche kann man nicht erfüllen / Es liegt nur an dir**
D – Telefunken U 55 817, RI 1971: Telefunken U 56124

Single **Das kann doch nicht das Ende sein (Slop) / Laß mich gehn (Slop)**
D – Telefunken U 55 858; CH – Telefunken 20025 (Club)

Single **Alle Wensen kan men niet vervullen / Zeg nemmer of nooit (holländ. gesungen)**
NL – Philips JF 333546; B – Bobbejaan Records BS 104

1965 markus abel (= michael holm)

EP **4 große Schlager**
A-Seite, Titel 1: Ich stehe zu dir
D – tip 63–1181

Album **Schlager-Cocktail Folge 6**
A-Seite, Titel 3: Ich stehe zu dir
D – tip 63–3042

1965 the blue brothers (michael holm & drafi deutscher)

Single **Summer In Hawaii / Die Sonne grüßt am Horizont**
D – Hansa 18418 AT

1965 **die musik-mixer**

Single **Gitarren-Marsch / Die Heinzelmännchen**
D – Metronome M 828 (Michael Holm spricht Einleitung Titel B-Seite)

1965 **the rebel guys (mit vocal michael holm)**

Single **So-La-La / Moolah-Man**
D – Metronome M 857

1966 **michael holm**

Single **Es kam wie der Blitz / Kein Alibi (She rides with me)**
D – Hansa Ariola 19 134 AT

Single **S. O. S. Herz in Not / Der Anfang vom Ende**
D – Hansa Ariola 19 452 AT

1966 **markus abel (= michael holm)**

Album **Schlager-Cocktail Folge 7**
A-Seite, Titel 4: Die goldene Zeit (mit Ria Hirte), B-Seite, Titel 2: Irgendjemand liebt auch dich, B-Seite, Titel 5: Der neue Tag beginnt
D – tip 63–3045

Album **Schlager-Derby 1966**
A-Seite, Titel 7: Der neue Tag beginnt
D – tip 63–3050

1966 **die gammler (michael holm & joachim heider)**

Single **Kiss Kiss Boing / Dally Dally Darling**
D – Telefunken U 55906

1967 **michael holm**

Single **1000 Volt / Flower Power Time**
D – Hansa Ariola 19 764 AT

Single **Top Secret / Ich halt zu dir**
D – Hansa Ariola 19 948 AT

Single **Heimweh / Ich kann dich nicht vergessen**
D – Philips 345 880

1967 **markus abel (= michael holm)**

Album **Hit-Rakete 3**
A-Seite, Titel 2: Einmal trägst du meinen Namen
D – tip 63–3071

1967 **the hippies (michael holm & joachim heider)**

Single **Love In / Hippy Hippy**
D – Golden 12 12/64

1967 **gary & the gamblers (mit vocal michael holm)**

Single **Das sag ich dir, wenn wir allein sind / Vertrau auf mich**
D – Philips 345804 PF

1968 **michael holm**

Single **Regenprinzessin / Eine Sommernacht**
D – Liberty 15173

1968 **daisy clan (michael holm & joachim heider)**

Single **Hound Dog Bob & Lena / Billy Vanilly**
D – Golden 12 12/71

Single **Muny, Muny, Muny / Friends**
D – Golden 12 12/77; NL – Palette 5955; F – EMI / Stateside 2 C 006–90.160 M; GB – MCA MU 1057; I – EMI / Stateside QSS 1128; S – Metronome J 27.014

1969 **michael holm**

Single **Mendocino / Es könnte möglich sein**
D – Ariola 14346 AT; F – Barclay 61.156

Single **Mendocino / Cutey Girl**
(als Interpret genannt: Mike Holm)
UK – Major Minor MM 659; E – Belter 07.672, RI 1970; I – Ariola ARS 5015; F – Barclay 61.156

1969 daisy clan (michael holm & joachim heider)

Single **Bonnie Bonnie Bonnie / Friends**
UK – MCA MU 1057; I – EMI / Stateside QSS 1128

Single **Mr. Walkie Talkie / Lions in the tree**
D – Golden 12 12/85; UK – Major Minor MM 671;
SP – Belter 07.694

1970 michael holm

Single **Mademoiselle Ninette / Sandy**
(als Interpret genannt: Mike Holm)
I – First FR 5022; SP – Belter 07.796; SA – Ariola ARS 5011

Single **Barfuß im Regen / Es tut weh**
D – Ariola 14492 AT; F – Barclay 061.309

Single **Wie der Sonnenschein / Sandy**
D – Ariola 14717 AT (auch als Promosingle mit anderem Bildcover erschienen)

Album **Auf der Straße nach Mendocino**
A-Seite: Santiago / Barfuß im Regen / Nächte im Schatten / El Paso / Sandy / Träume sind frei
B-Seite: Mendocino / Betty's Clown / Es tut weh / Mary Mary / Hey Hey / Ein Dorn im Herz
D – Ariola 80300 IT (Klappcover)

Album **Mendocino**
A-Seite: Santiago / Barfuß im Regen / Wenn ein Stern zur Erde fällt / Mary Mary / El Paso / Hey Hey

B-Seite: Mendocino / Sandy / Nächte im Schatten / Betty's Clown / Es könnte möglich sein / Ein Dorn in meinem Herz

*D – S*R International 92505*

Album **Mademoiselle Ninette**
A-Seite: Mademoiselle Ninette
B-Seite: Sandy
SA – Ariola ARC 937

1970 daisy clan (michael holm & joachim heider)

Single **Love needs love / Glory be**
D – Golden 12 12/96; UK – Pye 7N25332; F – Philips 6218.100; SP – Belter (El Amor Necesita Amor / Gloria); USA – London LON 147

Single **Ridin' a rainbow / San Francisco Chinatown**
D – Golden 12 12/101, RI 1971; UK – Decca F 23 168, RI 1972; SP – BP 06–012

1970 spinach (michael holm & giorgio moroder)

Single **America, America / Rhythm Of Love**
D – Liberty 15407; J – Canyon Records Y-11-N

1971 michael holm

Single **Ein verrückter Tag / Mon amour Diane**
D – Ariola 14874 AT

Single **Nachts scheint die Sonne / Smog in Frankfurt**
D – Ariola 10411 AT

Single **Alle Wünsche kann man nicht erfüllen / Es liegt nur an dir**
D – Telefunken U 56124 (Reissue)

Single **That's Right (englisch ges.) / Mon amour Diane (franz. gesungen)**
SP – Ariola 14902 A

Single **Dancing In The Sun (englisch gesungen) / Nachts scheint die Sonne**
SA – Ariola ARS 5022

EP **Mademoiselle Ninette / Mendocino (engl. ges.) / Cutey Girl / Sandy (englisch ges.)**
SA – Ariola ARE 0001

Album **Michael Holm**
A-Seite: Nachts scheint die Sonne / Stadt im Meer / Arizona Girl / Der Mann ohne Namen / Smog in Frankfurt
B-Seite: Wenn ich nur ein Maler wär' / Sing, wenn du glücklich bist / Jan Hendriks / Mon amour Diane / Warum träumen
D – Ariola 85664 IT

1971 daisy clan (michael holm & joachim heider)

Single **Let it happen tonight / Love be good to me**
D – Golden 12 12 / 151

1971 spinach (michael holm & giorgio moroder)

Single **Action Man Part1 / Part 2**
D – Liberty 15607; J – Canyon Records;
I – United Artists UA 35314; SP – Ariola 14.982 A

Single **(Sweet Sixteen) You know what I mean / Knockin' on your door**
D – United Artist Records 35368; I – Insieme SIR 20–166

1972 michael holm

Single **Du weinst um mich (I will return) / Bitte bleib ein bißchen länger Mary Ann**
D – Ariola 10885 AT

Single **I will return / You left one rainy evening, Caroline**
AUS – Fable FB-101; F – Carrere 49004;
SA – ARS 5026; USA – Records J-MHO-1

Single **Es ist schön, bei dir zu sein (Nice to be with you) / Santiago**
D – Ariola 12159 AT

Single **Gimme gimme your love / Oh oh July**
D – Ariola 12303 AT

Single **Gimme gimme your love (englisch gesungen) / If You Go**
SA – Ariola ARS 5041; CA – Polydor 2065 158

Single **That's Right / El Paso**
SA – Ariola ARS 5048

Album **Meine Songs**
A-Seite: Oh oh July / Halte fest den, der dich liebt / Leg dein Herz nicht in den Eisschrank / Es ist schön, bei dir zu sein / Wenn du gehst / Komm in die Stadt
B-Seite: Gimme gimme your love / Liebling / Geh zu ihm, denn du gehörst mir nicht / Ein Tag mit Maria / Und ich sagte Ade / Havin' a party
D – Ariola 86490 IT

MC **Hits**
A-Seite: Son of my father / Mendocino / Wie ein Sonnenschein / Mon amour Diane / Du weinst um mich / Fiesta Mexicana / Smog in Frankfurt / SOS Herz in Not
B-Seite: Bleib ein bißchen länger Mary Ann / Ich kenn' ein Girl am Zuckerhut / Santiago / Ein verrückter Tag / Barfuß im Regen / Arizona Man / Susanna / I will return
D – Ariola ASA 4068

1972 spinach (michael holm & giorgio moroder)

Single **Action Man Part1 / Part 2**
J – Canyon Records Y-20 NB

Single **Looky Looky / I'am a Bum**
J – Canyon Records Y-48

Album **Spinach 1.**
A-Seite: America-America / Rhythm of love / Action Man / Knockin' on your door / Sweet Sixteen / Action Man (Part 2)
B-Seite: Looky Looky / Don't you worry / I'm a Bum / Sunny Mornin' / Sunshine Lady / Muny Muny

1973 michael holm

Single **My lady of spain / Halte fest den, der dich liebt**
D – Ariola 12 634 AT

Single **Baby, du bist nicht alleine (I'd love you to want me) / Giorgio und ich**
D – Ariola 13026 AT

Single **Mi dama de *España* / Other Way Round**
SP – Ariola 11668 A

Single **I'd Love You To Want Me / Other Way Round**
SA – Ariola ARS 5051; PT – Ariola ARS-1-CD; I – Fonit Cetra IS 20130

Album **Storys**
A-Seite: Black Jack (Do it again) / Rock & Roll Lullaby / Am Start war Pearly Spencer / Baby, ich such nach dir / Du liegst neben mir / Baby, du bist nicht alleine
B-Seite: Doch sie schaut immer vorbei / Splish splash / Ruby ruby Poly poly / Harlem-Lady Superman / Giorgio und ich
D – Ariola 87092 IT

DoLP **Schlager-Rendezvous**
A-Seite: Nachts scheint die Sonne / Stadt im Meer / Arizona Girl / Der Mann ohne Namen / Smog in Frankfurt / Wenn ich nur ein Maler wär'
B-Seite: Sing, wenn du glücklich bist / Jan Hendriks / Mon amour Diane / Warum träumen / Santiago
C-Seite: Barfuß im Regen / Nächte im Schatten / El Paso / Sandy / Träume sind frei
D-Seite: Mendocino / Betty's Clown / Es tut weh / Mary Mary / Hey Hey / Ein Dorn in meinem Herz
D – Ariola 87127 XBT

1974 michael holm

Single **Nur ein Kuß, Maddalena / Doch sie schaut immer vorbei**
D – Ariola 13255 AT

Single **Tränen lügen nicht / Es regnet schon die ganze Nacht**
D – Ariola 13570 AT; F – Eurodisc 13570

Single **When a child is born / Other way round**
D – Ariola 13702 AT; I – Ariola 13570–03; JU – Ariola 13702 AT/RTB S-53835; F – Eurodisc 13702 NA; SWE – Ariola 13750–03; USA – Mercury 73642; CA – Mercury M 73642; DK – Sonet SON 2050; AUS – Interfusion K 5722 bzw. RCA Victor 103032 (1977); J – Seven Seas HIT-2183; NZL – ode Recording Co. 576

Single **When A Child Is Born / I'd Love You To Want Me**
SA – Ariola ARS 7

Single **Soleado (Salía el sol; spanisch gesungen) / Giorgio and me**
PT – Ariola Phonogram 5013502; BRA – Ariola 4–09–101–007 (Grav. Orig. 13.282)

Album **Alle Wünsche kann man nicht erfüllen**
A-Seite: Alle Wünsche kann man nicht erfüllen / Just tell her Jim said hello / Sur le pont d'Avignon / Alles Geld dieser Welt / Liebe mich und geh mit mir
B-Seite: Das kann doch nicht das Ende sein / Du gehst vorbei an mir / Kannst du tanzen / Das muß die Liebe sein / Einmal werden wir uns wiedersehen
D – Telefunken NT 878

Album **Die großen Erfolge**

A-Seite: Tränen lügen nicht / Baby, du bist nicht alleine / Barfuß im Regen / Nachts scheint die Sonne / Oh Oh July / Gimme your love

B-Seite: Nur ein Kuß, Maddalena / My Lady of Spain / Du weinst um mich / Wie der Sonnenschein / Ein verrückter Tag / Mendocino

D – Ariola 88261 OT

1975 michael holm

Album **Tränen lügen nicht**

A-Seite: Tränen lügen nicht / Rock & Roll Lullaby / Einmal kommt ein Mädchen vorbei / Ruby / Wenn ich nur ein Maler wär' / Nur der Spielmann singt sein Lied

B-Seite: Halte fest den, der dich liebt / Liebling / Es regnet schon die ganze Nacht / Du liegst neben mir / Baby, du bist nicht allein / Ein Sommermorgen

D – Ariola 88464 IT

Single **El Matador / Hello Mama, hello Papa**

D – Ariola 13888 AT; F – Eurodisc 13888 AT

Single **Gardenia Blue / Eine Reise ohne Wiederkehr (Promo)**

D – Ariola 16416 XT

Single **Wart' auf mich / Geh doch heim, little Girl**

D – Ariola 16225 AT

Single **I'll Return / A Man Who Loves A Woman**

F – Eurodisc 911014; SA – RTS. 92; JU – Ariola RTB S 53903

Album **Wenn ein Mann ein Mädchen liebt**

A-Seite: Wenn ein Mann ein Mädchen liebt / Bleib bei mir diese Nacht (I don't like to sleep alone) / Am Broadway (On Broadway) / Gardenia Blue / Liebe ist so wie ein Ring

B-Seite: Wart' auf mich / I love you because / Geh' doch heim, little Girl / Fang den Regenbogen / Ein großer Garten ist diese Welt / Eine Reise ohne Wiederkehr

D – Ariola 89175 IT

Album **I'll return**
A-Seite: Hold on to what you've got / Mendocino / Cutey Girl / Hello Mama, hello Papa / El Paso / A man who loves a woman
B-Seite: I'll return / Other way round / Giorgio and me / Having a Party / When a child is born
SA – Ariola ARL 17048

1975 peppermints (michael holm & ulla miller)

Single **Kiss Me, Kiss Your Baby / Der Sommer auf dem Land**
D – Ariola 16292 AT

1976 michael holm

Single **Lady Love / Hey Music**
D – Ariola 16678 AT

Single **Lady Love (englisch gesungen) / Hey Music (englisch gesungen)**
I – Ariola AN 433; GB – Pye / Response Records SR 507; SP – Ariola 16996 A; SWE – Ariola 16996 AT; AUS – Interfusion K-6471 (B: I'll Return)

Single **When a child is born / Merry Christmas**
D – Ariola 17579 AT

Album **Greatest Hits**
A-Seite: Soleado (When a child is born) / Lady Love / Hold on to what you've got / Cutey Girl / Havin' a party / Other way around
B-Seite: I'll return (Tornerò) / El Paso / A man who loves a woman / Hey music / Sandy / Splish splash
NL – Ariola 27758 IT

Single **Laß dein Herz doch frei / Ein großer Garten ist diese Welt**
D – Ariola 27758 IT

Single **Havin' a party / Splish splash**
AUS – RCA 103160

Single **Manhattan (deutsch gesungen) / Bring mich heim, du weite Straße**
D – Ariola 17482 XT (Promo)

Single **Wenn dein Herz spricht / Manhattan**
D – Ariola 17244 AT

Single **Doppelhit: Mendocino / Tränen lügen nicht**
D – Ariola 17664 AT

Single **Hold On To What You've Got**
SA – Ariola RTS. 98

Album **Die zwei Gesichter des Michael Holm**
A-Seite: Wenn dein Herz spricht / Alle Menschen wünschen sich ein Märchen (Trop belle pour rester seule) / Bring mich heim, du weite Straße / Hello Mama, hello Papa
B-Seite: Manhattan / Parfüm Harald / Lass' dich treiben / Macht doch auf, lasst mich rein / Disco Lady Lou / Lady Love
D – Ariola 28158 IT

1977 michael holm

Single **When A Child Is Born / Other Way Round**
AUS – RCA 103032

Single **Desperado / Do ya love**
D – Ariola 17650 AT

Single **Colorado (Desperado; englisch gesungen)) / Manhattan (englisch gesungen)**
D – Ariola 17872 AT

Single **Colorado (Desperado; englisch gesungen) / Ask your heart**
US – Nitty Gritty Records NGS 161

Single **Ask Your Heart / Manhattan (englisch gesungen)**
J – Polydor DPQ 6054

Album **Die goldenen Super 20**
A-Seite: Desperado / Baby, du bist nicht alleine / My lady of Spain / Wenn dein Herz spricht / Wenn ein Mann ein Mädchen liebt / Wart' auf mich / Lady Love / Ein verrückter Tag / Hello Mama, hello Papa / Mendocino
B-Seite: Tränen lügen nicht / Nur ein Kuß, Maddalena / Es ist schön, bei dir zu sein / Laß dein Herz doch frei / Gimme gimme your love / Manhattan / Nachts scheint die Sonne / Barfuß im Regen / Du weinst um mich / Halte fest den, der dich liebt
D – Ariola 25209

Single **Lucille / Bring mich heim, du weite Straße**
D – Ariola 11333 AT

Single **Lucille (italienisch gesungen) / Hello Mama, hello Papa (englisch gesungen)**
I – Derby DBR 10048

Album **Poet der Straße**
A-Seite: Poet der Straße / Wer lügt, gewinnt / Lucille / Zuviel Rauch in diesem Raum / Träume haben ihren Preis / Allein mit dir
B-Seite: Mehr / Sunshine Lady / Desperado / Arizona / Wir haben die Zigaretten geteilt / Wenn irgendwer irgendwann von dir geht
D – Ariola 25250 IT

1978 michael holm

Single **Allein mit dir / Zuviel Rauch in diesem Raum**
D – Ariola 11830 AT

Single **Traum-Hotel / Liebe geht nie verlor'n**
D – Ariola 15698 AT

Album **Labyrinth**
A-Seite: Traum-Hotel / Einer von vielen / Wunschkind / San Antonio Highway / Ginger Mooney
B-Seite: Saudade / Anhalter-Blues / Die Zeit dreht niemand mehr um / Die verbotene Straße / Ohne Pass keine Arbeit / Wer ist dein Freund
D – Ariola 26104 IT

Single **Saudade / Einer von vielen**
D – Ariola 15850 AT; ECU – Ariola 240021 (1979)

Album **Star-Discothek**
A-Seite: Mendocino / Oh oh July / Einmal kommt ein Mädchen vorbei / Komm in die Stadt / Baby, du bist nicht alleine / Nachts scheint die Sonne
B-Seite: Barfuß im Regen / Du liegst neben mir / Disco Lady Lou / Es regnet schon die ganze Nacht / Wenn dein Herz spricht / Es ist schön, bei dir zu sein
D – Ariola 26231 XAT

Single **Wenn die Zukunft beginnt / Ohne Paß keine Arbeit**
D – Ariola 100512

1979 michael holm

Single **El Lute / Wer lügt, gewinnt**
D – Ariola 100881

Album **El Lute**
A-Seite: El Lute / Erst mit 30 Jahren (wird ein Mädchen ganz zur Frau) / In einer fremden Stadt / Oh Caroline / El Matador
B-Seite: Nur bei dir / Zigeunermädchen / Ich bin da und schenk dir meine Zärtlichkeit / Ich weiß, du denkst, ich bin ein schlechter Mensch / Adios Amigo
D – Ariola 201034

1980 michael holm

Single **Kind / Samstagabendträumer**
D – RCA PB 5690

Album **Halt mich fest**
A-Seite: Leb wohl / Wir / Geh nicht von mir / Nur so als Freund / Einmal ganz anders
B-Seite: Ein Junggeselle / Menschen ohne Ziel / Kind / Einmal geht es schief / Ganz verlor'n / Halt mich fest
D – RCA PL 28411

Single **Leb wohl / Menschen ohne Ziel**
D – RCA PB 5776

1981 michael holm

Single **So weit die Füße tragen / Wir**
D – RCA PB 5824

Single **Liebe braucht Nähe / Die Nacht hat 1000 Augen**
D – RCA PB 5884

Single **Fällt der Vorhang für uns zwei / Schlaf nicht ein**
D – RCA PB 5955

Album **Im Jahr der Liebe**
A-Seite: Das Haus am Rhein / Träume fängt man nicht / Die Liebe einer Nacht / Ich gab ihr meinen Namen / Einer denkt immer an dich / Im Jahr der Liebe
B-Seite: Liebe braucht Nähe / Die Nacht hat 1000 Augen / Schlaf nicht ein / Samstagabendträumer / Zu spät
D – RCA PL 28471

1982 michael holm

Single **Mit 17 fängt das Leben erst an / Einer denkt immer an dich**
D – RCA PB 9979

Single **Die Nacht hat 1000 Augen / Wir**
D – RCA PB 9986

Album **Das Star Album**
A-Seite: Lucille / El Matador / Lady Love / Baby, du bist nicht alleine (I'd love you to want me) / Ich weiß, du denkst, ich bin ein schlechter Mensch
B-Seite: Mendocino / My Lady of Spain / Wenn dein Herz spricht / Wie der Sonnenschein / Traumhotel / Du weinst um mich (I will return)
C-Seite: Tränen lügen nicht / Ein verrückter Tag / Oh oh July / Wart' auf mich / Zuviel Rauch in diesem Raum / Gimme gimme your love
D-Seite: Nur ein Kuß, Maddalena / Barfuß im Regen / Es ist schön, bei dir zu sein / Saudade / Nachts scheint die Sonne / Allein mit dir
D – Ariola 300510

1985 michael holm

Single **Einsamkeit danach / Die Nacht hat 1000 Augen**
D – Piccobello Virgin Ariola 106378

1987 michael holm

Single **Insel im Strom / Wir**
D – Ariola 108764

1990 michael holm

LP / CD **Das große deutsche Schlager-Archiv**
A-Seite: Heintje
B-Seite: Michael Holm: Alle Wünsche kann man nicht erfüllen / Mendocino / Ein verrückter Tag / Du weinst um mich (I will return) / Tränen lügen nicht / Lucille / El Lute / Nur ein Kuß, Maddalena
D – Sonocord 36276

1990 michael holm & king rocko schamoni

Single **Mendocino / Töten (Rocko Schamoni solo)**
D – Polydor 877062–7

Album **Jeans und Elektronik (King Rocko Schamoni & The Explosions)**
A-Seite: King Rocko Schamoni & The Explosions
B-Seite: Mendocino (Michael Holm & King Rocko Schamoni)
D – Polydor 877062–7

1991 michael holm

CD-Si **Elektrisiert / Reit' auf den Wolken**
D – WEA 9031–75378–2 / 7

CD **Star Collection**
Mendocino / Lucille / My Lady of Spain / Tränen lügen nicht / Stadt im Meer / Baby, du bist nicht alleine / Barfuß im Regen / El Matador / Nur ein Kuß, Maddalena / Nachts scheint die Sonne / Desperado / Halte fest den, der dich liebt / Am Start war Pearly Spencer (The day of Pearly Spencer) / Allein mit dir / Wart' auf mich / Smog in Frankfurt
D – Ariola 295952

CD **Soweit die Füße tragen**
Einer denkt immer an dich / Liebe braucht Nähe / Träume fängt man nicht / Die Nacht hat 1000 Augen / Im Jahr der Liebe / Ein Junggeselle / Leb wohl / Wir / Soweit die Füße tragen / Kind / Ganz verlor'n / Nur so als Freund
D – Sonocord 792754

1993 michael holm

CD **Golden Stars**
Mendocino / Es kam wie der Blitz / SOS Herz in Not / Alle Wünsche kann man nicht erfüllen / My Lady of Spain / Es ist schön, wieder bei dir zu sein / El Lute / Tränen lügen nicht / Barfuß im Regen / Nachts scheint die Sonne / Wie der Sonnenschein / Nur ein Kuß, Maddalena / Ein verrückter Tag / Lucille / Die junge Liebe ist schön / Oh oh July
D – Sonocord 792754

1994 michael holm

CD **Mendocino**
Mendocino / Lucille / My Lady of Spain / Tränen lügen nicht / Stadt im Meer / Baby, du bist nicht alleine / Barfuß im Regen / El Matador / Nur ein Kuß, Maddalena / Nachts scheint die Sonne / Desperado / Halte fest den, der dich liebt / Am Start war Pearly Spencer / Allein mit dir / Wart' auf mich / Smog in Frankfurt
D – BMG Ariola Miller 74321 19641–2

CD **Meine größten Erfolge**
Mendocino / Barfuß im Regen / Wie der Sonnenschein / Ein verrückter Tag / Du weinst um mich / My Lady of Spain / Tränen lügen nicht / Lucille / El Lute / Lady Love / Nur ein Kuß, Maddalena / Baby, du bist nicht alleine / Desperado / Es ist schön, bei dir zu sein
D – Ariola 74321 20124–2

CD **Große Erfolge – Deutsches Gold**
Mendocino / Liebe braucht Nähe / Mein Gefühl für dich / Halt mich fest / Kind / Die Nacht hat 1000 Augen / Einer denkt immer an dich / Im Jahr der Liebe / Menschen ohne Ziel / Leb wohl / Schlaf nicht ein / Ein Junggeselle / Das Haus am Rhein / Träume fängt man nicht / Die Liebe einer Nacht / Ich gab ihr meinen Namen / Geh nicht von mir / Nur so als Freund
D – Sony (Herzklang) HER 476582–2

1995 michael holm

CD-Si **Tränen lügen nicht – Remixe '95**
D – WEA 450999453–2

CD **Michael Holm – Die Singles 1961 bis 1965**
Das Lied von der Liebe / Denk nicht mehr daran, oh Cowboy / Bald wirst du wieder glücklich sein / Darum bleib ich bei dir / Happy Birthday, Josefin / Einmal werden wir uns wiedersehn / Lauter schöne Worte / Leider, leider / Kannst du tanzen (& Susie Becker) / Küss mich einmal (& Susie Becker) / Die junge Liebe ist süß / Ja, das wird schön sein / Baby Doll / Liebe mich und geh mit mir / Alles Geld dieser Welt / So jung und so verliebt / Das muß die Liebe sein / Es kommt der Tag / Crazy Daisy / Das kannst du mir nicht verbieten / Ciribiribin / Du gehst vorbei an mir / Blue beat Baby (Mike & Joe) / Es liegt nur an dir / Alle Wünsche kann man nicht erfüllen / Clap hands Polka (Mike & Joe) / Das kann nicht sein (Mike & Joe) / Das kann doch nicht das Ende sein / Laß mich gehn
D – Bear Family Records BCD 15821-AH

CD **Michael Holm – Alle Wünsche kann man nicht erfüllen**
Alle Wünsche kann man nicht erfüllen / Crazy Daisy / Das Lied von der Liebe (Wild in the Country) / Lauter schöne Worte / Das kannst du mir nicht verbieten / Happy Birthday, Josefin (Happy Birthday Sweet Sixteen) / Alles Geld dieser Welt / Baby-Doll (Baby face) / Ja, das wird schön sein / Es kommt der Tag / Bald wirst du wieder glücklich sein (No one can love you like I do) / Kannst du tanzen (Oci corna – mit Susie Becker) / Ciribiribin (Gotta Lotta Love) / So jung und so verliebt (I'm walking the Blues) / Es liegt nur an dir / Das muß die Liebe sein (Schuld daran bist du / Wildwood Days) / Küß mich mal (Sur le pont d'Avignon) / Das kann doch nicht das Ende sein
D – Blue Chip / Convoy (Warner Music) 73145514692

1995 die missouris (michael holm & bert berger)

CD **Die Missouris – Die Singles 1961 bis 1964**
Ich will dich immer wieder küssen / Nur für Verliebte / Texas Jimmy / Heute Abend / Bin so allein / Sage mir nie goodbye / Gitarren-Serenade / Gitarren spielt auf / Grüß mir meine Texasbraut / Golden Hill / Der King / Wer hält das aus / Bossa Nova Baby / Hello Boys / Die Trudie mit dem treuen Blick / Komm in das Tal am Colorado / Komm, wir schaun noch mal zu Jonny rein / Sandy Sandy
D – Bear Family Records BDCD 15820-AH

1996 michael holm

CD **Mein Gefühl für dich**
Das Haus am Rhein / Träume fängt man nicht / Die Liebe einer Nacht / Ich gab ihr meinen Namen / Einer denkt immer an dich / Im Jahr der Liebe / Liebe braucht Nähe / Die Nacht hat 1000 Augen / Schlaf nicht ein / Mein Gefühl für dich / Zu spät / Halt mich fest / Kind / Menschen ohne Ziel / Leb wohl / Ein Junggeselle / Geh nicht von mir / Nur so als Freund
D – MCP Records 157187

CD-Si **Barfuß im Regen (Neuaufnahme) / Die Nacht hat 1000 Augen / Barfuß im Regen (Karaoke-Version)**
D – Virgin 7243 8940092–2

3 CDs **Schlager Stars – Jürgen Marcus – Michael Holm – Rex Gildo**
BMG Ariola Miller GmbH 74321–44099–2

CD **Michael Holm – Mendocino**
Mendocino / Lucille / My Lady of Spain / Tränen lügen nicht / Stadt im Meer / Baby, du bist nicht alleine / Barfuß im Regen / El Matador / Nur ein Kuß, Maddalena / Nachts scheint die Sonne / Desperado / Halte fest den, der dich liebt / Am Start war Pearly Spencer / Allein mit dir / Wart' auf mich / Smog in Frankfurt
BMG Ariola Miller 74321 19641–2

1997 michael holm

CD **Seine schönsten Lieder – Michael Holm – Tränen lügen nicht**
Tränen lügen nicht / El Matador / Lady Love / Lucille / Colorado (Desperado) / Allein mit dir / Traum-Hotel / Saudade / Wenn die Zukunft beginnt / Gimme gimme your love / Barfuß im Regen / Nachts scheint die Sonne / Baby, du bist nicht alleine (I'd love you to want me) / Du weinst um mich (I will return) / Sing, wenn du glücklich bist / Wenn ein Mann ein Mädchen liebt / Halte fest den, der dich liebt / El Paso / Wenn ich nur ein Maler wär' / When a child is born (Tränen lügen nicht)
CD – BMG Ariola 7432147877–2

CD **Szene Star – Michael Holm**
Einer denkt immer an dich / Liebe braucht Nähe / (Aber) Träume fängt man nicht / Die Nacht hat 1000 Augen / Im Jahr der Liebe / Ein Junggeselle / Leb wohl / Wir / Soweit die Füße tragen / Kind / Ganz verlor'n / Nur so als Freund
CD – Karussell / Spectrum (Universal) 554067–2

CD-Si **Michael Holm & Guildo Horn – Baby, du bist nicht alleine**
CD – Si EMI CDP 519895

1999 michael holm

CD **Michael Holm – Das Beste – Die Telefunken Singles 1961–1965**
Das kannst du mir nicht verbieten / Alle Wünsche kann man nicht erfüllen / Lauter schöne Worte / Happy Birthday, Josefin / Crazy Daisy / So jung und so verliebt / Das muß die Liebe sein – Schuld daran bist du / Liebe mich und geh mit mir / Leider, Leider / Die junge Liebe ist süß / Darum bleib ich bei dir / Ich will dich immer wieder küssen / Das kann nicht sein / Bin so allein / Laß mich gehn / Das kann doch nicht das Ende sein / Es liegt nur an dir / Blue Beat Baby / Alles Geld dieser Welt / Der King / Das Lied der Liebe / Bald wirst du wieder glücklich sein / Baby Doll / Texas Jimmy
D – Telefunken / East West Records 3984–24696–2

2000 michael holm

2 CDs **Michael Holm – Seine großen Erfolge**

CD 1 Mendocino / Barfuß im Regen / Mon amour Diane / Es ist schön, bei dir zu sein / El Matador / Oh oh July / Der Mann ohne Namen / Nur ein Kuß, Maddalena / Ein Tag mit Maria / Leg dein Herz nicht in den Eisschrank / Gimme gimme your love / Desperado / Lucille / Ruby / My Lady of Spain / Stadt im Meer

CD 2 Tränen lügen nicht / Baby, du bist nicht alleine / Wart auf mich / Liebe geht nie verlor'n / Du weinst um mich / Nachts scheint die Sonne / Allein mit dir / Insel im Strom / El Lute / Zigeunermädchen / Oh, Caroline / Ein verrückter Tag Lady Love / Halte fest den, der dich liebt / Smog in Frankfurt / Du liegst neben mir

D – BMG Ariola Miller 74321–78450–2

CD **Michael Holm – Alle Wünsche kann man nicht erfüllen**

Alle Wünsche kann man nicht erfüllen / Das Lied von der Liebe (Wild in the Country) / Alles Geld dieser Welt / Ciribiribin (Gotta Lotta love) / Happy Birthday, Josefin / Happy Birthday Sweet Sixteen) / So jung und verliebt (I'm walking the Blues) / Baby Doll (Baby Face) / Ja, das wird schön sein / Bald wirst du wieder glücklich sein (No one can love like I do) / Das muss die Liebe sein (Schuld daran bist du) (Wildhood days) / Crazy Daisy / Kannst du tanzen (Oci corna) / Das kann doch nicht das Ende sein / Küß mich mal (Sur le pont d'Avignon) / Es liegt nur an dir / Es kommt der Tag

D – Convoy (WSM GmbH) CBU 4001504 672157

2001 michael holm

CD-Si **Michael Holm & Olaf Henning – Maddalena 2001**

Maddalena 2001 1205 Mallorca Edit / Maddalena 2001 100 % Mallorca Edit / Single Version / Ohne Luder Radio / TV / 80er Maxi Version / Trance Luder Mix

D – Freizeit / Universal Records 015 249–2

CD **Hexen bis aufs Blut gequält / Mark of the Devil (Filmmusik)**
1. Liebesthema, 2. Hexerthema 3. Liebesthema – Vanessa verliebt sich 4. Haut an Haut 5. Hexerthema – Liebesthema 6. Nachricht vom Prinzen 7. Liebesthema – Das große Glück 8. Liebesthema – Überfall auf die Kutsche 9. Hexerthema – Johannas Kinder 10. Liebesthema – Der erste Kuss 11. Liebesthema – Vanessa trifft Christian 12. Liebesthema – Am Bach 13. Liebesthema – Kuss in Freiheit

2002 michael holm

CD-Si **Tränen lügen nicht 2002**
Tränen lügen nicht 2002 (Jim, John und Jake's Radio Edit) / Tränen lügen nicht 2002 (Party People Mix) / Tränen lügen nicht 2002 (DMP Mix) / Tränen lügen nicht 2002 (Jim, John und Jake's Karaoke Edit)
D – Sony Music Entertainment / Ka2Music & Entertainment / Epic 6723222000

CD **Wie der Sonnenschein**
Barfuß im Regen / Wie der Sonnenschein / Es kam wie der Blitz / Gimme Gimme Your Love / Alle Wünsche kann man nicht erfüllen / SOS – Herz in Not / Desperado / Wenn dein Herz spricht / El Matador / Laß dein Herz doch frei / Lady Love / Mendocino
D – BMG Ariola Express 74321–970992

2003 spinach (michael holm & giorgio moroder)

CD **Spinach – Spinach 1.**
America America / Rythm of love / Action Man Part 1 / Knockin' on your door / Sweet Sixteen / Action Man Part 2 / Looky Looky / Don't worry / I'm a Bum / Sunny Mornin' / Sunshine Lady / Muny Muny
D – Repertoire Records 4009910 49726 (REP 4997)

2004 michael holm

CD **Michael Holm – Liebt Euch!**
Lehn dich an mich / Allein mit dir / Schnee auf deinem Herz / Wart' auf mich / Liebt euch / Sie tanzt allein / Du fehlst mir / 20 Jahre her / Ich trag dein Bild in mir / Tränen lügen nicht / So viele sind einsam / Barfuß im Regen / Mendocino
D – Koch / Universal 06024–9868677 (08.11.2004)

2005 michael holm

CD-Si **Michael Holm – Liebt Euch!**
Liebt Euch! / Liebt Euch! (Album-Version) / Liebt Euch! (Karaoke-Version) / Du fehlst mir (Remix)
D – Koch / Universal 0602498–718872 (13.06.2005)

3 CDs **Michael Holm – Tränen lügen nicht**
CD 1 Mendocino / Barfuß im Regen / Wie der Sonnenschein / Ein verrückter Tag / Oh oh July / Es könnte möglich sein / Regenprinzessin / SOS – Herz in Not / Es kam wie der Blitz / 1000 Volt / Kein Alibi / Top Secret / Es tut weh / Eine Sommernacht / Flower Power Time / Gimme gimme your love / Es ist schön, bei dir zu sein / Mendocino (engl. Version)
CD 2 Nur ein Kuß, Maddalena / My Lady of Spain / Nachts scheint die Sonne / Laß dein Herz doch frei / Der Anfang vom Ende / Ich halt zu dir / Du weinst um mich / Bitte bleib ein bißchen länger Mary Ann / Doch sie schaut immer vorbei / Sandy / Leg dein Herz nicht in den Eisschrank / Santiago / Giorgio und ich / Eine Reise ohne Wiederkehr / Gardenia Blue / Und ich sagte Ade / That's Right (engl. Version von »Ein verrückter Tag«) / Dancing in the sun (engl. Version von »Wie der Sonnenschein«)
CD 3 Tränen lügen nicht / Baby, du bist nicht alleine / El Lute / Lucille / El Matador / Wart' auf mich / Desperado / Hello Mama, hello Papa / Es regnet schon die ganze Nacht / Bring mich heim, du weite Straße / Wer lügt, gewinnt / Halte fest den, der dich liebt / Zuviel Rauch in diesem Raum / Smog in Frankfurt / Mon amour Diane / Jan Hendriks / Colorado (engl. Version von »Desperado« / When a child is born
D – Sony / BMG 82876–80903–2 (05.09.2005)

2006 michael holm

CD **NUR GUT! Folge 2**
Michael Holm: Mir fehlt dieses Wort / Nick MacKenzie: Golden Hits (Medley) / Jürgen Renfordt: Du hast den Sommer in den Augen / Peter Kent: Never Ending Love / Marco: Du bist meine Traumfrau / Bea Larson: Ein bisschen mehr als Liebe / Martin Marcell: Noch einmal ganz anders / Andreas Frank: Sag mir / Dreimalig: Mach mir ein Lächeln zum Geschenk / Andreas Dent: Magst du mich / Martin Jones: Mehr ist es nicht / Bianca Graf: Geweint / Klangraum: Türkischer Marsch / Stagelight: You're The Reason
D – WPL Records BLM 20485

CD-Si **Mir fehlt dieses Wort** (Rundfunk-Single – nur für Promotion)
D – WPL Records BLM 04217

CD-Si **Herz aus Gold** (Rundfunk-Single – nur für Promotion)
D – WPL Records BLM 04225

CD-Si **Ich freu mich** (Rundfunk-Single – nur für Promotion)
D – WPL Records BLM 04236

2007 michael holm

CD-Si **Deine Frau** (Rundfunk-Single – nur für Promotion)
D – DA-Records SCD 871892–2

CD-Si **Frühstück** (Rundfunk-Single – nur für Promotion)
D – DA-Records SCD 871924–2

CD **Mal die Welt**
Mal die Welt / Ein Stück weit / Deine Frau / Frühstück / Herz aus Gold / Wozu / Mir fehlt dieses Wort / Wir haben die Zigaretten geteilt / Ich freu mich / Gefährlich schön / 16 Jahre alt / Lass uns fliegen / Trees for The World
D – DA-Records CD 871920–2

Diskographie Cusco

1980

Album	**Desert Island** A-Seite: Desert Island / Lampedusa / Helgoland / Catalina / Straits of Hormuz B-Seite: Galapagos / Alcatraz / Hokkaido / Herrenchiemsee / Ireland *1980 J – Yupiteru YD 25–0002; 1991 KOR – Jigu JOLL 0012* *CD: 1983 J – Yupiteru 35–5; 1991 KOR – Jigu JOCD-0012; 1988 J – Sony 28DP5151; 1989 D – Prudence 398.6140.2; 1998 J –Kitty Ent. KTCM 1111*

1981

Album	**Cusco II** A-Seite: Bodensee / Lake of the Ozark / Nanga Parbat / Ätna / Königssee / Kilimanjaro B-Seite: Lake Erie / Athos / Fujiyama / Lake Victoria / Machu Picchu / Baikal Lake *1981 J – Yupiteru YD 25–0003; 1992 KOR – Jigu JOLL 0015*
CD	*1983 J – Yupiteru 35–6; 1992 KOR – Jigu JOCD-0015; 1988 J – Sony 28DP5152; 1989 D – Prudence 398.6141.2; 1998 J – Kitty Ent. KTCM 1112*

1982

Album	**Cool Island** A-Seite: Aurora / Antarctic Continent / Penguin Dance / North Easter / Whale B-Seite: Walrus / North Pole / Iceberg / Blizzard / Tundra *1982 J – Yupiteru YD 25–0005; 1990 KOR – Jigu JOLL 0012*

CD *1983 J – Yupiteru 35–7; 1990 KOR – Jigu JOCD-0011; 1988 J – Sony 28DP5153; 1989 D – Prudence 398.6142.2; 1998 J – Kitty Ent. KTCM 1113*

1983

Album **Planet Voyage**
A-Seite: Milky Way / Ursa Minor / Pisces / Swan / Andromeda
B-Seite: Venus / Leo / Saturn / Mars / Pegasus
1983 J – Yupiteru YS25–0008; 1992 KOR – Jigu JOLL 0016

CD *1983 J – Yupiteru 35–3; 1992 KOR – Jigu JOCD 0016; 1988 J –Sony 28DP5154; 1989 D – Prudence 398.6143.2; 1998 J – Kitty Ent. KTCM 1114*

Album **Virgin Island**
A-Seite: Virgin Island / Santo Domingo / Easter Island / Bali / Philippines / Sun of Jamaica
B-Seite: Alcatraz / Seychelles / Samoa / Fiji Island / Java / Saipan Island
1983 J – Yupiteru YD25–0010; 1991 KOR – Jigu JOLL 0014

CD: 1983 J – Yupiteru 35–2; 1991 KOR – Jigu JOCD 0014; 1988 J – Sony 28DP5155; 1989 D – Prudence 398.6144.2; 1998 J – Kitty Ent. KTCM 1115

1985

Album **Island Cruise**
Island of dreams / Romantic Hawaii / Seven Seas / Kiushu / Formosa / Happy Islands / Ibiza / Teneriffa / Bermudas / Hebrides / Guam
J – Yupiteru YD 25–0018; 1992 KOR – Jigu JOLL 0017; 1989 D – Prudence 57217453; 1998 J – Kitty Ent. KTCM 1116

Album **Apurimac**
A-Seite: Apurimac / Flute Battle / Tupac Amaru / Flying Condor / Inca Dance / Pastorale
B-Seite: Amazonas / Inca Bridges / Andes / Atahualpa / Fighting Inca / Apurimac II
J – Sony 28LP1218; KOR – Jigu JOLL 0002; 1988 US – Higher Octave HOMLP 7016; 1989 D – Prudence 57217022

CD *J – Sony 32DP220; 1987 KOR – Jigu JOCD 0002; 1989 D – Prudence 398.6112.2; 1994 – J Kitty Ent. KTCM 1038; 1994 MEX – Discos Musart CDI 1115*

1986

Album **Concierto de Aranjuez**
A-Seite: Concierto de Aranjuez / Air / Peer-Gynt-Suite / Menuett / Recuerdos de la Alhambra
B-Seite: Neue Welt Symphonie / Ave Maria / Largo / Mondscheinsonate / Sonate in A-Dur
J – Sony 28LP1397; KOR – Jigu JOLL 0003

CD *J – Sony 32DP456; KOR – Jigu JOCD 0003; 1988 US – Higher Octave HOMCD 7016; 1989 D – Prudence 398.6146.2; 1998 J – Kitty Ent. KTCM 1117; 1994 MEX – Discos Musart CDI 1114*

1987

Album **Tales from a distant land**
The waltzing prince / The fox and the lady / Beaty and the animal / First love /
The eternal wanderer / The lucky jack / The king of the frogs / The lonely rose / Solitude
J – Sony 28DP5150; 1989 D – Prudence 398.6147.2; 1998 J – Kitty Ent. KTCM 1118; 1992 KOR – Jigu Rec.

1989

Album **Ring der Delphine**
Ring der Delphine / Methos / Der Zauber / Die Wasser von Cesme / Kebel at tarik / Bur Said / Kinderkreuzzug / Ring der Delphine – Reprise
D – Prudence 398.6148.2; 1996 US – Higher Octave HOMCD 7085; 1998 J – Kitty Ent. KTCM 1119; 1992 KOR – Jigu Rec.

Album **The Best Of Cusco**
Apurimac / Flying Condor / Concierto de Aranjuez / Desert Island / Milky Way / Aurora / Nanga Parbat / Penguin Dance / Santo Domingo / Venus / Virgin Island / Kilimanjaro
1988 J – Sony 28DP5156 (only)

Album **Mystic Island**
North Easter / Lucky Jack / Catalina / Fireshoes / Solitude / Leo / The fox and the lady / Milky Way / Lonely rose / Pisces
1989 KOR – Jigu JOCD 0007; D – Prudence 398.6113.2; 1989 USA – Higher Octave HOMCD 77516

1990

Album **Water Stories**
Waters of Cesme / Java / Seychelles / Lake Erie / Bur Said / Jebel at Tarik / Sun of Jamaica / Lake of the Ozarks / Alcatraz / Bodensee / Aurora / Chorus
1990 US – Higher Octave HOMCD 7031; 1991 D – Prudence 398.6155.2; 1994 MEX – Discos Musart CDI 1116; 1993 KOR – Jigu Rec.

1991

Album **Sielmann 2000**
Sielmann 2000 / Afrika-Afrika / Inseln von Galapagos / Erosion / Südamerika / Angst um die Welt / Rift Valley / Rhythmus der Wildbahn / Verliebte Schildkröten / Serengeti / Canada / Fanfare 2000
D – Sony COL 469321–2; 1992 US – Higher Octave HOMCD 7046; 1993 KOR – Jigu JOCD 0020; 1992 J – Sony Records SRCS 5874; 1998 J – Kitty Ent. KTCM 1120

1993

Album **Sielmann 2002 a / k / a Australia**
Australia / Unknown paradise / Ancient people / Seaplanet / Didgeridoo / Flying Condor / Highland / North easter / From a higher point / Earth waltz / Magic forest
D – Prudence 398.6103.2; 1993 US – Higher Octave HOMCD 7051; 1996 J – Kitty KTCM 1039; 1997 KOR – Jigu Rec.

Single **Didgeridoo / Australia**
D – Prudence 398.6103.5

1994

Album **Apurimac II**
Montezuma / Quetzal's feather / Maya Temple / Xul-Kan, King of Palenque / Goddess of the moon / Yucatan / Dance of the sunpriest / Tula / Temple of the forgotten
D – Prudence 398.6161.2; 1994 US – Higher Octave HOMCD 7067; 1994 KOR – Jigu JOCD 0022; 1996 J – Kitty KTCM-1038

1995

Album **A »Cusco« Christmas**
From heaven above / Lo, how a rose / Canon / Soon it will be night / Jesus stays me joy / There comes a vessel laden – In dulci jubilo / Christ the lord is born today / Silent night / Shepherd's Christmas Symphonia
D – Prudence 398.6506.2; 1995 US – Higher Octave HOMCD 7081; 1995 KOR – Jigu JOCD 0023; 1995 MEX – Discos Musart CDI 1375

1997

Album **The Best Of Cusco**
Montezuma / North Easter / Waters Of Cesme / Flying Condor / Bur Said / Tupac Amaru / Didgeridoo / Lonely Rose / Flute Battle / Ring Of The Dolphin / Quetzal's Feather
1997 US – Higher Octave HOM CD 7100; 1997 MEX – Discos Musart CDI 1676

Album **Apurimac III Nature, Spirit and Pride**
Ghost Dance / Kokopelli's Dream / Geronimo's Laughter / Little Pidgeo And Crazy Horse / Pahrump – Big Water / Dream Catcher / Legend In The Redwoods / The Hunt / White Buffalo
D – BSC Music 398.6529.2; 1997 US – Higher Octave HOMCD 44639; 1998 J – Kitty Ent. KTCM 1099; 1998 KOR – Jigu Rec.

1998

Album **CD – Best of Cusco – Dreams & Fantasies**
Kokopelli's dream / Flying Condor / Geronimo's Laughter / Apurimac / Montezuma / Quetzal's Feather / Didgeridoo / Waters of Cesme / Athos / Galapagos / The Lonely Rose / Alcatraz / Bali / Guam / North Easter / Tundra / Venus / Ring der Delphine
D – EMI Electrola GmbH 72434–94724–2

2000

Album **CD – Ancient Journeys**
Da Gama / Conquistadores / Land of the Midnight Sun / Tigris & Euphrates / Byzantium / The Journeys of Marco Polo / The Horsemen of Bulgar / Kublai Khan / The Crusades
D – Prudence 398.6562.2; 2000 USA – Higher Octave Music HOMCD 48902

2003

Album **CD – Inner Journey – Myth + Legends**
Oracle of Delphi / Eros and Psyche / Ariadne / The Nine Muses / Odysseus and the Sirens / Aphrodite / Janus / Orpheus and Eurydice / Pan and the Nymph / Poseidon
D – Prudence 398.6637.2; 2003 USA – Higher Octave Music HOM 82259

2005

Album **CD – Essential Cusco – The Journey**
Da Gama / Oracle of Delphi / Waters of Cesme / Africa – Africa / Montezuma / Tula / White Buffalo / Ghost Dance / The Hunt / Flying Condor / Flute Battle / Australia
USA – EMI Music 70876–19218–2–3 (15.3.2005)